ミネルヴァ日本評伝選

今日は火宅を遁れぬるかな

春日局

福田千鶴著

ミネルヴァ書房

刊行の趣意

「学問は歴史に極まり候ことに候」とは、先哲荻生徂徠のことばである。

歴史のなかにこそ人間の智恵は宿されている。人間の愚かさもそこにはあらわだ。この歴史を探り、歴史に学んでこそ、人間はようやくみずからの正体を知り、いくらかは賢くなることができる。新しい勇気を得て未来に向かうことができる。徂徠はそう言いたかったのだろう。

「ミネルヴァ日本評伝選」は、私たちの直接の先人について、この人間知を学びなおそうという試みである。日本列島の過去に生きた人々の言行を、深く、くわしく探って、そこに現代への批判を聴きとろうとする試みである。日本人ばかりではない。列島の歴史にかかわった多くの異国の人々の声にも耳を傾けよう。

先人たちの書き残した文章をそのひだにまで立ち入って読み、彼らの旅した跡をたどりなおし、彼らのなしとげた事業を広い文脈のなかで注意深く観察しなおす――そのとき、はじめて先人たちはいまの私たちのかたわらによみがえってくる。彼らのなまの声で歴史の智恵を、また人間であることのよろこびと苦しみを、私たちに伝えてくれもするだろう。

この「評伝選」のつらなりのなかから、列島の歴史はおのずからその複雑さと奥ゆきの深さをもって浮かび上がってくるはずだ。これを読むとき、私たちのなかに新たな自信と勇気が湧いてきて、その矜持と勇気をもって「グローバリゼーション」の世紀に立ち向かってゆくことができる――そのような「ミネルヴァ日本評伝選」にしたいと、私たちは願っている。

平成十五年（二〇〇三）九月

上横手雅敬
芳賀　徹

春日局（狩野探幽筆，京都・麟祥院蔵）

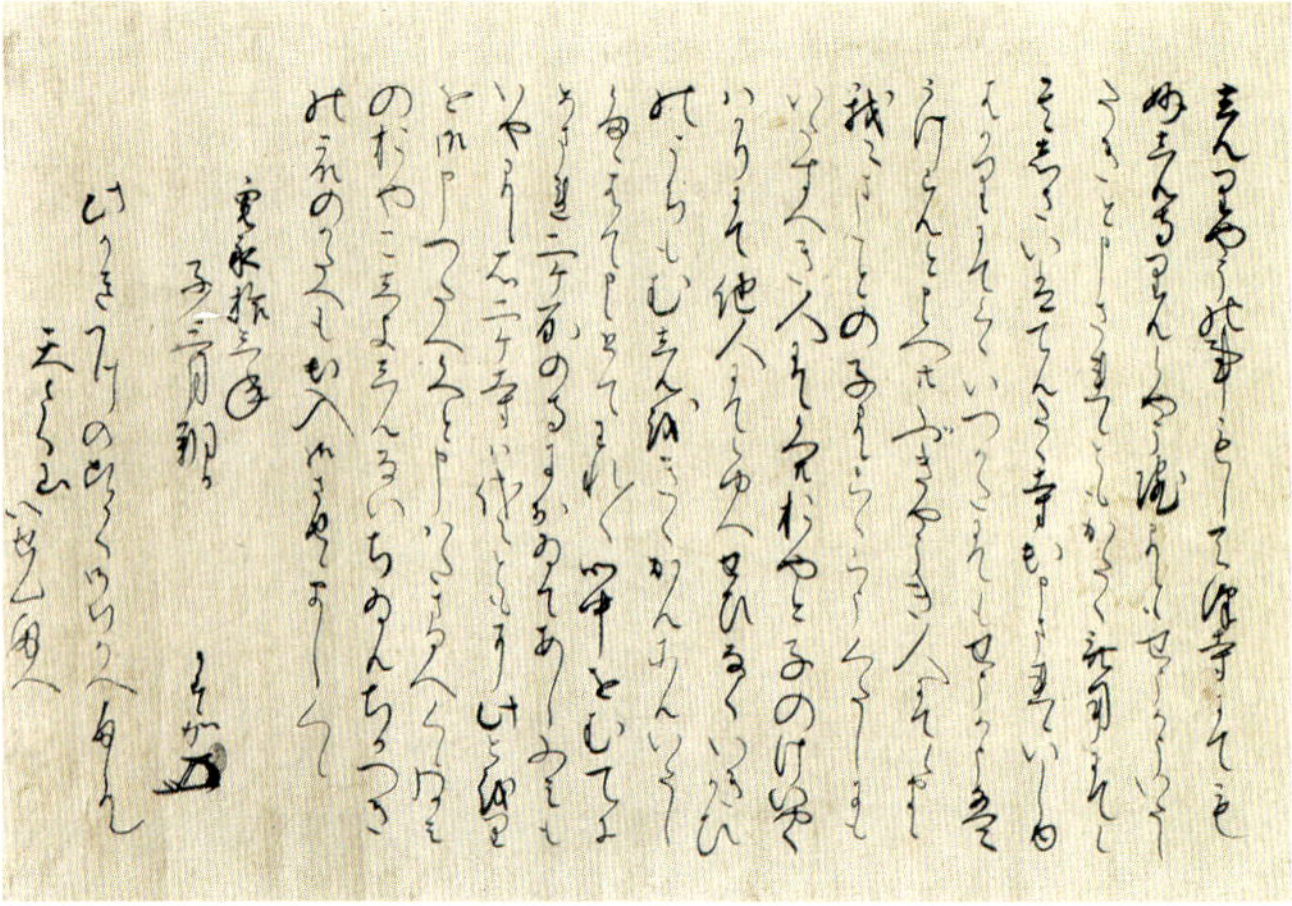

春日局消息（渭川周瀏宛，湯島・麟祥院蔵）

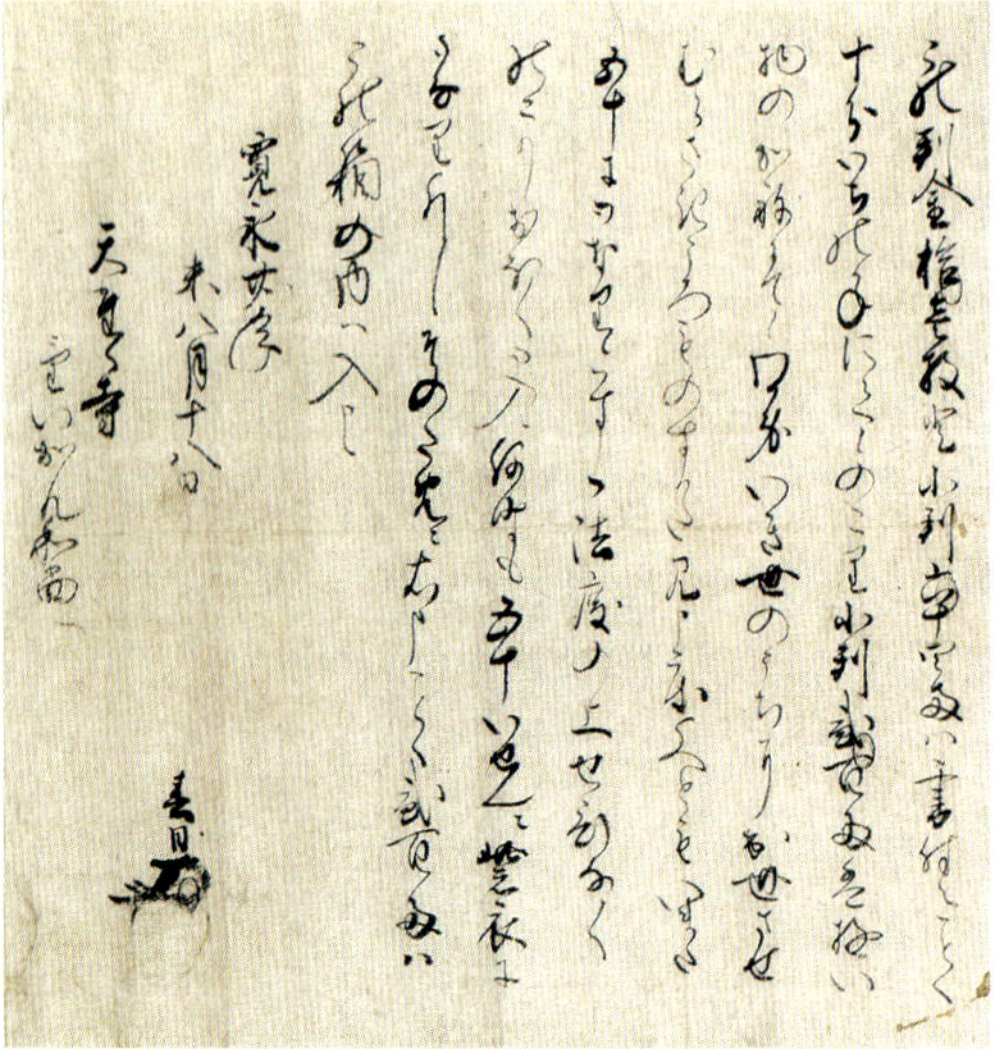

春日局消息（荊厳玄琊宛，湯島・麟祥院蔵）

はしがき

良妻賢母としての春日局

明治二十四年（一八九一）六月。東京歌舞伎座において、福地《ふくち》桜痴《おうち》作（河竹黙阿《かわたけもくあ》弥《み》訂正）『春日局《かすがのつぼね》』全五幕が初演され、連日の大入りとなった。引き続き同年秋には、十一月一日から二十五日まで大阪角座《かどざ》において、十一月二十七日から十二月十六日まで京都常盤座《ときわざ》において上演された。角座では大入りにつき、「日延」して上演されるほどであったという。なぜこれほどまでに『春日局』は好評を博したのだろうか。

日本女性史をリードする長野ひろ子氏によれば、当時の日本は大日本帝国憲法の発布など近代天皇制国家の法制度と国家装置が整えられ、国民統合がはかられた時期にあたり、これに応えるように福地の脚本に描かれた筋立てが観客にも受け入れられ、共感を呼んだからだとしている（「明治前期におけるジェンダーの再構築と語り」）。その筋書の概略を長野氏の研究によりながら以下に示してみたい。

序幕では、小早川《こばやかわ》家を去り、牢人中の稲葉《いなば》正成《まさなり》とともに京都山科《やましな》に閑居中のお福《ふく》（のちの春日局）のもとを京都所司代板倉勝重《しょしだいいたくらかつしげ》が訪ね、お福を竹千代（徳川家康の孫）の守役《もりやく》として召し出すところから始まる。家の誉れ、わが身の面目、また子の将来を考えたお福は、夫と三人の子と別れ、一人で江戸へと向かう。

第二幕では、江戸城本丸吹上《ふきあげ》での花見の場面に移る。春日局となったお福が、二代将軍徳川秀忠の次男国千代を偏愛する御台所《みだいどころ》（秀忠の妻、浅井江《あざいごう》）と対抗し、竹千代を弁護するところから始まり、竹千代の病気平癒の御礼のため伊勢参宮に出かけるところまでが演じられる。そこには様々なエピソードが盛り込まれ、女ながらも武勇に優れて強盗三人を討ち取った話や伊勢参宮に出かける旅姿が質素であったことなど、春日局の人物像が描かれる。

第三幕では、伊勢参宮の帰路にある春日局が、鷹狩り途中の徳川家康を待ち受け、竹千代が三代将軍となるべく、世継ぎの地位を訴え出る。家康は春日局の忠義を感じとり、春日局に示された絶大な信頼が強調される。

第四幕では、慶長十九年（一六一四）四月上旬、春日局の訴えを受けた家康が、駿府《すんぷ》より江戸城に入り、御台所を教訓する。茶菓子の与え方で竹千代と国千代に差を付ける、よく知られた場面である。さらに家康は、春日局の長男を竹千代の小姓に召す出すこと、夫正成と他の二人の男児も呼び寄せることを約束する。その一方で、春日局の遠慮深さ、謙虚さが強調されるところでもある。

第五幕では、大坂の陣が終わり、将軍秀忠の娘和子《まさこ》の入内《じゅだい》、門出の式の場面となる。その母代《ははしろ》として、従二位《じゅにい》に叙せられて京都に向かうという晴れの場で、突如、春日局に離婚話が突きつけられる。理由は、妻（女）の恩で立身出世をすることに、「武士の意地」「男の一分《いちぶん》」が立たないとする正成が離縁状を送って来たのである。これに驚いた春日局は、「妻たるものが夫に捨てられるのは恥」として、乳母《めのと》役からの暇《いとま》を乞うた。しかし、正成が春日局と離縁したうえで家康によって二万石の大名に取り立てられたことがわかり、一転して喜びへと変わり、めでたしめでたしとなる。

このように、春日局に求められたのは、他者のために献身する「良妻賢母」としての役割を素直に果たす女性像であった。江戸時代に、権力の中枢空間において政治主体として絶大な権勢を誇った春日局は、明治前期の民衆たちの前に、夫の権力に絶対服従し、「良妻賢母」の役割を素直に果たす献身的な女性として登場したのであり、その筋立てが当時の民衆にも受け入られたのである。

この他、春日局のエピソードとして一般に知られているものは、食の細かった竹千代のために七種類のご飯を作る工夫をして食欲を出させた話や、竹千代が疱瘡にかかった際に願かけをして一生薬を服用しなかった話など、やはり献身的な姿が伝えられる。これらすべてを否定するわけではないが、近代になってから創られた「良妻賢母」像を春日局の実像に当てはめてイメージすることには慎重であるべきだろう。

春日局研究の現状

春日局は江戸時代の女性を代表する一人であり、これまでにもいくつかの評伝が書かれて来た。代表的なものとしては、稲垣史生編『春日局のすべて』、小和田哲男『春日局』がある。NHK大河ドラマの「春日局」放映に際し、研究が進んだといえる。これより先、厳密な歴史研究ではないが、田中澄江「春日局」も春日局のイメージがつくり出される過程をよく分析している。また、近年では中世史の田端泰子『乳母の力』があり、春日局に中世乳母の役割の変質を見出そうとしている。

しかし、これらは春日局の死後に編纂された二次的な史料に基づいて描かれたものと指摘せざるをえない。女性の史料は少ないと思われていることに一因があるのだろうが、春日局に関しては自筆の書状や辞世の歌など、彼女の本質に迫ることのできる史料が多く残されている。また、同時代に記された多くの良質の史料からも、彼女の行動を実証的に跡づけることができる。ステレオタイプ化して、くり返し語られて来た春日局像を打ち破るのは簡単なことではないが、本書では良質な史料から生身の春日局像を再構築することを第一の課題としたい。

そこで、基礎的な史料はできるだけ原文のまま提示し、現代語訳や意訳文を併記することで、今後の幅広い利用に活用できるように心がけた。そのため、史料紹介に多くの紙幅を割くことになったが、春日局の生涯について良質の史料から基礎的事実を固めることこそが本書の使命と考える。

第一章では、春日局のルーツを探るべく、彼女の縁戚関係を中心に整理をおこなった。さらに夫となる稲葉正成の家族関係を検討し、春日局との結婚と離婚の問題に焦点をあてた。第二章では、家光生母の問題を取りあげ、春日局が乳母から江戸城本丸表《おもて》の局の地位につく過程を明らかにした。第三章では、「大奥総取締」になったとされる春日局をめぐる通説的見解を再検討した。第四章では、春日局の政治家としての役割とその人間像に迫った。これらの作業により、一般的に知られている春日局とは異なる、まったく新しい「春日局」像を示せたと思う。

とはいいながら、本書の執筆依頼を受けてから十年以上を経過し、その間に収集した史料に比して、すべてを使って論じきれたとはいえない。まだ多くの検討すべき未知の課題が残されているといわざるをえないのが現状である。特に『大内日記』等にみえる春日と東福門院との交流は、幕府と朝廷との関係を考えるうえでも重要な検討課題だが、本書ではその概略を示すにとどまっている。その点で、本書は春日局研究の第一ステージにすぎないのである。今後、第二、第三のステージへと春日局研究を進展させる必要がある。そこで、本書では今後の研究課題が奈辺にあるかを明示するように心がけた。

また、本書では問題提起的に述べた論点があり、それらには批判があるだろうことも十分に承知している。それらの論点が学問的な手続きによって批判され、克服されることで、春日局のみならず、女性史、さらには近世史全般に及ぶ議論に発展していくように願うものである。

それでは、新しい春日局の世界に入っていくことにしよう。

春日局——今日は火宅を遁れぬるかな

目次

はしがき

図表一覧

春日局関係系図

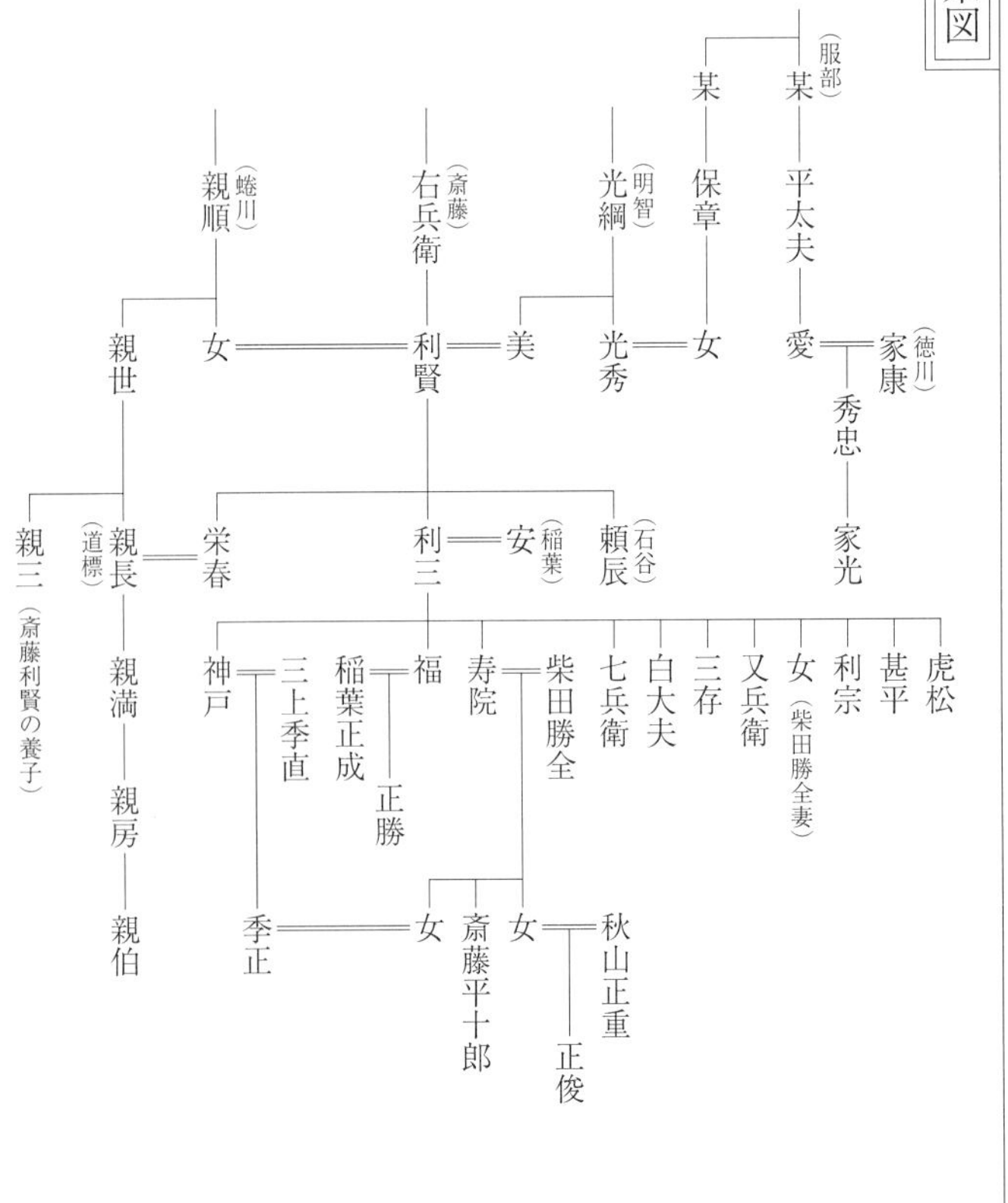

(服部)某
平太夫
愛
(徳川)家康
秀忠
家光
某
保章
女
(明智)光綱
光秀
美
(斎藤)右兵衛
利賢
(石谷)頼辰
利三
(稲葉)安
(蜷川)親順
女
親世
栄春
(道標)親長
親三(斎藤利賢の養子)
親満
親房
親伯
虎松
甚平
利宗
女(柴田勝全妻)
又兵衛
三存
白大夫
七兵衛
柴田勝全
寿院
福
稲葉正成
正勝
三上季直
神戸
季正
女
斎藤平十郎
女
秋山正重
正俊

第一章　稲葉福とその家族

1　斎藤家と稲葉家

誕　生

江戸幕府三代将軍となる徳川家光の乳母として知られる「春日局」。彼女の本名は、稲葉福である。名は敬称の「お」をつけて、お福と呼ばれた。本書では、前半では敬称をはずして福と呼び、彼女が「春日」の局号を得て以降の後半は春日と呼ぶことにする。

福の実父は、明智光秀に仕えた斎藤利三《さいとうとしみつ》である。そのことからすれば、本名は斎藤福ではないか、という意見もあるだろう。

しかし、福の生母は稲葉《いなば》家の出身で、福は父の死後、母や兄弟たちとともに美濃《みの》三人衆の一人に数えられた稲葉一鉄《いってつ》に保護され、その長男重通《しげみち》の養女として育てられた。のちに、重通の養子に迎えられた稲葉正成と婚姻し、これと離縁したのちも、福は稲葉家の紋である角切折敷《すみきりおしき》に三文字を使用した。

角切折敷に三文字

春日局の命日「寛永二十年九月十四日」と「角切折敷に三文字」の家紋が彫られた手水鉢
（東京都文京区湯島・天澤山麟祥院）

これは、彼女が正成と夫婦の縁を切っても、養家である稲葉家との縁を切っていなかったことを意味している。福は斎藤家の娘ではなく、稲葉家の娘としての生涯を全うしたのである。

次に、福の出生年についてだが、これを明記する史料はない。ただし、寛永二十年（一六四三）九月十四日に没した際の享年を六十五とするので、ここから逆算すれば天正七年（一五七九）の生まれとなる。出生地は、父の所領があった丹波黒井《たんばくろい》城（兵庫県丹波市）や稲葉一鉄が築いた美濃曽根《そね》城（岐阜県大垣市）の城下にある斎藤利三屋敷、利三の最終的な主君となる明智光秀《あけちみつひで》の配下にあった近江坂本《おうみさかもと》城（滋賀県大津市）、あるいは丹波亀山《かめやま》城（京都府亀岡市）の城下屋敷など諸説ある。

小和田哲男氏はその著作『春日局』のなかで、福が生まれた天正七年の政治状況としては、八月九日に明智光秀が黒井城を攻め落とし、その後、利三に黒井城を預けていることから、福が八月九日以降に生まれたのであれば黒井城が出生地である可能性が高いとしている。また、臼杵《うすき》稲葉家で近世後期に編纂された『御家系典』では、福は丹波国氷川郡春日井庄（兵庫県丹波市春日町）の生まれなので春日局と称したと説明するが、「春日」は朝廷から与えられた女房名（小路名《こうじな》）なので、正確な情報とはいいがたい。福の出生地を丹波とする何らかの伝承があったのかもしれないが、現段階では出生地を特定できる史料は確認されていない。

斎藤氏の出自

福の父方にあたる斎藤氏の先祖は、藤原北家利仁《ほっけとしひと》流の出身で、斎藤別当実盛《べっとうさねもり》の後胤《こういん》とする。ただし、履歴が明らかとなるのは福の曾祖父からである。初代の曾祖父は右兵衛といい、美濃国に居住して土岐《とき》家に属した。二代伊豆守《いずのかみ》利賢（利忠とも）は美濃国から阿波《あわ》国に移り、同地に没し、法名を宗暁という（『寛永諸家系図伝《かんえいしょかけいずでん》』『寛政重修諸家譜《かんせいちょうしゅうしょかふ》』、以下『寛永伝』『寛政譜』と略称）。ただし、いずれもこれ以上の詳細を知ることはできない。

三代目となる利三は、天正十年（一五八二）に没した際の享年を四十九とするので、天文三年（一五三四）の生まれとなる。利三の読み方は、『明智軍記』では「トシカズ」としているが、本書では福が生存している時期に編纂された『寛永伝』にある「としみつ」をとっておく。

利三は、はじめ三好長慶《みよしながよし》に属し、その先手松山新助に属して京都白河の軍事を務めたのち、美濃の斎藤義龍《よしたつ》に仕えた。義龍が父斎藤道三《どうさん》と戦った際に軍功があり、小青江《こあおえ》の刀を授かった。その後、稲葉一鉄に仕え、さらに一鉄とともに織田信長《おだのぶなが》に従ったが、利三は一鉄と袂を分かち、明智光秀に仕えることになる。

徳川将軍家に関わる女性たちの履歴をまとめた『柳営婦女伝系《りゅうえいふじょでんけい》』（以下、『婦女伝』と略称）の春日局の譜によれば、利三は自身の武功にもかかわらず、一鉄から相応の取り立てがないことを恨み、稲葉家を三度立ち退《の》いた。そのたびに一鉄は種々の手段を講じて呼び戻したが、最終的に利三は明智光秀の家臣となった。これは光秀が利三の伯父、つまり母（「於美」）の兄という縁故があったためとしている。幕府儒者の新井白石（一六五七〜一七二五）が編纂した『藩翰譜』でも、同様の説をとる。

一方、近世後期に編纂された『寛政譜』では、利三の父伊豆守の妻は足利将軍家の政所代を務めた蜷川親順《にながわちかのぶ》の娘とする。この時期はまだ一夫多妻の婚姻形態であったため、伊豆守には少なくとも蜷川氏と明智氏の二人の妻がおり、それ以外も妻妾がいたと考えられる。

ところで、明智光秀の妻は伊賀名張《いがなばり》城主の服部《はっとり》保章の娘であり、保章の従弟平太夫は江戸幕府二代将軍となる徳川秀忠《とくがわひでただ》の生母宝台院《ほうだいいん》（西郷愛《さいごうあい》）の父になる（『婦女伝』）。そのため、福は明智氏・服部氏を通じて、秀忠とは縁戚関係にあった。また、秀忠は天正七年四月七日生まれなので、福と秀忠は同い年となる。

秀忠生母の宝台院は、その母方の実家の「西郷」を名のっていた。西郷氏は東三河に勢力をはる国人領主である。徳川家康の本妻として知られる築山《つきやま》が、武田氏と通じているとの疑惑から殺害されたあと、宝台院は家康の第一位の妻の地位にあったとみられる。しかし、天正十七年五月十九日にある事件に巻き込まれ、二十八歳（一説、三十歳）で没した。福や秀忠が十一歳の時になるが、二人がこの縁戚関係を通じて互いを知り合う関係にあったのかどうかは伝わらない。

福の兄弟

斎藤利三は子福者《こぶくしゃ》であった。『寛永伝』によれば、七男三女がいたとしている。そこで、次に利三の七男と福との関係をみていこう。

長男は虎松《とらまつ》某という。十一歳で早世した。法名は香岳月光《こうがくげっこう》。次男は甚平《じんぺい》某といい、十九歳で戦死した。法名は藤岩宗甚《とうがんそうじん》。この戦死とは、父利三とともに戦った天正十年（一五八二）六月の山崎《やまざき》合戦と考えられるので、甚平は永禄七年（一五六四）の生まれとなる。福より十五年長の兄であった。

三男は利宗《としむね》で、幼名を出来といい、明智光秀に仕えて明智平三郎を名のり、のち斎藤伊豆守・佐渡守を称し、号は立本を用いた。諱ははじめ利宗《としむね》、のちに利光《としみつ》に改めた。十六歳の時、父とともに山崎合戦に先陣し（『婦女伝』）、正保四年（一六四七）五月四日に没した際の享年を八十一とするので（『寛政譜』）、永禄十年（一五六七）生まれとなる。福より十二年長の兄であった。

四男は又兵衛某という。小西行長《ゆきなが》に属して組頭となり、文禄年中（一五九三～六）、小西の朝鮮出兵に従軍した（『寛永伝』『寛政譜』）。その後の行方は伝わらない。なお、蜷川本『春日局譜略』に附属する「斎藤伊豆守家系」には、利宗と三存の間に、母方の稲葉を名のったとする出雲守を置くが、これが又兵衛と同一人物なのかどうかはわからない。

五男は三存《みつなが》で、通称を与三右衛門《よそえもん》といい、生国を土佐とする（『寛永伝』）。母の名は伝わらない。はじめ長宗我部元親《ちょうそかべもとちか》に属し、のち加藤清正の朝鮮出兵に従軍して軍功があった。その後、小早川秀秋に仕え、関ヶ原合戦の時に明石掃部全登《かもんてるずみ》を生け捕りにして秀秋に献じ、慶長二十年（一六一五）の大坂夏の陣では秀忠に従い、辻弥次兵衛を討ち取ったと伝わる。同年、下総国香取郡（千葉県佐原市）

内にて二千石の知行地を得て、元和九年（一六二三）に持筒頭《もちづつがしら》となり、足軽五十人を預けられ、寛永二年（一六二五）十二月二十五日に没した。享年を五十六とするので、元亀元年（一五七〇）生まれとなり、福より九つ年長の兄ということになる。法名は道由《どうゆう》（『寛政譜』）。

六男は白大夫というが、詳細は不明。十二歳で没した。七男は七兵衛といい、四十歳で没した。七兵衛の子は惣右衛門利之《としゆき》といい、その子尚政《なおまさ》・利春《としはる》が四代将軍となる徳川家綱《いえつな》に附属されて家を興すが、その間の動向は不明である（『寛永伝』『寛政譜』）。

また、『婦女伝』では、三存の弟に角右衛門某を置き、はじめ小早川秀秋に仕えたのち、稲葉正成とともに小早川家を立ち退き、伏見に住んで町人となり、浪々したのち病死したとする。角右衛門には娘が五人おり、長女は藤堂高虎《とうどうたかとら》の家臣梅原頼母《たのも》の妻、次女は堀式部少輔《しきぶのしょう》直之の妻、三女は川窪越前守信雄の妻、四女は秋山十右衛門の妻、五女は稲葉正成の家老杉原五左衛門の妻としている。

二人の姉

福には、二人の姉がいたとされる。長女は柴田勝全の妻となり、二十三歳で没した（『寛永伝』）。三男利宗と五男三存の間に置かれていることからすれば、永禄十年（一五六七）から元亀元年（一五七〇）の間の生まれとなり、没年は天正十七年（一五八九）から同二〇年までの間となる。

利三の次女は、姉の死後に柴田勝全の後妻となった。法名を寿院《じゅいん》という（『寛永伝』）。寛永十七年（一六四〇）二月三日に没し（『公儀所日乗《こうぎしょにちじょう》』）、享年を六十五とするので、天正四年（一五七六）生まれとなり、福より三つ年長の姉となる。

二人の姉の夫となる柴田勝全（源左衛門・佐渡守・勝成）は、もとは柴田勝家の家臣で、さらに明智光秀に仕えたが、光秀の没落後は堀秀政に仕えた。天正十八年（一五九〇）四月一日付で小田原の陣備えを定めた豊臣秀吉《とよとみのひでよし》朱印状（堀家文書）によれば、村上頼勝とともに「柴田源左衛門尉《じょう》」が一番備えに配置されている。上杉景勝が陸奥米沢（山形県米沢市）に移封された後を受けて、越後国に堀秀治が入封すると、勝全は渡部《わたべ》（新潟県燕市渡部）城主一万三千石となったが、関ヶ原合戦の前哨戦《ぜんしょうせん》となる越後一揆において上杉氏と内通した嫌疑によって追放された（『上越市史』）。「寛文之頃蜷川喜左衛門自筆書付写」（『史籍雑纂《しせきざっさん》』三）によれば、その後、勝全は福島正則に仕えたらしい。『福島家分限帳』（京都大学総合博物館所蔵）には「柴田源左衛門」が三千石で召し抱えられおり、これは後述するように勝全の子とみなされる。

勝全と長姉との間には、娘が一人生まれた。のちに、堀秀政の老臣である堀直政の五男直之に嫁ぎ、慶長九年（一六〇四）に直景《なおかげ》を生んだ。次姉の寿院との間には、一男二女が生まれた。長女は武田家の旧臣で、武田家滅亡後に徳川家康に仕えた秋山昌秀の嫡男正重に嫁ぎ、正俊を生んだ。長男は斎藤平十郎を名のり、次女は三上季正《みかみすえまさ》の後妻となった（「斎藤伊豆守家系」『寛政譜』）。

なお、五代将軍徳川綱吉《つなよし》の命令で、『三河記《みかわき》』の編纂のために大名やその家臣等から提出させた古文書や家伝・系譜の類を写した『貞享書上《じょうきょうかきあげ》』に、稲葉家の家来となった梅原太右衛門が提出した由緒書がある。それによれば、太右衛門の母方の曾祖父が「柴田佐渡守」、その子が「柴田源左衛門」であり、源左衛門は男子が死去したので、女子が徳川家康と同秀忠の「御内書」を相伝した。これが太右衛門の祖母にあたるという。相伝文書のうち、柴田佐渡守宛の家康内書中には、「当表不残平均《とうおもてのこらずへいきん》申付《もうしつけ》」とあり、関ヶ原合戦に関わるものと判断されるので、慶長五年（一六〇〇）十一月十一日付の発給となる。この時、佐渡守こと勝全は、越後一揆に加担した嫌疑で堀家を追放されたのだが、家康はそのことを知らなかったのだろう。次に柴田源左衛門宛の秀忠内書中にある添状《そえじょう》発給者は大久保《おおくぼ》忠隣《ただちか》（相模守《さがみのかみ》）なので、彼が改易《かいえき》される前、すなわち慶長十八年以前の発給となる。よって、佐渡守勝全の嫡子源左衛門が福島正則《まさのり》に召し抱えられたということになる。斎藤家の系図に源左衛門が記されないのは、おそらく源左衛門の母が斎藤利三の娘ではなかったことによるのだろう。

一人の妹

諸史料で、福は利三の末娘と記される（『寛永伝』『春日局譜略』等）。しかし、福には妹が一人いた形跡がある。『寛政譜』の三上《みかみ》家の譜によれば、同家は代々佐々木家に属し、同家の没落後に季直《すえなお》が豊臣秀吉に仕えて使番《つかいばん》となった。文禄元年（一五九二）の朝鮮出兵では肥前《ひぜん》名《な》護屋《ごや》（佐賀県唐津市）において兵船の奉行を勤めたが、九月四日に名護屋に没した。法名は宗慶。その妻が、福の妹だというのである。

妻は春日局の妹。季直死して後、崇源院殿につかへたてまつり、神戸とめさる。

つまり、福の妹は、夫の季直が没した後に、二代将軍徳川秀忠の妻である浅井江（崇源院《そうげんいん》）に仕え、名を神戸と称した、という。これに続く記事では、季直と神戸の間には、男子の季正が生まれていたが、父が没した際に一歳だったので家督を継げなかった。その後、母が江に仕えることになり、季正も慶長二年（一五九七）に江戸に召し出されて、秀忠に六歳で近仕したという。江が豊臣秀吉の養女となって秀忠と婚姻するのは文禄四年（一五九五）九月、江が伏見から江戸に移るのは慶長四年十二月であり、その間のこととなる。

慶長八年七月二十八日には、秀忠と江の長女千《せん》が大坂城の豊臣秀頼《ひでより》に嫁いだ。その際に、神戸は千付となり、季正も母に従って大坂城に入った。慶長二十年の大坂夏の陣により大坂城が落城すると、季正は加賀金沢（石川県金沢市）の前田利常《まえだとしつね》に預けられたが、寛永元年（一六二四）に召し出されて三代将軍徳川家光に仕え、小姓《こしょう》組番となり、蔵米《くらまい》四百俵を与えられた。寛永十年二月七日に二百石を加増され、のちに武蔵国足立・埼玉二郡内に六百石の知行地を得て、寛文二年（一六六二）六月七日に没した。享年七十一。法名を宗閑という。季正の前妻は前田利常の家臣三浦勘解由《かげゆ》の娘で、後妻は先にみた柴田勝全と寿院の間に生まれた次女である。つまり、いとこを後妻に迎えたことになる。

福の妹神戸の存在はこれまで知られてこなかった。なぜ福が利三の末娘という伝承になったのか、疑問は残るにしても、近世後期になって三上家が福との関係をあえて捏造《ねつぞう》せねばならない意図も見出せない。利三の享年が四十九、福が四歳の時のことであれば、福の下に妹や弟がいたとしても、ありえない話ではない。大坂夏の陣後の神戸の行方は不明だが、江戸に呼び戻された季正は、後述するように福とは良好な関係を保っている（一七六頁）。また、後妻に伯母寿院の娘を迎えたというのも、福たち姉妹とのつながりの強さをうかがわせる。

このように、福に妹がいたというのは新事実だが、その妹が福と対立関係にあったとされる江に仕え、そののち江の娘の千付となって大坂城に暮らしたというのも、さらに驚くべき事柄だろう。福と江の関係は、どうやら一筋縄では説明できないようにみえる。

本能寺の変と父の死

天正十年（一五八二）六月二日。京都本能寺に滞在していた織田信長を明智光秀が襲撃し、自殺に追い込んだ。いわゆる本能寺の変である。斎藤利三は光秀の重臣の一人として、これに加わった。その後、中国の毛利氏との戦いに和議を結び、急ぎ戻って来た羽柴秀吉と山城山崎（京都府乙訓《おとくに》郡大山崎町）で戦い（山崎合戦）、利三は敗走して大津で捕縛された。次の史料からは、秀吉が光秀のみならず、利三もこの件に深くかかわった反逆者として追跡していたことがわかる（六月十九日付羽柴秀吉書状、東高木文書『岐阜県史』）。

一、明智首、相尋候之処ニ、山科藪中かくれ居候之処、百姓首を切捨置候処、見出候事、

一、斎藤内蔵助二人子を相連、たつな斗にて落行候処、郷人おこり候て、両人之子共ハ首を切、蔵助ハ生捕ニ仕、なわをかけ来候条、於天下車ニ乗わたして、首切かけ申候事、

光秀は山科の藪中に隠れていたところを百姓によって斬殺された。切り捨てられた首は発見されて、秀吉のもとに届けられた。利三は、子二人を連れて逃げたが、その様子は「たつな斗《ばかり》」であったという。〝たづな〟には、①手綱《たづな》、②鉢巻《はちまき》、③ふんどし、の三つの意味があり、①手綱だけをつけ、鞍

すらない馬に乗って逃げ落ちた、②兜《かぶと》を失い、頭に鉢巻を結んだ鎧《よろい》姿で逃げ落ちた、③ふんどし（下帯）のみを付けた裸同然の姿で逃げ落ちた、と三様に解釈ができるが、郷人が怒って殺したという状況から判断すれば、明らかに落ち武者とわかる姿だと考えられるので、②であったとしておく。

子二人はその場で首を切られた。利三は生け捕りにされて、縄をかけて秀吉のもとに届けられたので、「天下中（京中）」を車で引き回し、首を切り落とした。のちの秀吉書状（六月二十六日付、大阪城天守閣蔵）によれば、利三の首は光秀の首とともに晒された。また、「扨々《さてさて》死様の儀、上様（織田信長）御当罰眼前と一身に満足致す事」と述べて、明智の惨めな死に様は信長の罰があたったと述べて満足の意を表している。

なお、秀吉の書状では、利三が連れて逃げた二人の子は、いずれもその場で首を切られて殺された、としていた。しかし、その首がどうなったのかは明らかではない。

既述のように、利三には七人の男子がいた。そのうち次男甚平が山崎合戦の時に十九歳で討死したとあるので（『寛永伝』）、二人の子の一人は次男として良いだろう。長男虎松は十一歳で早世したというので、この時に甚平が十九歳ならば、既に没していなければならないので該当しない。

三男利宗も山崎合戦に参陣した。この時、十六歳だった。父と兄と行動をともにし、甚平は平子弥《ひらこや》伝次《でんじ》を、利宗は岩佐甚助《いわさじんすけ》を討ち取った（『寛永伝』）。秀吉の先陣高山右近友祥《ともなが》が率いる大軍と対戦し、味方が敗北するなか手勢三千をもって父子で苦戦した。そのうち、惣構えの川が雨で増水していたにもかかわらず利宗は乗り込んで行き、織田信孝《のぶたか》の臣、野々懸《ののがけ》彦之進と組合いになって川に落ちたが

斎藤利三の墓（左）・海北家の墓（右）
（京都市左京区・真正極楽寺）

（異説あり）、その首を取った。しかし、この間に父と生き別れ、それより方々に逃れ落ち、菩提寺へ行って出家して立本と称したという（『婦女伝』『寛政譜』）。ただし、後述するように本能寺の変直後は一松斎や渓草斎などを名のっており（『石谷《いしがい》家文書』）、一時的に名を隠していたのかもしれない。加藤清正に仕えた関ヶ原合戦期には、立本を用いたことを確認できる（『松井家文書』）。

また、利三の四男又兵衛はその後も存命であり、五男三存は後述するように土佐にいて難を逃れた。六男白大夫は『寛永伝』に「十二歳にして没す」とある。よって、首を切られた子が白大夫であったことも考えられるが、数えの十二歳は満でいえば十から十一歳に相当するので、そのような幼少の者を戦場に連れていくとは考えにくい。

よって、利三が連れて逃げたのは甚平のみであり、利宗は生き別れになって逃げ延びた。残るもう一つの首は、従者か誰か他人の首を利宗のものと誤認したのだろう。つまり、父とともに殺された兄は一人だった、としておく。

なお、利三の遺骸は利宗が盗み出し（『婦女伝』）、京都真如堂《しんにょどう》東陽院に葬られた（『寛政譜』）。法名は湖翁窓西《こおうそうさい》という（『寛永伝』）。これを助けたのは絵師の海北友松《かいほうゆうしょう》と伝えられる。真如堂は正式名称を真正極楽寺《しんしょうごくらくじ》（京都市左京区）といい、海北家の墓の左側に斎藤利三の墓が現存し、今もなお海北家によって大切に供養されている。その墓の正面には「斎藤内蔵助利三墓」、背面に「法名陽剛院殿亾蹄利三居士　天正十年壬午六月十七日」と彫られている。墓碑銘に現世の名が彫られていること、また彫がしっかり残っていること、法名が斎藤家の伝承と異なることなどから、墓自体は後年に作られたものなのかもしれない。

また、この時の恩義により、福は友松の跡を継いだ友雪《ゆうせつ》を将軍家の御用絵師に召し出したと伝えられるが、その経緯がわかる記録等は確認できていない。ただし、福の菩提寺の一つである京都妙心寺麟祥院《りんしょういん》には、寛永十年（一六三三）に友雪が描いた龍雲図（襖二十面）という大作が伝来しており、福と海北家との強いつながりを知ることができる。いずれにせよ、海北友松の履歴とともに、今後の研究の進展が望まれるところである。

石谷家と長宗我部家

主君織田信長を暗殺するという「謀叛」を明智光秀が起こした理由については諸説あるが、近年では四国の長宗我部《ちょうそかべ》氏との交渉役を担当していた光秀の立場をめぐる問題が有力となりつつある。特に、岡山の林原《はやしばら》美術館に眠っていた石谷家文書が発見されるに及び、その可能性が一段と高くなった。

また、石谷家文書には、斎藤利三の家族たちの動向を知るうえで重要な情報も含まれている。というのも、石谷光政《みつまさ》の養子となる頼辰《よりとき》は、利三の実の兄だったからである。福たちには、伯父になる。

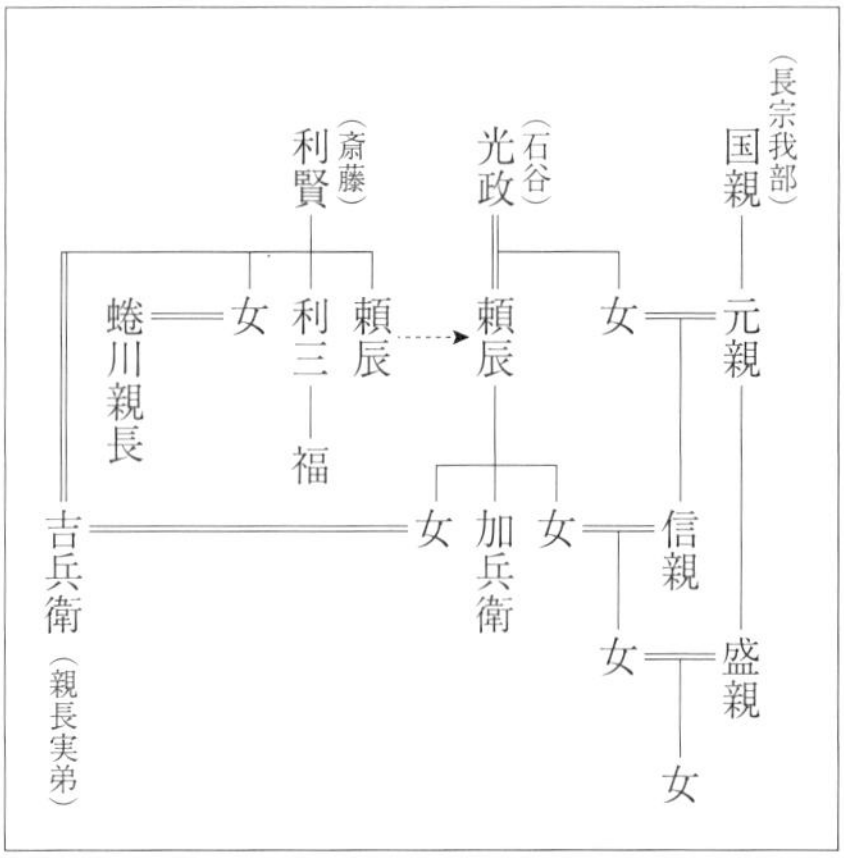

斎藤・石谷・長宗我部家関係図

以下、石谷家文書によりながら、福たちの動向をみていこう（以下、石谷家文書については、浅利尚民・内池英樹『石谷家文書　将軍側近のみた戦国乱世』による）。

石谷家は室町幕府の奉公衆（将軍の側近）で、美濃国方県《かたがた》郡石谷（岐阜市石谷）を本領とする土岐氏の一族である。土岐氏が没落すると、足利将軍に直属するようになり、光政・頼辰父子は十三代将軍足利義輝《あしかがよしてる》に仕えていた。永禄八年（一五六五）五月十九日に義輝が松永久秀に襲撃され自害すると、父子ともに流浪することになった。

光政の娘は永禄六年に長宗我部元親《もとちか》と婚姻し、信親《のぶちか》が生まれた。その妻となったのが、頼辰の娘であり、さらに信親と頼辰の娘との間に生まれた娘が、元親の家督を継ぐ盛親《もりちか》に嫁ぐという関係になる。このように、斎藤・石谷・長宗我部の三家は、血縁関係で深く結ばれていた（朝倉慶景「長宗我部元親の縁者石谷氏について」）。その関係からか、明智光秀に仕えることになった石谷頼辰は、長宗我部元親に対して織田信長の意向を伝える役割を担っていたが、説得工作は不調のうちに終わった（藤田達生『天下統一』）。そのようななかで、本能寺の変が引き起こされる。

この時、福たちは縁者の長宗我部氏を頼って土佐に赴いたという説がある。『治代普顕記』巻第七上（高知県立図書館蔵）の「春日局躍《おどり》興行の事」という記事のなかに、次のように記されている。

> 石谷兵部大輔前腹の娘長宗我部元親か妻と成て、其よしみにより、土佐国長宗我部と斎藤蔵佐も縁者と成、然に蔵佐ハ丹波国明智日向守を頼、堪忍をなし、子共三人有、二人ハ男子、一人は娘成し、其比明智謀叛にて信長公を討果し、程なく其身相果し時、蔵佐ハ相果、嫡子ハ肥後へ下、肥後守抱置、斎藤立本と云、二男と娘ハ土陽の長宗我部家に渡り、娘は京都に忍ハせ、次男ハ土佐へ下、土産右衛門尉と号て土州朝倉といふ所に侍けるが、彼も後ハ筑紫へ下り、龍本（立）が館に堪忍す、角（かく）て蔵佐娘事、羽柴太閤天下静謐に治給ひて後、世間長閑になれハ彼娘を長宗我部やういく（養育）して、中納言の内稲葉内匠頭妻になし、男子の代読をまふけたるに聊の精心にて内匠頭家を出て久しく京都に居住をなす。

つまり、石谷光政（「兵部大輔」）と前妻との間に生まれた娘が長宗我部元親の妻となった関係で、斎藤利三（「蔵佐」）も縁者となり、本能寺の変後、利三の嫡子は肥後熊本（熊本市）の加藤清正（「肥後守」）に召し抱えられ、斎藤立本と名のり、娘と次男は長宗我部家に渡った。娘は京都に忍ばせ、次男は土佐に下り、名を土産右衛門尉と称して、土佐国朝倉（高知市）という所にいたが、のちに九州に下り、兄の所に寄寓した。娘は、豊臣秀吉の代に天下静謐《せいひつ》となってから、長宗我部の養いとなって小早川秀秋（「中納言」）の家臣稲葉正成（「内匠頭」）の妻になった。すなわち、この娘が福である。しかし、子細に読むと、娘は長宗我部家の庇護を受けたとはいえ、京都に潜伏し、土佐に下ったのは次男だけとなっている。この次男というのは、長宗我部家に仕えた五男三存のこととみなされる。

利宗の行方

少し話を戻す。山崎合戦の戦場で父と生き別れになった利宗のその後について、『寛永伝』には記すところがない。『婦女伝』では、父の遺骸を盗み出したあと、丹後田辺に行き、縁者である細川忠興のもとに潜み、その助命により忠興に預け置かれていたが、いとこの郷意密（『寛政譜』では、斎藤兵部入道以密）の讒言により秀吉から疑われ、京都北野社の廟前で鉄火取りをおこなった。この時は、秀吉生母の大政所の助命により死罪をまぬがれたという。

これに関して利宗と推定される人物のものとみられる書状が石谷家文書に伝来する。

去十一月六日之御書、正月十四日ニ拝見仕候、抑老母之儀、当所御父子之御才覚を以先引取候、其元之体、野源申候を承、大慶不過之候、対我々　元親御懇之段、具承候、忝次第ニ候、此砌早々罷下、先御礼可申上候処ニ、似斎様御上洛候て、御暇之儀不成御儀候、我々心中者一日も早々罷下度外無他候、併母我々御おんうけ候間、似斎様如何可被仰を不存候間、御下候て御意次第ニ与風罷下候か、野村下可申上候、我々此方ニあるへき世上ニ無御座候条兎角罷下ニ可成候、（後略、一部の字句を写真により修正した）

これは「渓草斎秀和」を名のる人物から土佐の長宗我部氏のもとにいる石川頼辰に宛てた正月二十日付の書状で、書判の形および書状の内容から斎藤利宗ではないかと推定されている。書状では、十一月六日付の頼辰の書状を翌年正月十四日に受け取り、利宗とその老母が稲葉一鉄・貞通父子の才覚により保護されていること、長宗我部元親の懇切な対応を使者の野村から聞いて忝く思っており、早々に土佐に下って礼を申し上げたいが、稲葉一鉄（「似斎様」）が上洛中で帰国しておらず、母や自分が一鉄から受けた恩を考えると、その意向を確認したうえで下るべきであり、そのことを野村から伝えると思うが、自分は世上の様子からして美濃にいるべきではないと考えている、という内容である。

利三の妻については、『寛永伝』『婦女伝』には記載がなく、『寛政譜』では、前妻を斎藤道三の娘、後妻を稲葉右京進某の娘とする。利宗の母については『寛永伝』では記載がなく、『婦女伝』では斎藤新五郎の娘とし、『寛政譜』では右京進某の娘とする。ただし、『寛永伝』では、利宗を「濃州安八《あはち》郡楚祢《そね》」の生まれとしており、「楚祢」とは稲葉一鉄の居城曽根のことであり、城下には利三の屋敷があった。右京進は『寛永伝』の稲葉家の譜では初代塩塵《えんじん》の長男、一鉄の兄に置かれた人物である。よって、出生地から判断すれば、利宗の生母は稲葉氏であり、これは福の生母でもあるから、利宗と福は同母の兄妹となる。

三月十八日にも利宗は石谷頼辰に書状を送った。これは十五日に頼辰からの返事を受け取ったためで、一鉄が引き止めるので土佐に下ることが難しい旨を伝えている。一方、右の書状を持参した使僧が到着した三月十五日付で、一鉄も頼辰に次のような書状を送った。

小僧行衛有御尋、此遠国迄御使僧華渓寺江被差越候、于今不始雖御気分候、別而奇特存候、仍其以来絶音問申候、所存之外ニ候、信長在世之内六ヶ敷仁体ニ候、不分忠不忠、毎辺心任之条、令隠遁、世不存ニ付而委細御理申候キ、御床敷存候、千変万化更難述筆舌候、然ニ御様体逐一無其隠候、御名誉更々不足申候、目出度候、小僧事、則雖可進之置候、古郷之儀と申、母以下、未連子六七人一所ニ候間、難見捨趣申候条、愚老傍ニ召置、茶をもたてさすへく候条、不及是非候、千万申度候事繁多候へ共、在地所取乱候間一筆申候、追而可申述候、恐々謹言、

三月十五日　一鉄（書判）

石谷兵部殿

人々御中

小僧とあるのが、利宗のことを指すのだろう。この時、利宗は十七歳。その行方について遠国まで尋ねてくれた頼辰の温情に、まずは感謝した。また、この書状により、利宗たちは一鉄の母親の菩提寺である曽根の華渓寺で過ごしており、そこには福の母をはじめ、その連子が六、七人いるとのことであった。当然、そのなかには福もいただろう。一鉄は、彼らにとっては故郷のことでもあり、また見捨てがたいので、利宗を「茶人」にしてそばに置く覚悟であることを伝えた。

稲葉一鉄と福の母

福たちを匿った稲葉一鉄は、永正十二年（一五一五）に美濃に生まれた。初めは長良《ながら》の崇福《そうふく》寺に弟子入りしていたが、還俗《げんぞく》して稲葉家を継ぎ、土岐氏の滅亡後は斎藤道三に仕え、氏家直元（卜全）や安藤守《もり》就《なり》とともに「美濃三人衆」の一人として活躍した。斎藤氏の滅亡後は織田信長に仕え、信長の死後は羽柴秀吉《はしばひでよし》に下った。その人柄については、世間で荒々しい者を「一鉄」というのはこの人より始まる、と新井白石が著した『藩翰譜』にある。

一鉄が還俗することになったのは、大永五年（一五二五）に北近江の浅井亮政《すけまさ》軍が美濃に侵攻し、牧田の合戦で父通則《みちのり》と兄五人がすべて討死したからである。しかし、そうなると福の生母は誰なのか、ということが問題になる。

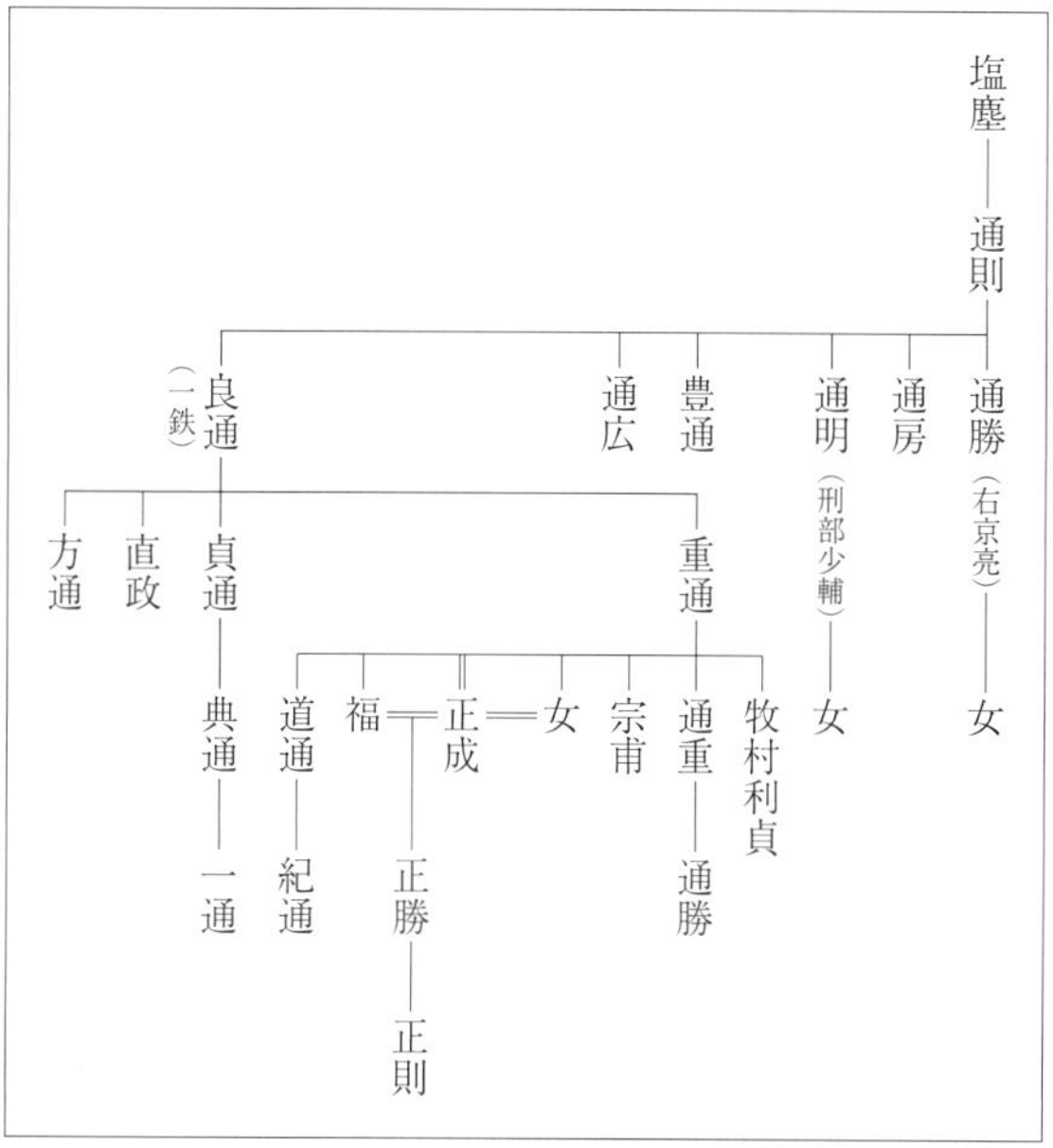

稲葉家略系図

福の母については諸説あり、『寛永伝』の稲葉正成家の譜では、稲葉塩塵の長男（正しくは孫）で一鉄の兄にあたる右京進某の娘とする。

一方、貞享三年（一六八六）に作成された『春日局譜略』では稲葉刑部少輔通明《みちあきら》の娘とする説をとる。この史料は、巻末に「貞享三年丙寅九月十四日」の日付があり、春日局の孫の稲葉正則が春日局の菩提寺となる麟祥院の鰲雲和尚に宛てたもので、軸装されている。その日付から、五代将軍徳川綱吉の命令により『武徳大成記』や『貞享書上』が編まれるような歴史意識の高まりのなかで、『春日局譜略』が稲葉家によって編纂され、麟祥院に納められたものだろう。東京大学史料編纂所や京都大学に写本が架蔵されており、『史籍雑纂』第三（国書刊行会、一九一一年）には蜷川家に伝来した写本の全文が翻刻されている。

その『春日局譜略』では稲葉刑部少輔通明の娘という説をとるため、『寛政譜』の稲葉家の譜では通則の長男右京亮通勝《みちかつ》の娘である可能性を残しながらも、『春日局譜略』に従って通則の三男刑部少輔通明の娘を斎藤利三の妻とする。ところが、同じ『寛政譜』の斎藤家の譜では、利三の妻は右京亮の娘としており、稲葉家と斎藤家では異なる説をとっている。

しかし、通勝・通明のいずれであれ、大永五年（一五二五）に没したことは同じである。よって、仮に翌六年に福の母が生まれたとしても、福が生まれる天正七年（一五七九）には五十歳を超えることになり、その年齢での出産は難しいといわざるをえない。

これを最初に指摘したのは宮本義巳氏だが、これを受けて小和田哲男氏は、一鉄にはもう一人右京進を名のる兄がおり、その娘を一鉄の養女として利三に嫁がせたのではないかと推測した（『春日局』）。確かにその可能性もあるが、別に兄がいたのであれば、出家していた十一歳の一鉄をわざわざ還俗させてまで家督を継がせる必要もなくなるので、やはり兄は全員討死したと考えるのが妥当だろう。

なお、「稲葉家系図」（岩瀬文庫）では、利三の内室は「稲葉一鉄之息女」とし、江戸期に稲葉家の由緒を調べた「下書」（個人蔵）にも福の母は「稲葉一鉄殿之御息女」とし、他にも一鉄の娘とする史料が散見される。一鉄の娘であれば年齢的にみても辻褄があうし、一鉄が福たちを匿ったのも実の娘や孫たちであればこそだと考えれば納得がいく。

『寛永伝』で福の母を稲葉一鉄の娘と明記しなかった理由は不明とせざるをえないが、なんらかの事情があって一鉄との近い関係を明示することを避けたものとしておく。

福の母の名は、安《あん》という。生没年は不詳。長林玄寿大姉と諡号され、京都正法山妙心寺内の塔頭知勝院に石塔と位牌が置かれた。また、高野山にも墓があるというが、詳細は不明である（大分県先哲史料館蔵稲葉家文書「清光院殿御縁者方之御系譜」）。

三存の行方

福たち家族が稲葉一鉄の保護下にありながら、五男の三存は別行動をとっていた。次の書状は、利三の死後における三存の所在を示すものである（傍線、筆者補）。

猶以、右之趣少も疎意存間敷候、可御心安候、巨細期後音之時候、斎津戸御返礼申候、可被成御心得候、以上、去二月廿三日之貴札来着、本望之至候、随而、先年斎内蔵別而令申談儀、御仕合無是非候、然者彼御息幷貴殿其御国ニ御在居之由、丈勝軒御物語候間、御床敷之由令申候処、今度自御両所預示候、此節候之間、涯分馳走可申候、長宗我部殿御同前ニ御忠信御尤候、委曲彼御口上ニ申述候条、不能懇筆候、恐々謹言、

六月四日　　秀勝（書判）

石谷兵部少輔殿

御報

（現代語訳）去る二月二十三日の貴殿（石谷頼辰）からの書状が届き、本望の至りです。よって、先年斎藤利三と特に談合していた件の次第はしかたがありません。さて、利三の子息と貴殿が土佐国に在居している由を丈勝軒が話すので、懐かしいと語っていたところ、今回二人（頼辰と利三の子）から連絡があり、この時節なので精いっぱい馳走いたします。長宗我部殿に対してこれまでと同じように忠信を尽くすのが尤もだと思っています。委曲は使者が口上で申し述べるので、懇筆は致しません。恐々謹言。なお、右の趣旨は少しも疎意にしませんので、ご安心ください。さまざまな事は後日連絡します。斎藤津戸にも返礼をいたします。御心得ください。以上。

差出の秀勝は、端裏書の署名から徳川家康の直臣木俣守勝（秀勝とも）とされている。石谷家文書の解説では傍線部を木俣が「石谷頼辰を通じて元親に対し家康への忠信を求めている」と解釈し、家

康側が長宗我部元親を取り込むために「利三の子息三存と丈勝軒が口添え」をしたと説明しているが、この時、三存はわずか十四歳であり、一般に元服前の年齢であることや謀叛人の子という立場からしても、右のような発言力を持ち、大胆な行動をとる力量があったとは思えない。傍線部は解釈の難しいところだが、頼辰と利三の子に対して「長宗我部殿に対してこれまでと同じように忠信を尽くすのが尤もだ」と伝えたという解釈も成り立つ。なお、「御」の敬語が繰り返し付されていることから判断して、長宗我部氏に忠信を尽くすのは、木俣ではなく宛所の石谷頼辰及び利三の子ということになる。つまり、この書状は、明智の旧臣であった木俣が、本能寺の変後に土佐に在留する石谷頼辰と利三の子に対して変わらぬ厚情を示し、二人が今後も長宗我部氏に忠信を尽くすように心構えを告げたものと解釈するのが適切だろう。

なお、頼辰とともに土佐にいる利三の子とは、猶々書に「津戸」とあるように、「津戸右衛門尉」を名のる人物である。これは、後述の書状では、長宗我部元親とともに九州出兵に参加した人物であり、石谷家文書の解説で推定したように利三五男の三存とみなされる。

では、いつ三存は他の家族たちと別れて土佐に渡ったのだろうか。実は『寛永伝』では三存の生国を「土佐」としている。これは福が没する年に提出された系図であるから、あながち根拠のないことではないだろう。おそらく、三存の生母はなんらかの理由があって土佐で三存を出産し、三存はそのまま土佐の長宗我部氏のもとで育てられたのではないだろうか。つまり、三存は利三及び福とは異母であり、父利三とも離れて土佐の長宗我部氏のもとで成長したと考えれば、この時、三存がすでに土佐にいることが整合的に説明できる。

福は土佐に渡ったのか

最後に、福の潜伏場所を検討する。羽柴秀吉が明智光秀、柴田勝家らを破り天下人の地位につくと、中国・四国を制覇し、天正十四年（一五八六）七月より九州出兵を開始する。十二月十二日には豊後（大分市）の戸次川《へつぎがわ》の戦いで豊臣軍と島津軍が激戦し、長宗我部信親と石谷頼辰が討死した。次の書状はその状況を伝えるもので、天正十五年の発給と比定される。

今度於豊州表、不測失軍利付、頼辰御討果候段、誠絶言悟（語）候、御親昵中、御愁涙之儀奉察候、津戸右衛門尉殿無異儀令満足候、藤堂与右衛門尉令加宿可有上京旨、拙者入魂候つる、如何候哉、我等儀、于今波濤居陣付、国本程遠候之条、万不任覚悟体候、乍恐御母儀様可預御意得候、猶道標可有伝達候、恐々謹言、

正月廿二日　　元親（書判）

斎藤平十郎殿

参御宿所

（現代語訳）今度、豊後表において不測の事態となって軍利を失い、頼辰が討死したのは誠に言葉もありません。親しい人々はさぞ御愁涙と察します。三存（「津戸右衛門尉」）殿が別条ないことには満足しています。藤堂高虎（「与右衛門尉」）に「加宿」して上京できるよう私が口添えしましたが、いかがでしょうか。私は今も波涛の九州に在陣しており、土佐からも遠いので、すべてにおいて心

のままになりません。恐れながら、平十郎殿の御母儀様の御意を得たいと思います。なお、蜷川道標が伝達するでしょう。恐々謹言。

宛所の斎藤平十郎は、利宗のことである。書状では、石谷頼辰の戦死を告げるとともに三存の無事を伝えた。また、藤堂高虎が上京することになり、元親自身は遠国にあるので、利宗の母にその対応を求めている。

石谷家文書の解釈では、この書状から「このとき、斎藤利三の妻、子息利宗・三存は土佐国にいることがわかる」と説明する。しかし、『寛永伝』では「(三存は)長宗我部氏に属し、仙石権兵衛(秀久)とともに豊後にをもむき、都志美津《としみづ》にをひて薩州の兵と相戦とき、三存両度戦功あり」とあり、三存の九州出兵への従軍が確認できる。書状の内容も、「頼辰は討死したが、三存は無事」と伝えたものであり、三存の在九州は確実である。

次に、利宗とその母が土佐にいると解釈した点だが、「加宿」とあるところを上京する高虎が土佐に宿泊すると解釈したのだろう。とはいえ、豊後からわざわざ土佐を経由して上京するというのも考えにくい。これは、元親が豊後におり、京都からは遠い土佐に連絡して準備をさせることも難しいので、在京している利宗の母に高虎の宿の手配を頼みたい、という指示をしたのではないだろうか。よって、三存は元親とともに豊後におり、利宗とその母は在京している、という解釈になる。

既述の天正十一年の利宗の書状でも、一鉄の意向により利宗が土佐に渡るのは難しいとしていた。

その後、利宗は翌十二年の小牧《こまき》・長久手《ながくて》の陣では秀吉側に加わった。秀吉の将堀秀政が尾張楽田《がくでん》（愛知県犬山市）を守り、稲葉一鉄と長谷川秀一《ひでかず》が小口《おぐち》（愛知県丹羽郡大口町）に在居し、七月二十七日に秀吉が楽田より小牧に向かう際に、一鉄はその軍勢に加わり、利宗も一鉄に従って敵陣に至り、小沢《こざわ》某を討ち取った（『寛永伝』）。つまり、利宗は天正十一年になっても一鉄のもとにおり、彼の四国下向は実現していない。その後、天正十四年までには母とともに在京して過ごしたということになる。

『藩翰譜』（新井白石著）では、利三の男子三人・女子一人は父の討死後に「都の傍に住す」とする。男子三人とは、利宗・又兵衛・白大夫・七兵衛の内だろうが、利宗はすでに成人して独自に行動していたから、利宗を除く三人だった可能性が高い。女子一人は、福としている。

要するに、福は母や他の家族たちとともに美濃の稲葉一鉄のもとに匿われたあと、長宗我部氏からもなんらかの保護を受けていたのだろうが、土佐に渡ることはなく、京都で母たちとともに潜んで暮らしていた、とするのが妥当な線だろう。

2　稲葉正成との結婚と離婚

養父稲葉重通

稲葉一鉄の本妻は、公家の三条西公条《さんじょうにしきんえだ》の娘という。天文十五年（一五四六）に嫡子貞通《さだみち》を生み、天正九年（一五八一）九月十九日に没した。天正十六年十一月十九日に一鉄が没したあとは、貞通が家督を継いだ。貞通とその子典通《のりみち》は豊臣大名となって活躍したが、関ヶ原合戦では徳川方についた功績が評価されて豊後臼杵（大分県臼杵市）に移され、以後、臼杵稲葉家として続くことになる。

実は貞通は一鉄の次男である。長男は母を加納氏とする重通《しげみち》であり、庶出子の扱いとなって別家を興した。福はこの重通の養女として迎えられ、同じく重通の養子となる正成に嫁ぐことになる。

重通は、通称を勘右衛門という。はじめは織田信長に仕え、父一鉄が死去したのち、美濃清水《きよみず》（岐阜県揖斐郡揖斐川町）の城主となって一万二千石を領し、豊臣秀吉に近侍した。慶長三年（一五九八）十月三日に没し、呂翁俊尚慈泉院と諡号され、美濃長良の崇福寺に位牌が置かれた。妻は牧村政倫の娘で、後妻は京都吉田社の神職吉田盛方院浄忠の娘という。

重通の長男利貞《としさだ》は、外祖父の牧村家を継いだため、重通の死後は次男通重《みちしげ》が遺領を継ぎ、清水城を継いだ。ところが、慶長十二年十二月に津田長門守某・天野周防守雄光・矢部善七某ら数人とともに京都祇園林で遊興し、酒狂して一般の婦人に乱妨狼藉を加えて罰せられ、常陸筑波（茨城県つくば市）に配流となり、稲葉家は断絶した。通重の子は、稲葉正勝（正成と福の子）に召し抱えられ、家老稲葉七郎兵衛通勝となった。重通の三男宗甫《そうほ》は京都大通寺の住持となった。四男は正成なので後述する。

重通の五男は、通称を勘右衛門、蔵人、諱は道通《みちとお》といい、元亀元年（一五七〇）に生まれた。外祖父牧村政倫の家を継いだ兄利貞が、文禄二年（一五九三）七月十日に朝鮮出兵で死去したため、秀吉の命で牧村の家督を継いで伊勢岩手《いわで》（三重県度会郡玉城町）城主となったが、名字は稲葉を名のり続けた。関ヶ原合戦では徳川方につき、九鬼嘉隆の端城の一つ田丸城（三重県度会郡玉城町）を陥落させた功で、二万石を加増されて田丸城主となり、都合四万五千七百石を領した。慶長十二年十二月十二日に伏見に没した。享年三十八。嫡子紀通《のりみち》が遺領を継ぎ、大坂の陣後に摂津中島《なかじま》（大阪市東淀川区内）に移され、さらに寛永元年（一六二四）に丹波福知山（京都府福知山市）の城主となっていたが、慶安元年（一六四八）八月に「謀叛」が取りざたされて居城において自害した。享年四十六。ここに、重通の系列の稲葉家は断絶した。

このように子孫が断絶したため、ほとんど履歴が伝わらない重通だが、実は豊臣政権下において重要な役割を果たした人物の一人だった。少し話が戻ることになるが、山崎合戦を終えた羽柴秀吉が天正十年（一五八二）十二月十八日付で発給した書状には、一昨日の十六日に秀吉が美濃大垣城に到着し、稲葉一鉄父子から実子を人質として受け取ったとある（『小早川家文書』）。父子とは一鉄とその嫡子貞通のことであり、ここで二人は秀吉のもとに下った。その際に人質として提出された実子が誰なのかを特定する情報はないが、状況からみて庶出長男重通であった可能性が高い。というのも、こののち、重通は秀吉側近として仕えるようになるからである。

豊臣家とのつながり

天正十一年と推定される三月十一日付で秀吉が発給した「美濃口え遣衆事」では、美濃への出陣を命じた十二名のなかに「稲葉勘右衛門（重通）」の名があり、百人の軍勢を伴うよう指示がある（「岐阜県古文書類纂」五）。同年六月に秀吉が上洛し、堀秀政が京都吉田社に宿陣を構えようした際には、神職の吉田兼見《かねみ》は重通を通じてこれを逃れようと画策し、成功している（『兼見卿記』）。すでに重通は後妻に兼見の姪を迎えており、その縁戚関係が利用されたのだが、秀吉家臣団のなかでの重通の位置をうかがうことができる。

天正十二年の小牧・長久手合戦では、尾張楽田における右側先手の最前列を一鉄とともに二千五百の兵で勤めるよう命じられた。六月十五日には、一鉄と分かれて百三十人の手勢を率いて六月二十日より十日間、楽田表に加勢するよう命じられた（備中山崎家文書『岡山県古文書集』三）。同年十一月十日に秀吉が発給した朱印状には、秀吉の意向をさらに伝える添状発給者としても重通の名が現れるようになり（武川磐氏所蔵文書『大日本史料』十一－十）、以後も秀吉の添状発給者として朱印状に名が出てくる。

吉田社の塔頭の一つである神龍院《しんりゅういん》の梵舜《ぼんしゅん》の日記には、重通とその家族の動静がしばしば記される。天正十三年正月二十八日に、梵舜は大坂にいる重通の女房から音信として天上紙十帖を贈られ、返礼として筆三対を贈っている。ここから、重通の家族が秀吉の居城大坂城下で生活していたことがわかる（『舜旧記』）。

天正十三年七月十三日に稲葉一鉄は松井友閑《まついゆうかん》・前田玄以《まえだげんい》・徳雲軒全宗《とくうんけんぜんしゅう》とともに昇殿勅許となり、同年八月には重通が叙爵され、諸大夫《しょだいぶ》になった（『兼見卿記』）。おそらく、この時に重通は兵庫頭《ひょうごのかみ》に任官した。

天正十三年にはまた、伊勢神宮の内宮・外宮で遷宮の順序をめぐっての争いが生じた。その際には、重通は自身の長男で母方の牧村家を継いだ利貞とともにその裁定にあたった（松木文書『三重県史』）。また、秀吉が飛驒《ひだ》の三木氏を成敗したのちは、重通に飛驒の支配が任された（『貝塚御座所日記』）。同年十月四日に兼見は重通を度々尋ねたが、秀吉のもとに出頭していて会う隙がないと日記に記している（「稲葉勘右衛門為礼此間度々罷向、出頭無其隙」『兼見卿記』）。

天正十三年十一月には兼見は重通の二歳になる息子に進物を贈った。これは福にとっては義弟となる。将来的には兼見の弟子にする契約をしていたが（『兼見卿記』）、その後、この契約が果たされたのかどうかはよくわからない。

天正十五年十二月二十五日には、重通の妻（兼見の姪）が上洛した。その後は、京都の屋敷で暮らしたようである。同十八年十二月に秀吉は関白職と京都聚楽《じゅらく》城を甥の秀次《ひでつぐ》に譲り、自らは伏見に隠居城を建造する。それに伴い、重通の屋敷も伏見城下に移されたようである。こののち、兼見はしばしば伏見の重通のもとを訪ねている。一方、京都にも屋敷を残していたらしく、同十九年重通の妻が京都で没し、三月十六日に東寺《とうじ》（京都市南区）で葬儀が営まれた（『兼見卿記』）。

その後も重通は秀吉の側近として仕え、天正二十年十月一日に秀吉が肥前名護屋（佐賀県唐津市）に向けて出立する際には、伊勢外宮長官から贈られた御祓と打鮑の披露役を担当して、秀吉朱印状の添状を発給した（松木文書）。名護屋にも同行して大坂の辻に陣所を構え、先備四百七十人の軍役を担当した（『萩藩閥閲録遺漏《はぎはんばつえつろくいろう》』）。

文禄二年（一五九三）八月に秀吉の嫡子秀頼が生まれると、秀吉は急ぎ名護屋から京都に戻り、その後、再び名護屋に下ることはなかった。重通もこれに従ったようである。文禄三年三月二十八日に秀吉が宇治に出かけた際の御供衆は、前田利家・有馬則頼《ありまのりより》・施薬院全宗《やくいんぜんしゅう》・織田有楽《うらく》・寺西正勝《てらにしまさかつ》・滝川《たきがわ》雄利《かつとし》・佐久間不閑（正勝）・稲葉重通・山中長俊・木下吉隆《よしたか》・御小姓番五人・長刀一人・槍一人・懸硯《かけすずり》一人・唐傘《からかさ》一人・草履《ぞうり》取り二人・床几《しょうぎ》一人・腰物《こしのもの》一人・猪子《いのこ》一時《かずとき》・本多一継・木下延重等であった。いかに重通が出頭人《しゅっとうにん》として、秀吉のそば近くにいたのかがわかる。

慶長三年（一五九八）八月十八日に秀吉が伏見城に没した。そのあとを追うかのように、十月三日に重通も没した。葬儀は京都妙心寺で営まれた（『北野社家日記』）。

天正七年（一五七九）生まれの福が、重通の養女になった時期は不明である。一説には、一鉄の妻の縁により、福は三条西家で行儀作法を見習ったとされるが、史料的な裏付けはない。天正十五年に重通の妻が京都に移り住んだ際に福は九歳になっており、すでに女子教育を受ける年齢に達している。彼女の教養のあり方からみて、幼少期より重通の養女となって教養を積んだと考えるのが自然ではないだろうか。福がそれ以前より重通の養女となっていたとすれば、実母たちと潜伏していた京都を離れて、養父とともに大坂に移ったあと、再び京都あるいは伏見で暮らしたことになる。その生活は、豊臣秀吉の出頭人たる重通のもとで、不自由のない暮らしであったと推察されよう。

稲葉正成とその妻

福の夫となる稲葉正成は、元亀二年（一五七一）に美濃国本巣《もとす》郡十七条《じゅうしちじょう》（岐阜県瑞穂市十七条）に生まれた。幼名は市助、のち八右衛門を称した。父は十七条城主林惣兵衛政秀で、母は安藤丹後守某の娘という。この地域は美濃曽根城の稲葉一鉄との領地争いが激しく、しばしば合戦に及んでいた。そのため、一鉄の家老岡部右兵衛の提案で、正成を一鉄の長男稲葉重通の婿に入れて、両家は和睦することになった。これにより、正成は重通の長女を妻とし、稲葉氏を名のっ

稲葉正成像（神奈川県立歴史博物館蔵）

た（『寛永伝』）。

正成には複数の妻や妾がいた。最初の妻は、諸史料では稲葉重通の娘とするが、実は妹とする説もある。名は伝わらない。はじめ正成の兄林政行に嫁ぎ、長男正定（政貞とも）を生んだ。天正十年（一五八二）に近江勢田（滋賀県大津市）で政行が討死すると、正成に再嫁し、正定も正成の養子となった。正成との間には、まず長女の万（堀田正吉の妻）が生まれた。出生年及び享年は不詳。寛永四年（一六二七）十一月二十五日没した（『御系略』）。

次男は正次で、通称は八左衛門といった。福の取り成しによって元和四年（一六一八）二月に秀忠に召し出され、美濃青野（岐阜県大垣市）で五千石を与えられ、寛永五年六月六日に没した（異説、五月二十六日没）。法名は夏徹。享年を三十八とするので、天正十九年（一五九一）の生まれとなる。よって、天正十九年まではこの妻が存命であり、福と正成の婚姻はその死後ということになる。

二番の妻は、福である。正成との婚姻は文禄四年（一五九五）、福が十七歳の時とするものが多いが、何を出典とするのかよくわからない。福が正成三男の正勝を出産するのが慶長二年（一五九七）であり、その前年までに婚姻したとみなされること、また結婚適齢期である十七歳頃までには婚姻をすませたと考えられることなどから推定されたものなのだろう。慶長九年七月十七日に秀忠次男竹千代（のちの家光）が誕生すると、その乳母として召し出された。

正成は天正十二年の小牧・長久手合戦では豊臣秀吉に仕えた。その後、仙石秀久に仕えた時期もあったようだが、文禄元年の朝鮮出兵では秀吉の甥小早川秀秋に属し、五万石を領したと伝わる。慶長五年の関ヶ原合戦の際には秀秋を徳川方に寝返らせた活躍で知られる。しかし、秀秋と対立し、慶長六年十二月頃に小早川家を退去し、故郷の美濃谷口に戻り、牢人生活を過ごしたのち、慶長十二年に徳川家康に召し出され、美濃国内で一万石を与えられた。

正成の三番目の妻は、永見氏の娘（名は不詳）である。永見氏は、徳川家康の次男結城《ゆうき》松平秀康《ひでやす》の生母の実家にあたり、その父も結城松平家の重臣として召し抱えられた。正成は元和四年（一六一八）二月に秀康の次男忠昌に附属を命じられ、越後糸魚川（新潟県糸魚川市）で一万石を与えられ、旧領とあわせて二万石となった。同九年に忠昌が越前北の庄（福井市）に移された際には辞して従わず、江戸に退去し、嫡子稲葉正勝の領地に蟄居した。

正成が永見氏を妻としたのは越後で忠昌に仕えていた時とされるが、永見氏から生まれた七男正房が慶安三年（一六五〇）三月五日に没した時の享年を四十四というので（『御系略』）、慶長十二年（一六〇七）の生まれとなる。そうなると、正成が永見氏を妻に迎えたのは、慶長十二年より前であり、すなわち忠昌に附属する元和四年より前ということになる。

家康次男秀康の生母の名は、万という。その父は、三河池鯉鮒《ちりゅう》明神の社人であった永見志摩守吉英と伝わる。また、正房の母永見氏が正成に嫁いだのは、京都公家の縁によるとする説もある（『河野家先祖之記録』）。つまり、永見氏を妻に迎えていた正成が、結城松平家の重臣となっていた義父の縁故で忠昌に付けられたという順序が正しいのかもしれない。なお、この妻の没年は伝わらない。子の正房は、父正成が越後を去る際に結城松平家に残され、忠昌に三千石で仕えた。

正成の八男百助某（左門）は、『御系略』では母を石川長門守康道（康通とも、美濃大垣五万石）の娘とする。百助は元和八年三月二十二日に十四歳で没したというので、慶長十四年生まれとなる。この母に関しては系図等で確認できないため、正成の妻あるいは妾であったのかも判断できない。

山内康豊の娘よね

正成の四番目の妻とされるのは、山内康豊（山内一豊の弟）の娘よねである。はじめ津田秀政（秀吉馬廻《うままわり》）の長男平八郎（一説には正重、実は富田高定の次男）の妻となり、離婚ののち正成に嫁いだ。正成との婚姻は、慶長十七年である。慶長十六年に比定される八月二十六日付山内織部佐書状（高知県立高知城歴史博物館蔵山内家文書、以下同家文書による）には次のようにある。

追而言上仕候、然者去年より安藤所左衛門方まて被申越候、稲葉内匠殿より大坂様申請度と被申候て、稲葉助丞・所左衛門両人所迄又此比人を下被申候、修理様御二所様者殿様御指図次第と被成御意候間、内匠殿へ大坂様可被遣と思食候ハヽ、よく〳〵内匠殿様子御聞届御尤ニ奉存候、莵角何か

たへ成共当年中被遣候て可然奉存候（後略）、

つまり、去年（慶長十五）から正成（「稲葉内匠殿」）と「大坂様」の縁組が取りざたされ、それは正成からの申し出であったことがわかる。康豊たちは、藩主の山内忠義（「殿様」）の意向によるとしながらも、正成の様子をよく確認し、正成でなくとも本年中には誰かに嫁がせたいとしていた。通説的にはこの婚姻は徳川家康が斡旋したことになっているが、そのような様子を書状から読み取ることはできない。

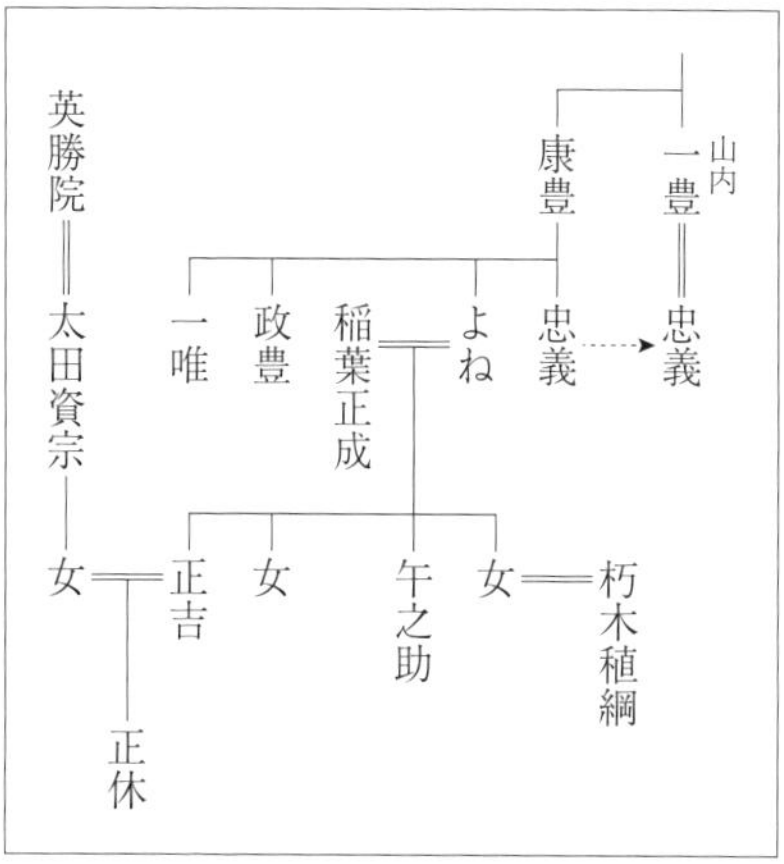

土佐山内家略系図

その後の書状によると、慶長十六年十二月七日に「大坂様」と呼ばれる康豊の娘は伏見に上着し、十二日になっても伏見に逗留していた。「濃州より迎之ものをまち申候、定て迎之者、頓《やが》て可上候間、仕たて遣候て、近日可罷下候、隠岐様よりも息女かたへ小袖など御音信被成候、外聞忝存事候」とあり、美濃の稲葉家からの迎えを待ちつつ、婚礼の準備を進めていたことがわかる。「隠岐様」とは山内忠義の本妻名阿の実父松平定勝（家康の異母弟、遠江掛川三万石）である。名阿は家康の養女として、慶長十年に山内忠義に嫁い

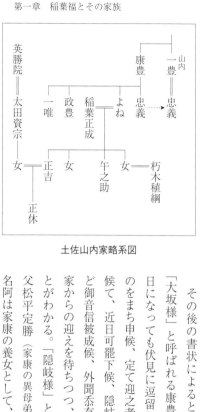

だ。康豊書状の宛所は「松土佐守」とあるので、忠義が松平土佐守を名のり始める慶長十五年閏二月十八日以降となり、他の記事から本書状は慶長十六年の発給と比定できる。十二月十三日付の山内康豊の書状では、「大坂様今月十七、八日比ニ御立可被成之由ニ御座候、濃州へ人足・馬なと呼ニ参候付而永引候て我等共迷惑仕候」とあり、いまだに美濃への出立が延引していた。娘がようやく出発したのは、十二月二十日である。

明けて正月六日付山内政豊（康豊三男）の書状によれば、「御肝煎を以、およねさま濃州へ御越被成義、目出度存候」とあるので、「大坂様」の名は「よね」であった。よねは、正成の没後は子の正吉の屋敷に移り、明暦元年（一六五五）六月二十五日に没した。示教院殿妙沾日珠大姉と諡号され、江戸下谷宗延寺に葬られた（岩瀬文庫『稲葉家系譜』）。

『寛政譜』では、よねは二女二男の母となっている。女子（朽木稙綱の妻）、午之助某（八助）、女子（不詳、早世）、正吉（権佐、伊勢守）である。『御系略』でも、同じく四子の母とする。末子の正吉は、寛永五年（一六二八）に異母兄正次（正成次男）が死去した際に、その子正能《まさよし》が幼少であったため、正成の願い出により正次の遺跡美濃青野五千石を継いで寄合に列した。しかし、明暦二年（一六五六）七月三日に駿府城で勤番中に家臣から殺害された。「男色の事により」と『寛政譜』にあるが、詳細は伝わらない。享年三十九というので、元和四年（一六一八）生まれとなる。正吉は、寛永十年（一六三三）十二月に英勝院（徳川家康の別妻の一人）の甥でその養子となった太田資宗の娘と婚姻し（『公儀所日乗』）、同十七年には長男正休が生まれていた。正吉の死後は正休が家督を継ぎ、天和二年（一六八二）には若年寄に就任し、加増されて一万二千石を領したが、貞享元年（一六八四）八月二十八日に大老堀田正俊を江戸城内で殺害し、正休もその場で討ち取られた（下重清「大老堀田正俊殺害の真相を考える」）。ここに美濃稲葉家の家系は断絶した。暗殺された正俊は、福の養子となり、江戸城大奥で育てられた久太郎であり、正休にはいとこの子という関係だった。

さて、福が正成と離縁した時期は、①乳母となる前、②乳母となる際、③乳母となったあと、の三説が考えられる。以下、検討していこう。

いつ離婚したのか

まず、福が嫉妬深い妻であったことを伝える史料として、『備前軍記』がよく引用される。著者は岡山藩士で史家の土肥経平《どひつねひら》で、安永三年（一七七四）の成立。嘉吉元年（一四四一）の嘉吉の乱による赤松氏の滅亡から、慶長八年（一六〇三）の池田氏の岡山入部までが記される。後年の編纂史料ながら、「記述は意外と正確」（『史籍解題辞典』下）、「戦国動乱の実相に迫ろうとする考証的な作品群」の一つ（『戦国軍記事典』天下統一篇）と評価されている。以下、長文ではあるが、該当部分を引用する（漢字表記を改め、濁点等を補った）。

稲葉内匠頭妻は明智が臣、斎藤内蔵介が娘なり、その母は、稲葉一鉄の娘にて、明智亡び、内蔵介討死の後、その娘をつれて一鉄の方へ帰りける、その娘を内匠頭呼びとりて、男子出生す、これ丹後守正勝也、この内匠の妻、すぐれて嫉妬深し、しかるに、内匠、妾を京都より呼び寄せて、これにも子出生す、されども、これを妻には隠して、別の屋敷にありと聞く、それにては外聞も宜し

の子一覧

西暦	享年	母	備　考
—	—	重通娘	美濃十七条1000石，実父は林政行
—	—	重通娘	堀田正吉妻
1628	38	重通娘	美濃青野5000石
1634	38	福	相模小田原８万5000石
1626	28	（福）	尾張徳川義直に仕え，美濃十七条1000石
—	5	（福）	早世
1676	73	（福）	徳川忠長に仕え，細川家に預けられる
1650	44	永見氏	松平忠昌に仕える
1622	14	石川氏	早世
—	—	山内氏	朽木稙綱の妻
1621	—	山内氏	早世
—	—	山内氏	早世
1656	39	山内氏	兄正次の領地を継ぎ，美濃青野5000石

館写真版山城国淀稲葉家中文書33)，『寛政重修諸家譜』巻608等により作成。

からず、この屋敷へ呼び寄せ給へ、少しも苦しからず、と。又、男もありと聞きし、これまたこなたにて養育すべしと、もっとも懇ろにいひし故、よくも申されしとて、内匠も悦び、別屋敷より呼び寄せて、内匠妻へ目見えして、又懇ろに申されければ、妾も安心してありしが、一日、内匠の留守なりし時、その妾を間近く呼び、刀を抜きて衣装の内に隠し持ちて、ただ一打に切り殺し、兼て用意ありて乗物にのり、裏門より出て、上方へ登り、里に帰りける。

その後、この妻、江戸の「御内所」に出て勉けるが、慶長八年（九年の誤り）御誕生ありし竹千代君（家光）の御傅になりけり、のちに春日局といひし、則この人なり、それより程なく、内匠頭も召し出され、御家人となりけるに、竹千代君に御家人御目

稲葉正成

	名　前	通　称	生年	西暦	没年月日
1	正定（政貞）	三十郎　十兵衛	—	—	—
2	万	—	—	—	—
3	正次	八左衛門	天正19	1591	寛永5.6.6
4	正勝	千熊　宇右衛門	慶長2	1597	寛永11.1.25
5	正定	七之丞	慶長4	1599	寛永3.5.1
6	某	岩松	—	—	—
7	正利	内記	慶長9	1604	延宝4.9.29
8	正房	八右衛門	慶長12	1607	慶安3.3.5
9	某	百助　左門	慶長14	1609	元和8,3,22
10	女	—	—	—	—
11	某	牛之助　八助	—	—	元和7.9.11
12	女	—	—	—	—
13	正吉	権之助　伊勢守	元和4	1618	明暦2.7.3

注1）『寛永諸家系図伝』,『御系略』全（人間文化研究機構国文学研究資料
注2）母の項目で（福）とするのは,『寛政重修諸家譜』の記述による。

見え申し候時、春日局抱き奉る、内匠頭も出ける時、東照宮（家康）仰せに、この女は内匠は知りたるものなるべし、とありければ、ただ平伏してありしに、是をばわれに得させよ、そなたには相応の妻を世話すべしと仰せありけるゆえ、内匠も有り難しと御請け申して退きけるとぞ、その後、山内対馬守の娘を縁組みさせられき、

ここでは福の母が稲葉一鉄の娘、つまり福は一鉄の孫という位置づけである。福は正成の妻となり、男子正勝を生んだ。しかし、正成が妾を別屋敷に囲い、新たに男子まで儲けたため、嫉妬深い福は「それでは外聞が悪い」といって妾と子を同居させたが、正成の留守中に妾を斬り殺し、用意していた乗物で裏門から出て上方に上り、里に戻ってしまっ

た。その後、江戸の「御内所」（江戸城奥）に勤務していたが、家光が誕生すると御傅となり、のちに春日局となった。それから夫の正成は御家人に召し出され、家光への目見えがあり、福が家光を抱いて出たところ、家康の配慮で正式に離縁が成立し、正成には新たに山内対馬守（正しくは修理亮）の娘を妻として縁組みさせた、という話になっている。福が正成との間に生んだのは男子一人であり、妾の生んだ男子の行方は記されていない。形式的な離縁は③乳母となったあと、ということになるが、別居を実質的な離縁ととれば①乳母となる前、ということになる。

ここで正成の子をまとめてみよう（三九頁の表）。そのうち、正定・万・正次の三人が稲葉重通の長女を母とし、正勝が福を母とすることは確定的である。また、正房以降に生まれた生母についても、ほぼ確定できる。その間の正定・岩松・正利の三子については、史料により母の記載がまちまちであり、不確定な要素が多い。

まず近世後期に編纂された『重修譜』では、三人の母を「春日局」とする。しかし、他家の事例をみても、母と書かれていても表向きのことであり、生母でないことが多い。その理由は、近世後期になると妾から生まれた子を妻の養いとし、子として表記することが一般化するからである。

近世中期に編纂された『婦女伝』の「稲葉氏之伝系」では、正次・某・正定の三人の母を稲葉重通の娘、長女万の母は「家女」とする。正勝は「母春日局」とある一方で、正利は「春日局に縁ある故、駿河大納言忠長卿へ御附ケ、忠長卿御生害の時、細川越中守忠利へ御預ケ也（傍点、筆者補）」とあり、福が正利の母であるとは明記していない。これは、注目すべきことである。なお、岩松の記載はない。

『御系略』では、岩松は五歳で早世したという。

これが福が生存中に作成された『寛永伝』になると、正勝のみに「母は春日の局」とある。正定・正利の母に関する記載はない。岩松は、ここでも記されていない。

このように、三子の母については系図では曖昧な書き方になっている。とはいえ、正利は慶長九年生まれとされ、福は正利の乳を家光に与えたことになっているので、正利の生母は誰なのかという問題は、第二章以下にもかかわる重要な論点となる。

福の逃げた先

『備前軍記』では、福は上方に上り、里へ帰ったとしていた。斎藤家の譜（『寛政譜』）では、「（福は）稲葉兵庫頭重通が養女となり、其男佐渡守正成に配す。のち離縁すといへども、なを重通に養はれ、大猷院（家光）殿の御乳母となり、春日局と称す」と説明する。すなわち、福は正成と離縁後も、養父重通に養われていたと伝える。とすれば、重通は慶長三年（一五九八）十月三日に没するので、離縁はそれ以前、つまり①乳母となる前であったことになる。重通の遺領を継いだ通重は、慶長十二年に京都で濫妨狼藉をはたらき、常陸筑波に配流となったような人物なので、福が義兄通重を頼りにしたとも思えない。やはり頼ったのは養父だったのではないだろうか。

また、十七世紀末元禄初年頃に作成されたと推定される『土芥寇讎記《どかいこうしゅうき》』の稲葉正通の項には、次のような記事がある。

内匠頭ノ妻、正成ニ恨有テ、幼息前丹後守正勝ヲ懐《フトコロ》ニシ、彼ノ家ヲ逃出、御城ニ走リ入ル。於是、大猷院様ノ御乳母《メノト》ト成リ、後称春日局、前ノ丹後守ハ乳母子タル故ニ、成長シテ御近習ニ被召仕、

ここでは、福が正成に恨みがあって、幼児であった正勝を懐に抱いて家を逃げ出し、「御城」に走り入ったという。どの城かは不詳だが、「走リ入ル」というのは、「駆け込み」をしたことを意味する。すなわち、武家の城や屋敷はアジール（避難所）としての性格があり、そこに「走り入る」「駆け込み」をすることで、夫からの支配を逃れ、離縁を宣言してこれを認めさせる作法があり、福はこの手段を用いたというのである。

元和四年（一六一八）元旦に江戸城の奥方法度五ヶ条が定められた（『東武実録』）。その第四条には「走入の女あるにおいては、断《ことわり》次第返し申すべき事」とある。当時、城に駆け込んで夫と縁を切ろうとする女性が多かったことを示唆している。その駆け込みの際に、福が連れて逃げた子の正勝が胸に抱いて走れるほどの幼児であったというのは、福が正成と離縁した時期を考えるうえで重要な点である。

正勝は慶長二年（一五九七）に京都で生まれ、同九年に家光が生まれると八歳で小姓に召し出された。正成の子で家光に幼少より仕えたのは正勝だけなので、右の幼児は正勝とみなされる。男児を抱えて走って逃げることができるのは、数えの五歳が限界だろうから、福が正成のもとを逃げたのは、遅くとも慶長六年頃までと線が引けることになる。養父の重通が没するのが慶長三年であり、離縁が

それ以前であれば正勝はまだ赤子だから、十分胸に抱いて逃げることができただろう。

臼杵在住の伝承

ところで、豊後臼杵（大分県臼杵市）には福が住んでいたという伝承がある。稲葉一鉄（清光院）の縁者の系譜を記した「清光院殿御縁者方之御系譜」（大分県先哲史料館蔵稲葉家文書）には、次のようにある。

筑前中納言秀秋卿、実は木下肥後守殿息也、小早川隆景之家ヲツケリ、慶長五年子ノ九月十五日関原合戦ニ反リ忠ノ御恩賞ニ備前・美作を拝領有、筑前ヨリ国替ナリ、同七年十月十八日秀秋卿逝去、無嗣〆家断絶ス、此節家来流浪ス、林内匠頭妻臼杵入来モ此時之事カ不慥知、仁王座ニ屋敷有之、林与右衛門、其子八郎左衛門、其子伊兵衛、三代居住仕屋敷之事也、与右衛門事当地御入部慶長五年十二月廿五日也、其比ヨリ臼杵江下リ、稲葉左馬介ニ便リ、御代官被　仰付候由、与右衛門此屋敷拝領仕時分ヨリ、春日殿屋敷ト申伝候由、春日殿腹之内匠子宇右衛門殿モ此地江御座候由、此宇右衛門殿ハ其比七、八歳ニテ可有之候、慶長二丁酉ノ生ニテ、寛永十一年甲戌正月廿五日三十八歳ニテ死去也、其次両人之幼弟、定而同然、臼杵来住ニテ可有之哉慥ニ不知、　家光様慶長九年甲辰七月十七日江戸ニ於テ御誕生被遊、御乳人御尋ニテ右ノ内匠頭妻京ニテ被召出、後春日局ト申候、其節春日殿儀稲葉蔵人妹之由被申上、御乳人ニ被召出候ニ付、後迄稲葉淡路守殿トハ伯母・甥之挨拶ニテ有之候、春日局ハ寛永廿年九月十四日死去、麟祥院殿仁渕了義ト申候、天澤山ニ葬ス、右によれば、小早川秀秋が関ヶ原合戦後に筑前から備前・美作《みまさか》二国に国替《くにがえ》になり、同七年に没して無嗣断絶《むしだんぜつ》となったあと、家来は流浪することになった。この時のことかどうかは確かではないとしながらも、正成（「林内匠頭」）の妻、つまり福は七、八歳になる子の正勝（「宇右衛門」）を伴い、臼杵に来て、仁王座《におうざ》の屋敷で暮らした。のちに林与右衛門がこの屋敷を拝領した時は、「春日殿屋敷」と伝承していた。正勝の下の弟二人も同じように連れて来たのだろうが、これははっきりしない。家光が慶長九年（一六〇四）に生まれると、御乳人が求められて、福は京都で召し出されたが、その時、「稲葉蔵人」の妹として召し出されたので、「稲葉淡路守」とは伯母・甥の挨拶をしていた、という。

既述のように、稲葉蔵人《くらんど》とは福の養父重通の五男道通で、関ヶ原合戦後に伊勢田丸城主となり、慶長十二年に三十八歳で伏見に没した。家督を継いだのは慶長八年生まれの紀通で、摂津中島、さらに丹波福智山に移されたが、のちに自害した。

福は重通の養女であり、通重・道通の義妹にあたる。夫となる正成は、通重の義弟、道通の義兄である。その関係のなかで、福が重通の養女でもなく、正成の妻でもなく、通重の妹でもなく、道通の妹として召し出されたという。この点から福の召し出しの時期を考えれば、正成との離縁後、養父重通の死後、さらにその家督を継いだ通重ではなく、すでに独立大名となっていた義兄の道通を頼ったということになる。

また、右の史料では、夫の正成が臼杵に来たのかどうかは不明である。臼杵は、稲葉一鉄の嫡子貞通が関ヶ原合戦の功績により、慶長五年十二月に拝領したもので、貞通は三年後の同八年九月三日に京都に没した（享年五十八）。家督を継いだ典通は、永禄九年（一五六六）に生まれ、父貞通が織田信長に仕えるようになると、天正十年（一五八二）に美濃曽根城を譲り受けた。信長の死後は秀吉に仕え、関ヶ原合戦後は父とともに臼杵に移った。慶長八年に貞通の遺領を継ぎ、寛永三年（一六二六）十一月十九日に臼杵に没した。享年六十一。遺領を継いだ一通は、天正十五年に美濃曽根に生まれ、寛永十八年八月十六日に臼杵に没した。享年五十五。美濃時代、あるいは豊臣期に、福たち家族が貞通・典通・一通と交流があったことは十分に考えられる。養父重通の没後、福が正勝を伴って臼杵城下に一時的に身を寄せたということはあったかもしれない。また、無著道忠《むじゃくどうちゅう》が著した『正法山誌』には、稲葉一鉄と「春日局」の関係が記され、一鉄は「春日局」を臼杵に遣わしたと書かれているという（竹貫元勝「春日局と麟祥院」）。「春日局屋敷」と伝わる屋敷地は仁王座の高台にあり、臼杵城や城下町を見渡すことができる。福たちがここで過ごしたとすれば、さぞ穏やかな日々だったことだろう。

伝・春日局の屋敷跡
（大分県臼杵市仁王座）

　とはいえ、右のような恩義を受けながら、「春日局」となって諸大名との交流を深めた福が、臼杵稲葉家と親しく交流した形跡がみられない（『永代日記』）。その点で、福たちが臼杵に実際に移り住んだと断定することには慎重にならざるをえないが、このような伝承があることへの留意を促しておきたい。

中世以来の名家である蜷川家は、斎藤家との縁が深い。というのも、福の祖母、つまり斎藤伊豆守利賢の妻が蜷川親順の娘、親世（親俊）の妹、親順の孫親長（道標）が福の叔母栄春と夫婦であり、二重の縁戚関係があった（『大日本史料』十二編慶長十五年五月八日条）。

蜷川家の書付

寛文の頃（一六六一～七三）に、蜷川喜左衛門が残した覚書がある（「寛文之頃蜷川喜左衛門自筆書付写」蜷川家古文書）。親長の孫で、初代喜左衛門を名のる親房は、慶長四年（一五九九）に生まれ、元禄七年（一六九四）三月二十一日に九十六歳で没した。延宝五年（一六七七）に隠居して喜左衛門の名を二代目親伯に譲った。よって、系図の作成者は初代親房の可能性が高い。福にとって親房は、いとこの子という関係になる。

その系図の解説で、稲葉正成の子に関しては、長女万を「先腹」、稲葉伊織の父（不詳）は春日局の「腹違」、十男正吉を「後腹」とし、春日の実子は次の四人とする。

一、稲葉八左衛門、同丹後、同内記、又一人は出家、此四人、春日局殿一腹也、

すなわち、春日を同母とする兄弟は、正成次男の正次（「八左衛門」）、三男の正勝（「丹後」）、六男の正利（「内記」）、某（出家）の四人とする。

しかし、正次の母は稲葉重通の長女であることを既にみた。天正七年（一五七九）生まれの福が、同十九年生まれの正次を出産するのは難しいから、やはり重通長女が母だろう。正勝が福の子であることは間違いない。正利は後述することにして、四番目に出家がいたとするのは他の史料にはない点なので、以下に検討していこう。

東京・麟祥院（湯島天澤寺）と京都・麟祥院は、福の菩提寺として知られる。両寺には、寛永十三年（一六三六）三月朔日付の「春日局自筆書状」が伝わる。宛所は、前者は「天たく山いせん（天澤山滑川）さまへ」、後者は「めうしんしくわんしゆそ（妙心寺完首座）へ」と異なり、字配りも若干の異同があるが、内容はほとんど同じである。以下に、東京・麟祥院に伝来する書状を引用し、京都麟祥院との異同を傍注として丸カッコ内に記した（東京大学史料編纂所謄写本を利用）。

しんりやうの事、もし天澤《たく》寺にても、妙しん寺りんしやう院にても、せうかういたしたきと申され候とも、かたく無用にて候、其しさいは、てんたく寺出申され候いしゆはかりにて候ハヽ、いつかたにてもせうかうはうけ候ハんと申候へ共、ぶ《ふ》きやうき人にて候まゝ、我々まことの子にて候ハヽ、ら《ろ》うくたしにもいたすへき人にて候へ共、おやと子のけいやくハかりにて、他人にて候ゆへ、せひなくいきかひのうちも《「も」なし》、むしんをきゝ《「き・」なし》、かんにんいたし候まゝ、はて申候とて、われ〳〵心中をむてにめされ、二ヶ《か》所の寺におゐてあしふミもいやにて候、右二ヶ《か》寺ハ代々ともに此とを《通》りを御申つたへ候へと申ハたさるへく候、わかミのおやこしよしんるいちゐんちかつきの衆のか

たへも出入御させ候ましく候、

寛永拾三年

子ノ三月朔日　　　　かすか（印判・書判）

此かきつけのことく御ちかへ候ましく候、

天たく山

いせんさまへ

（現代語訳）神龍の事は、もし天澤寺にても、京都の妙心寺麟祥院にても、焼香したいといって来ても、固く無用にしてください。その子細は、天澤寺を出奔した意趣のままでは、どこで焼香をしたいといっても不行儀人だからです。私の真実の子であれば籠に入れるべき人だけれども、親子の契約ばかりの他人なので、是非もなく生涯の内も無心を聞き、堪忍してきましたので、（私の）死後は私の心中を無手に思われてください。二カ所の寺には足踏みされるのも嫌でございますので、二カ寺は代々ともにこの通りを申し伝えるようにと申し渡してください。私の親子・諸親類・知音・近付衆の方へも出入りをさせてはなりません。

神龍は福の猶子《ゆうし》で、天澤寺の住職として置かれた。『本郷区史』では「其の病に因て退くに及び寛永七年六月野州大柿太白山龍興寺の住持渭川和尚を請待して之が開山とした」と説明しているが、神龍は放蕩人であったため、勘気を受けて寺を追い出されたとする記録もある（『下書』）。右の書状内容からしても、何か福をひどく怒らせることがあって、寺を追い出されたのだろう。福は、神龍が実子であれば籠にでも入らせるが、契約ばかりの親子であり、実は他人なので、そのような厳しい処置もできず、生きている内は無心を聞き、堪忍を続けて来たが、死後には末代までも絶縁する所存であり、菩提寺に足を踏み入れさせないようにと両麟祥院に厳命したのである。要約すれば、福には母子の契約をした義理の出家が一人おり、放蕩のため天澤寺を追い出したが、契約なので堪忍しているだけであり、死後には縁を切りたい、というものである。

福の子で出家となったのはこの神龍と京都・麟祥院の開山碧翁愚完がいるので、福の「一腹」とされた出家が神龍だとは断定できないが、いずれにせよ義理の母子関係である。つまり、蜷川家で福の子とした四人のうち、正次と出家の二人が福の実子でないことが明らかとなった。

この他、稲葉正成の長女万の夫となる堀田正吉は福の婿とされており、福は万とも義理の母子関係を結んでいたことになる。さらに、秀忠の乳母大姥を伯母にもつ岡部長次の孫（長次次男吉次の長女）は、家光の命令により福の猶子となり、五味政長に嫁いだ（『寛政譜』）。このように、福には正次や神龍以外にも義理の子がいた、という点をあわせて確認しておきたい。

「猶子」と「独子」

さて、正成の六男正利が仕えたのは、将軍徳川秀忠の三男忠長である。寛永十年（一六三三）三月の日付をもつ「諸大名衆へ駿河衆御預之覚」（山口県文書館蔵毛利家文庫）は、忠長が改易となった際に作成された駿河衆（忠長の家臣）の預け先の記録で、それによれば百十八人中十四番目に正利（「稲葉内記」）の名があり、家光がもっとも信頼を置く老中の一人、若狭小浜（福井県小浜市）の酒井忠勝に預けられる予定であった。

しかし、その後に経緯があり、正利は肥後熊本の大名細川忠利に預けられることになった。その様子を伝えた細川忠興（忠利の父）の寛永十一年三月五日付の書状案には、次のようにある。

一、稲葉丹後殿舎弟、此中迄甲斐大納言殿之御衆ニ而御座候、上様ちおと、ニ而、春日殿猶子ニ而御座候、我等国ニ置候へとのかすか殿・丹後殿頼にて、したぢハ　上様御存知ニ而御座候由ニ候、然とも、表むきハ両人より預ケにて御座候、御前不調人にて候間、人も被遣候事如何とハ存候得共、かすか殿へのためにて候間、我等方より内証所ニ付置候者まて、御樽肴なと可被遣候哉之事、

これは、東京大学史料編纂所編『大日本近世史料・細川家史料』（以下、『細川家史料』と略称）の釈文である。内容は、稲葉正勝（「丹後」）の舎弟が、徳川忠長（「甲斐大納言」）の家臣であり、家光（「上様」）には「乳弟」、福（「春日」）には「猶子」であった。細川家の領国に置いてほしいというのは、福と正勝の依頼であるが、実は家光も承知のうえで、表向きは福と正勝の依頼で預かることになったのだという。しかし、「御前不調人」なので、人を派遣するのもどうかと思うが、福のためなので、細川家で「内証所」に人を付け、樽肴なども遣わすべきだろうか、と案じている。

ところで、「猶子」とは、「兄弟、親戚、また、他人の子を自分の子としたもの。仮に結ぶ親子関係

の子の称え。厳密には、養子と区別される。相続には関与できないのが通例であるが、例外もある」とされる（小学館編『日本国語大辞典』）。つまり、正利は系図上では家光の乳弟だが、福の実子ではなく、義理の子だ、という意味になる。

本文書は「書状案」といって、書状本文を書留めた写しであり、誤写がないとはいえないのだが、東京大学史料編纂所蔵の写真版で原文書の書体を確認したところ、「猶子」ではなく「独子」と読むべきと判断した。「独子」とは、「兄弟姉妹のいない、ただひとりの子。ひとりっこ」の意味である（『日本国語大辞典』）。書状中には稲葉正勝の名があるが、同年正月にすでに正勝は没していた。右はその存命中に依頼があったということであり、正勝が没したことで、正利は福の「たった一人の子である」との意に解釈できる。

稲葉正利の処遇

寛永十一年三月十九日に正利は大坂へ到着し、二十二日に大坂を出船した。そのことを伝えた細川忠利の三月晦日付の書状の尚々書には、福へは正利のことを二度と話さないようにとのことなので、自分からは伝えない（「春日殿へハ内記殿之儀重而申間敷由、被仰候間、我等かたより不申候、已上」）とある。福は正利のことを相当不快に思っていたようである。

預けられて半年がたった九月になると、正利は鹿狩りや鷹狩りに出歩きたいと望んだ。稲葉家から付けられた者がその相談のために江戸に向かったが、「早くも方々に出歩きたいとのことは合点がいかないし、忠利の迷惑になるのではないか」と細川忠興は案じた。そこで、九月十六日付で忠興は正利に書状を書き、「今まで門外に出なかったのは神妙で、江戸からの返事があるまでは慎んでもらい、返事次第に屋敷のあたりを歩けるようにしたいと思うが、鹿狩り・鷹狩りなどを願うことはないように」と釘を差し、「今程は監視が厳しい時分なので、針ほどのことを棒ほどにいうのである」とたしなめた。これに正利は素直に従ったようである。

この件を江戸で聞いた福は相当に腹を立てたとのことで、忠興もそれに同意を示した。十一月には、忠利が正利に鷹で捕えた鴨を贈り慰めていたが、正利の待遇を厚くしないようにとの指示が江戸から届いた。寛永十二年になると相談がまとまり、細川家の領国内を歩くことが許され、四月には正利に持病が出たため、湯治を願い出て許されている。

しかし、寛永十三年になると、再び正利の行跡が取沙汰されるようになる。江戸にいた忠利は正月六日付で正利に書状を書き、「稲葉家から付けられた家臣から正利が「心のまま」であるとの報告があった。ようやく宿の近辺を歩くことの許可を得たのに、そのようなことでは江戸での風評が立ち、身上にも良くないこととなる。将軍の意向に従って酒井忠勝の所に行けば、今頃は一段と良くなっていたかもしれないのに、それに同心しないため、「公儀へは日本にも稀なる御心まゝなる御人」と家光から思われており、行儀を嗜まなければ、少事も大事となる。その時は、細川家で正利を預かった甲斐もなくなるので、よく分別して、百姓に至るまで敵と思って身構える覚悟が必要だ」と説教した。

これは効果がなく、その後も正利の行動は常軌を逸脱していった。寛永十三年十二月二十六日には隈府の市に出て、太刀を横にして店に引っかかるように持たせて歩いたり、塩肴の店に立ち寄って売買の指図をしたり、煙草売りの所で食事を一人で取ったりしたので、市の者が恐れて逃げ回るほどであった。二十七日、二十八日も同様で、二十九日は町中の鶏を捕えて蹴合わせた。正利が在郷の者に声をかけると、恐れて荷物を捨てて逃げたので、これを拾い、肩に掲げて茶屋に入るなどの濫妨狼藉をくり返した。翌十四年正月朔日は朝五つ時（午前八時頃）より鉄砲打ちに出かけたが、その姿は股引《ももひき》と草鞋《ぞうり》だけで馬に乗り、肥後分田《ぶんだ》（熊本県山鹿市鹿本《かもと》町分田）の十町ばかり上まで行き、鴨七つを打ち、七つ（午後四時頃）過ぎに帰宅した。しかも、鉄砲法度の鷹場であることを承知のうえでの所行であった。

この一件は、すぐさま江戸に報告され、その通りなら福たちの「外聞」が苦々しきことになるとされた。また、正利は江戸に帰ることを望んだが、細川家ではそれを無理に押しとどめ、細川忠利の意向に従うとの起請文を取って、ひとまず一段落させた。このような様子では、稲葉一門中の恥であり、町人にすることが検討されるようになった。忠利は、この四年間に様々なことを許して来たことが仇となった、と反省し、今後、起請文に背いて方々に出歩くようであれば断固とした処置をとると決意するにいたった。

さらに、寛永十四年正月二十日付に忠利が正利に宛てた書状では、「正利は家光の乳弟であり、福の子であり、稲葉正則（福の孫）・堀田正盛をはじめ御一門に歴々がいる上では、少しでも外聞の悪い貴殿の行儀があれば、いずれの方にとっても外聞が良くない（「上様とちおとゝい、其上、かすか殿御子、美濃殿・加賀殿をはしめ御一門れき〳〵有之上ハ、少成共くわいふん悪敷貴様御ぎやうぎ候へハ、何も御ため之御くわいふん不可然候間」）と諫めた。

二月になると、正利の刀・脇差を取り上げ、寺に入れ、門を閉めて番を置いた。すると、今度は寺の屋根に上って遊ぶ始末であった。忠利は「狂気」なのか否かを定め難いとしながらも、門外不出にすれば「外聞」が悪いことにはならないだろう、と判断した。しかし、正利のそばに仕えようとする者もいなくなり、江戸から来ていた乳母も決死の覚悟で屋敷のなかに入るほどになっていた。

厳しい決断

寛永十五年になっても、正利が「心のまま」である様子は変化がなかったらしく、ここにおいて福は正利に自害を命じた。細川家に預けられてから、四年がたとうとしていた。周囲はこれを冗談だと思ってからかったとしながらも、その旨を正利にも伝えた。

これに対して正利は二月十三日付で書状を書き、「拙者儀を、はゝかすかニ被仰候へハ、ちがい可仕候由、がつてん不参候事」と述べて、母たる春日から自害を命じられたのは合点がならないとし、その他、忠利や江戸での対応もすべて合点がならないことばかりだが、久々のことになり草臥《くたび》れたので、故稲葉正勝が申し置いていたように町人になりたい、と主張した。

その後、福が正利に自害を命じたことで、福には文の取次もできないほどになり、福の兄の斎藤利宗に頼むしかなくなったことが正利に告げられた。これは、正利にとっても相当の衝撃だったようである。福が本気だとみたのだろう。二月二十五日付で正利は次のような詫状を忠利に宛てて書いた。

なを〳〵かすか殿への事存出し候へハ、なミたなかれ申候、わひ事申候、以上、
ミやう日御立之由、道中御息災ニ上著可被成候、左様ニ候へは、我等事をかすか様へ何も被仰出候

へハ、じかいをも可被成候由、きもをつぶし申候、則わひ事状、一門之者ともへ遣し申候、御と、け候而可被下候、奉頼候、恐惶謹言、

（現代語訳）明日出立の由、道中息災に上着なされることでしょう。そこで、私の事を春日様へすべてお伝えしたら、自害するべきとの由、肝を潰しました。則、詫状を一門の者たちへ遣わしますので、お届けください。頼み奉ります。恐惶謹言。尚々、春日殿の事を思い出せば、涙が流れました。詫言をいたします、以上、

まず、一読して気づくのは、「かすか様」「かすか殿」と他人行儀な呼び方に変化したことである。福から自害を命じられ、取次を許されないほど義絶されたことで、正利はもはや福を母とは呼べない関係に陥ったことを自覚し、自己の行状をようやく反省するに至ったのである。この後、『細川家史料』には正利の悪行跡を伝える書状は途絶える。正利の行状は、福の強硬な態度により落ち着いたのだろう。

正利は延宝四年（一六七六）九月二十九日に肥後で没した。享年七十三とするので、慶長九年（一六〇四）の生まれとなる。江戸から上使が派遣され、遺物等が改められた。正利の乳母は、これより先、寛文二年（一六六二）に没し、正利が肥後で儲けた子の三内も、明暦二年（一六五六）五月に疱瘡を患い、十八歳で没していた。他に子はいなかった。

以上から、福と正利の関係を整理すれば、表向きは福の子とされたが、実は義理の子だったという

結論になる。そう判断した理由は、次の三点である。

① 福が正勝を連れて正成のもとを逃げて離縁となったのが慶長六年以前であれば、その後に福が正利を生むはずがない。

② 福には契約した義理の子（出家）がいたが、不行儀人であっても実子ではないため牢屋に入れられないとしていた。それと比較すれば、正利が実子であれば、最初から牢屋に入れるなど、厳しい処置をしたと考えられる。

③ 福から義絶され、自害を命じられたことを知った正利が、福を母と呼ばずに「かすか様」「かすか殿」と他人行儀に称えたこと。

加えて、正利が忠長に取り立てられた経緯も不明である。福の実子であり、家光の乳兄弟であるならば、なぜ家光付を願わなかったのだろうか。しかも、忠長に比べて家光に出仕する者が少なかったというのであれば、なおさらである。

また、正利は忠長付といっても書院番五百石であり、取り立てて側近や重臣の扱いを受けていたわけでもない。忠長の家老は朝倉宣政三万七千石と鳥居成次三万五千石であり、その他にも千石以上の家臣が十名ほどいる。この問題を分析した下重清氏は、「お福の縁故や家光の贔屓で稲葉家が取り立てられたのではなく、関ヶ原での正成の「忠節」が正成を牢人のままにさせておかなかった」と指摘し、正成及び正勝兄弟がそれぞれ将軍家・同一門に附属したのは、時期的にみて家康と秀忠の意向にあったと指摘した（「徳川忠長の蟄居・改易と「関東御要害」構想」）。福の縁が全くなかったとは言い切れないにしても、下重氏の見解のように、正利は父正成の徳川家に対する「忠節」をもって忠長付として採用されたと考えるのが適切だろう。

その後、福は正勝の弟にあたる正利に対しても、義理の母、表向きの母として接したのだが、最終的に自害を命じるという厳しい処置に出た。この結果だけをみれば、やはり生母だからこそ、自害を命じられたのではないかという評価が成り立つかもしれない。ただし、それを命じるまでに四年の月日を必要とした。このことを筆者は重視したい。

すなわち、義理の関係にあり遠慮していた福であったが、これ以上の悪行跡を放置すれば、たとえ表向きの関係とはいえ、乳兄弟の家光にとって悪しき外聞が立つことになる。要するに、家光を守るためであった。それ故、神龍の時とは言をたがえるようではあるが、福は正利に対して厳しい決断を下したのである。

第二章　乳母から本丸表の局へ

1　将軍世嗣の乳母

家光（竹千代）の誕生　慶長九年（一六〇四）七月十七日の朝四つ時（午前十時頃）前、二代将軍徳川秀忠の次男が江戸城西の丸に誕生した。のちに三代将軍となる家光である。未刻（午後二時頃）とする史料もあるが、家光の乳母となった福が「黒衣《こくえ》の宰相《さいしょう》」として知られる金地院崇伝《こんちいんすうでん》に伝えた「誕生時刻は朝四つ時前」が正しい時刻だろう。幼名は、祖父徳川家康と同じ竹千代と名づけられた。

秀忠には、誕生順に長丸・千・子々《ねね》（珠・初）・勝《かつ》・初《はつ》・家光・忠長・和《かず》の八人の子がいたとされる。他に、保科《ほしな》家に養子に入る正之《まさゆき》が知られるが、秀忠は生存中に正之を自子として公認していない（小池進「保科正之と徳川家光・忠長」）。そのことは、秀忠の遺産分けでも正之は三万石程度の小名と同じ

徳川家光
（岡山市・金山寺蔵）

銀五百枚を与えられたことや（『東武実録』）、正之生母の静《しず》に遺産配分がなかったところに明らかである（拙著『徳川秀忠』）。したがって、静が江戸城奥において、いわゆる「側室」の扱いを受けたことはなかった。

秀忠の本妻は、近江小谷《おだに》城主の浅井《あざい》長政《ながまさ》と織田信長の妹市《いち》の三女として生まれた江《ごう》である。長政の長女は豊臣秀吉の妻となる茶々（淀）、次女は京極高次《きょうごくたかつぐ》の妻となる初（常高院）で、浅井三姉妹として知られている。江は、豊臣秀吉の養女として秀忠に嫁ぎ、秀忠の居城である江戸に移ってからは江与《えど》（恵登《えど》とも）と号された。秀忠が将軍となってからは、将軍の妻の敬称である御台所《みだいどころ》、秀忠が将軍職を辞して大御所と称えられると、大《おお》御台《みだい》と称えられた。死後は崇源院《そうげんいん》と諡号され、従一位を贈位される際に諱《いみな》を達子《みち》と定められた。以下では、江と呼ぶことにする。

秀忠の長男は、長丸である。これは秀忠の幼名だから、長丸は徳川将軍家の長男として重んじられたことがわかる。母を江とする史料もあるが、徳川氏の正式な系譜である『御家譜』では「家女」（家の女房）、つまり奥女中とし、詳細を伝えていない。長丸は慶長六年（一六〇一）九月に早世した。そのため、慶長九年生まれの家光は、次男ながら実質的な長男として育てられた。

とはいえ、家光の幼少期は不明な点が多い。家康・秀忠にとって待望の世継ぎ誕生のはずなのに、一次的な史料でその誕生を祝った形跡が確認できない。通常は十二、三歳でおこなわれる具足始めも日時が定かでなく、伝わる元和八年（一六二二）九月十五日だとすれば、家光が将軍職を襲職する一年前、つまり十九歳の時となり、あまりにも遅すぎる。元服した年もはっきりせず、竹千代が家光へと改名するのは元和六年九月六日以降であるが、家光と同時期に弟の国松も忠長と改めている（藤井譲治『徳川家光』）。

特に、家光の誕生月日は極秘事項とされていた。家光が将軍に就任したことから、寛永二年（一六二五）四月に金地院崇伝は家光の誕生日祈祷《きとう》をおこないたいとし、そのために必要な誕生月日を知らせるよう乳母の福に依頼した。しかし、福は「御台様（江）が誕生月日を他言することを固く禁じているので伝えられない」と返答して来た。

翌寛永三年九月に江が没し、その約一年後の同四年八月十四日になって、ようやく福から崇伝に家光の誕生月日が「慶長九年七月十七日」であると伝えられた。その際にも、家光の誕生月日を公表することは、江が固く「御法度」としていたので、必ず崇伝一人で取り扱うようにと厳命されている。

このように、家光の幼少期ははっきりしないことが多い。しかも慶長九年七月十七日が家光の真正の誕生月日だとすれば、生母は本当に江なのか、という強い疑念が生じる。

家光の生母は誰か

系図等で、浅井江は秀忠の八人の子の母とされることが多い。しかし、筆者は江が生んだのは、千・子々・忠長の三人のみと推定した。つまり、家光の生母は江ではなく、別にいる。そのように考えた詳細については、拙著『江の生涯』『徳川秀忠』をご覧いただきたいが、以下にその理由を簡潔に示すと、次の十点になる。

① 系図上で母に位置づけられた女性が、必ずしも生母とは限らないこと。
② 長男長丸の母は江ではないので、秀忠に侍妾がいたことが明白であること。
③ 江が全員の母であれば、足掛け十一年間で八人を生んだことになる。そのうちの数人は侍妾から生まれた子であり、江はその表向きの母になったと考えた方が武家社会の慣行に基づくこと。
④ 慶長八年七月末に江が伏見で次女子々を出産した。その間、秀忠は江戸にいて二人は別々の場所にいた。よって、翌年七月に江が家光を出産するのは難しいこと。
⑤ 家光の出産は江を母とした場合に、明らかに産み月が足りない（十か月に満たなかった）にもかかわらず、家光は「平産」だったこと。
⑥ 徳川家の嫡子でありながら、家光の幼少時の事績が曖昧であること。
⑦ 家光誕生時に付けられた小姓が、親の地位が低く、また長男ではないこと。
⑧ 江が家光の誕生月日を公表しようとしなかったこと。
⑨ 江の葬儀は、家光ではなく、忠長が担当したこと。
⑩ 江は大御所秀忠の妻、現将軍の母であるにもかかわらず、その死後に従一位を贈ることに否定的な公家がいたこと。

つまり、家光は侍妾から生まれた庶出次男であった。そのため、三男とはいえ、本妻である江から生まれた嫡出子である忠長と比較して、家光の待遇が同等ないし二番手に置かれるようになったと考えれば、その後に繰り広げられる福の努力の意味もわかりやすいものとなる。武家社会の相続慣行では、嫡出子の長男による長子単独相続をとるのが理想だが、長男が庶出子で嫡出子の弟がいた場合には、弟に正嫡《せいちゃく》としての家督相続の優先権が与えられる。つまり、武家社会の相続慣行における嫡庶長幼の序からは、弟であっても嫡出子である忠長にこそ、家督相続の優先権があった。

庶出子の兄を差し置いて、正嫡である弟が家督を継承した事例は枚挙にいとまがない。たとえば、第一章でみた稲葉家の家督も、一鉄の庶出長男の重通ではなく、嫡出次男の貞通が継承し、重通は別家を立てた。なぜそのような扱いになるのかといえば、嫡庶の序が長幼の序に優先するからである。そのうえで、兄に対する配慮もあり、その扱いをどうするか、ということが、御家騒動の火種にもなっていく。

ならば、家光の生母は誰なのか、という新たな疑問が生じることになろう。右の点からすれば、江戸城における奥女中（秀忠の侍妾）の一人である、ということで十分に説明できるというのが、筆者の基本的な考えである。長丸の母の詳細が伝わらないように、そうした記録が残されることは少ないし、ただでさえ弟忠長との家督継承争いがあるなかで、三代将軍の座を勝ち取った家光が、実は秀忠の嫡出子ではなく、庶出子であったという記録が正式に残されるはずもない。江ですら、家光の母となり、正嫡としての家光の立場を認めた時より、これを守る立場となった。それ故、家光の生年月日を秘匿することで庶出子であることを隠蔽し、家光の正統性に傷がつくことのないように配慮した。江は将軍家御台所としての役割を十分に全うしたのである。

しかし、そのような関係者の努力にもかかわらず、福が家光の生母である、という説は、実は江戸時代から存在していた。福の評伝を書くにあたっては、この問題を避けて通るわけにはいかないから、以下にその成否を検討することにしよう。

御腹は春日局

福が家光の生母であると記すのは、江戸城で徳川将軍家の蔵書を保管した紅葉山文庫に伝来する『松のさかえ』である。これはいくつかの記録を書写した編纂記録であり、そのなかの「東照宮御文の写し」の末尾に次のようにある。

秀忠公御嫡男　竹千代君　御腹　春日局
　三世将軍家光公也、左大臣
同御二男　国松君　御腹　御台所　駿河大納言忠長公也、従二位

家光（「竹千代君」）の「御腹」は福（「春日局」）となっている。つまり、福が家光の生母であると明記する編纂物が、将軍家の御膝元の文庫に伝来していたことになる。

これ以外で、福を家光の生母とするのは、臼杵稲葉家に伝わる『御家系典』である。

夫妻不和而為離別、因茲以抱於二子帰、于稲葉右京亮貞通侯之家而来、于豊後海部郡臼杵世子典通侯懇養育之、居于仁王座、今林伊兵衛可氏之古屋鋪、林内匠介正成者有故而被預于加藤肥後守清正為林家散々、偖又春日局者臼杵偶居之後、慶長八癸卯年之春以抱於二子而到于武城西丸、為将軍秀忠公之　御簾中崇源尊夫人之侍女、于時容色美麗而舎於将軍之御胤、同九甲辰七月十七日竹千代君御誕生、雖然忌嫌利三反党之由緒而御簾中御出産之有御披露、則三代将軍家光公是也、以春日局為御乳母称局頭号春日局、是則丹波国氷川郡春日井庄以生所為之名云、

意訳文を示せば、夫婦不和にして離別し、福は二子を抱えて稲葉貞通の家に帰り、以来、豊後臼杵において貞通の世子典通が懇ろに養育し、仁王座の今の林伊兵衛の古屋敷に居住した。林（稲葉）正成は故あって加藤清正に預けられ、林家は散々となった。福は臼杵に居住したのち、慶長八年（一六〇三）の春に二子を抱えて武蔵江戸城西の丸で将軍秀忠公の御簾中の崇源夫人の侍女となった。容色が美麗であったので、将軍の胤を宿し、慶長九年七月十七日に竹千代君が誕生した。しかし、利三の由緒を嫌い、御簾中の出産として披露した。これが三代将軍家光である。福は乳母となり、春日局と号した。これは丹波国氷川郡春日井庄の生まれにより、その名とした、ということになる。

つまり、福は初め江の侍女として仕え、秀忠の侍妾となって家光を儲けたが、実父斎藤利三の件が忌避され、江の子として披露され、福は乳母として仕えるようになったと説明される。

右はいずれも近世後期の編纂史料であり、明らかな誤伝も含まれるから、これをもってすぐさま福

が家光の生母であると断定することは難しい。ただし、このような伝承が江戸期に存在していたこと、かつ福が秀忠の侍妾として家光を生み、江が表向きの母として披露されたという擬制的母子関係のあり方は、「家光は江の実子である」という強い先入観を抜きにしてみれば、特段に排除すべき考えではなく、武家社会の奥のあり方からすれば、ありえて当然の事柄であるという側面を指摘しておきたい。

家光誕生の部屋

埼玉県川越市の喜多院には「家光誕生の間」と呼ばれる客殿と、それに続く「春日局化粧の間」と呼ばれる書院が現存する。このことも、家光の生母を福とする傍証とされることが多い。喜多院は、天台宗の南光坊天海僧正が徳川家康に重んじられ、慶長十九年（一六一四）に家康から寄進を受けて造営されたが、寛永十五年（一六三八）の火災により、門以外の建造物をすべて焼失した。そのため、家光は客殿・書院・庫裏の三棟を江戸城から移築させた。

客殿は、上段（二間半×二間半）、二之間（二間半×二間半）、三之間（三間半×二間半）、仏間（三間半×二間半）、仏間と三之間の東側に二間×二間半の部屋が二つ南北に並んだ六部屋からなり、この六部屋の周囲を入側がめぐっている。上段の北側には、畳表を貼った床（一間半×半間）と棚に天袋がついている（小粥祐子『江戸城のインテリア』）。

建築史の平井聖氏は、現在の客殿が江戸城の遺構であるとする確証は得られないが、床と違い棚を備える上段の間を主室とし、その格天井《ごうてんじょう》に草木の花を描き、障壁画を墨絵とするこの建築は、江戸時代の上層武家住宅における奥向書院の様相を伝える重要な遺構と評価した。また、寛永十七年造営の「御本丸絵図」（大熊喜英氏蔵）にみられる春日局の住居とほぼ同じ平面であること、上段の間という対面に使われる部屋があること、柱等の部材寸法が奥向に用いられる寸法体系であることなどから、三代家光が大奥に御成をした際に乳母である春日局と対面するために使われた建物ではないか、と推定された。江戸城大奥の御主殿《ごしゅでん》は、本来であれば家光の妻たる鷹司孝子《たかつかさたかこ》の住居であった。とはいえ、孝子は精神を病んで大奥を出て、江戸城中の丸に別居したため、御主殿は利用されていなかった。そのような理由から御主殿の客殿を移した可能性もある。

それはともかく、喜多院に現存する客殿のうち、山水画が描かれた一部屋が「家光誕生の間」として伝えられる。さらに、客殿から北側に続く書院が、「春日局化粧の間」とされる部屋である。つまり、福の女中部屋に「家光誕生の間」が隣接していることになる。移築の際に組み替えられた可能性は残るにしても、江が家光の生母ならば、誕生の間は江の部屋であるべきだが、これが福の部屋に付随するものだとすれば、やはり福が家光の生母なのではないか、との考えが導き出されることになる。

しかし、家光が誕生したのは江戸城西の丸とされている。これが正しければ、西の丸は寛永十一年閏七月二十三日に全焼しており、この時に「家光誕生の間」も焼失したはずである。したがって、喜多院に現存する建造物をもって家光の母が福であることの傍証とはなりえない。

乳母の採用

次に福が乳母として採用された経緯をみてみよう。よく知られるのは、宝永四年（一七〇七）に没した旗本真田増誉《さなだぞうよ》の著作とされる『明良洪範』巻二十四の記事である。同書は、正編巻一〜二十五、続編巻一〜十五からなり、江戸時代に木活字本として出版された。その誤謬を正し、綱目を立てて翻刻した史料集が、国書刊行会から一九一二年に出版されている。武家に関する事績・逸話集で、女性に関する記事も多く、七色飯の話など「春日局」の通説的逸話の多くは本書を出典とするものが多い。以下、乳母採用の該当箇所を引用する。

福女は稲葉佐渡守正成が妻となる、丹後守正勝、同七之丞正定、内記正利を産めり、佐渡守は筑前中納言家を立のひてより義をまもり何れの諸侯へも仕官をもとめず、本国濃州に居れり、関東にて若君御誕生により然るべき御乳母を京都におひて求めらゝるにみな人関東をおそれて誰も召に応ずるものなきゆへ、粟田口に札をたて尋ねもとめらるゝことを聞て、此女上京して板倉伊賀守勝重に寄て我等がごとき賤しきものにても宜しく候はゞ関東へ罷下るべしといふ、勝重も俗姓といひ、夫と云、何れも武名高を以て許諾せられ、速かに関東へ下し、其後佐渡守正成を召出されんと有しに妻の脚布に包まれて出る様なる士にては無迚、御受申さず、其上存寄有迚、其妻を離別しける、然れども彼が産たる子なれば、此は其方へ与ふる也とて、稲葉丹後守兄弟をば関東へ送りける、

要するに、福は稲葉正成の妻となり、正勝・正定・正利の三子を出産した。正成は小早川家を退去してから美濃で牢人となった。関東に若君が誕生し、乳母を京都で求めることになったが、誰も関東を恐れて応募しなかったため、粟田口に札を立てたところ、福が上京して京都所司代の板倉勝重に出仕を願い出た。勝重はこれを受け、正成も召し出そうとしたが、妻のつてで出仕するような武士では

ない、と断り、福を離縁した。三子は福の子として与えたので、兄弟三人も関東に下った、という話になる。ここでは、離縁したのは、乳母となる際、という説をとる。

ただし、粟田口と聞けば、福の父斎藤利三の首が晒された場所であることが想起される。そのような場所に札を立てて将軍家若君の乳母を捜した、というのが真実であれば、誕生当時の家光の扱いは粗雑であった印象が免れなくなるが、いかがだろうか。

この他に福の召し出しの経緯を伝えるのは、貞享三年（一六八六）に作成された『春日局譜略』である。「金龍が懐に入る夢を見た」という話から始まり、江の出産後に福を「乳養《にゅうよう》」に推薦したのは「民部《みんぶ》卿局《きょうのつぼね》」とする。この説は、『寛政譜』の稲葉重通家の譜に掲載された福の履歴にも採用されている。民部卿局とは、御台所（浅井江）付の奥女中のトップに位置した老女である。

江は豊臣秀吉の養女として、文禄四年（一五九五）九月十七日に伏見城下の徳川秀忠邸に入輿した。慶長三年（一五九八）八月に秀吉が没すると秀忠は江戸に下り、翌年十二月には江も長女千を伴い江戸に下った。その際に、豊臣家から付けられた江の奥女中たちも江戸に下ったとみなされるので、江戸城の奥女中は徳川方と豊臣方の人脈が入り交じることになった。

そうしたことから、慶長十八年に家康は秀吉の本妻である浅野寧《ねい》（北政所）の老女として知られる孝蔵主《こうぞうす》を江戸に下した。その様子は、次のように説明される（『譜略』）。

東照宮の御奏者表向は浅野弾正長政を頼給ふといへとも、奥の御取次は孝蔵主を頼給ふゆへ、大坂御陣の前、奥の惣中隔心して勤かたき事ありしかハ、東照宮より駿府に召され、直に江戸へ下るへしと仰付られ、江戸へ下り、台徳院殿御幼少にて始て御上京の時より御念頃に遊ハされ、御城にて部屋を賜ハり、又休息の為とて道三河岸にて宅地を賜ハり、折々休息す、

家康（「東照宮」）は、秀吉に対する奏者を、表向は浅野長政、奥向は孝蔵主に頼む関係にあった。それ故、大坂の陣前に江戸城の奥全体が「隔心（よそよそしい気持ち）」を抱き、勤めがたい状況に陥ると、家康は孝蔵主を駿府に招き、すぐに江戸に下るように命じたのだという。大坂の陣が理由とされていることから、元来は豊臣家に縁の深い奥女中たちが動揺したのだろう。そこで、豊臣家の奥を良く知り、かつ家康との関係も良好である孝蔵主に、その取りまとめの役割が任されたのである。

右のような状況を前提に置けば、江の筆頭老女である民部卿局によって推薦された福は、どちらかといえば豊臣方に属する人物だったといえよう。第一章でみたように、福の養父となった稲葉重通は秀吉の側近として活躍した人物である。また、福の妹神戸が夫の死後に仕えたのは江であり、慶長八年（一六〇三）には豊臣秀頼に嫁した千付となって大坂城に移り住んだ。

そうしてみると、福が正勝を懐に抱えて走り入った「城」とは、伏見城だったのかもしれない。福が乳母に採用されたのは、家光の誕生が契機だったとしても、奥女中として仕えたのは、もっと早かったのではなかろうか。近世後期の編纂史料ながら、『東照宮御実紀』でも「又稲葉内匠正成が妻。（名をば福といひしとぞ）かねて　御所につかうまつりけるをもて　若君の御乳母となさる」とあり、

かねてより「御所」に仕えていたので、若君の乳母になった、と説明している。

豊臣秀吉の出頭人として仕えた稲葉重通の養女の福が、正成との別居後に京都で豊臣家の奥女中として採用され、江の江戸下向にともなって江戸城に入り、江が千の婚姻のため上洛して江戸を留守にしていた間に、秀忠の側女中（侍妾）として仕えて家光を懐妊した、と考えてみる余地はあろう。

侍妾制度と奥女中

福を家光の生母とする説は、板井清一「春日局と臼杵――家光の実母説について」『臼杵市史』上、志村有弘「春日局・徳川家光・天海の謎に迫る――春日局は家光生母か」などによってこれまでもくり返し指摘されて来た。しかし、史実として定着することはなかった。その理由は、既述のように、いずれも根拠となる史料が後年の編纂記録であり、信ぴょう性に疑念が持たれるからである。問題が問題だけに、史実として認定するためには、よほどの慎重さが求められる。

それを承知したうえで、筆者は家光の生母はやはり福であったと考える。その決定的な理由は、福が正成と離縁した時期にある。この点は、従来の考察ではまったく注目されてこなかった点であると指摘できよう。

すなわち、福が正成と離縁したのは諸種の史料から慶長六年以前と考えるのが妥当であり、正利は福の実子ではない。乳母のなかには親代わりになって養育を担当し、実際には乳を与えない者もいたが、福の場合は実際に家光に乳を与えていた。正利が福の実子でないならば、福は誰の乳を家光に与えていたのか、ということになる。福は家光を生んだその乳により、乳母となって家光を育てたと考えざるをえない。

子を生んだ侍妾に生母の格式を与えて「御部屋様」などと称して、いわゆる「側室」の格式を与えて実質的な事実妻の扱いをすると、「側室」に威権がついて奥が乱れることが多い。そのため、近世中期以降になると、侍妾は出産後も奥女中のままにして置くか、暇を与えて奥から出すという手段がとられるようになった（拙稿「一夫一妻制と世襲制」）。いわゆる、「借腹」という考え方の定着である。これを逆にみれば、侍妾に威権がついた最大の事例が「春日局」であったといえるかもしれない。

しかし、福は「側室」ではなく、家光の乳母となり、あくまでも女中としての生涯を全うする道を選んだ。そのような選択肢を彼女にとらせた条件は、主に次の三つにあったと考える。

第一には、近世前期の武家社会は一夫一妻制を志向しており、福が秀忠の別妻になる可能性が否定され、侍妾の存在は隠される傾向にあった。

第二には、長男長丸が早世したこと。徳川将軍家が無嗣であるという状況は是非とも回避せねばならず、生まれた男子を無事に生育させるために、生母自身に育てさせ、子の生命を守ることが最優先された。

第三には、福が江の支配下にある奥女中であったこと。これは、保科正之と比較するとわかりやすい。正之生母の静は、秀忠の乳母である大姥《おうば》に仕える女中であり、江戸城奥において江の支配下にある奥女中ではなかった。換言すれば、正之は江が秀忠の侍妾として認めた奥女中から生まれた子ではなかった。このことが、江が静と正之の存在を否定せざるをえなかった客観的条件である。

これに対し、家光は武家の奥における侍妾制度にのっとって生まれた子であるから、江が家光を秀忠の子として認めるのは当然のことである。かつ、自らは表向きの母として接し、福を侍妾から乳母に役替えして家光を育てさせた。福が秀忠の子を孕みながら、静のように江戸城から追い出されることがなかった理由は、奥女中の組織のあり方から説明できるのである。

忠長（国千代）の誕生

慶長十一年六月一日午の刻（正午頃）に、江が男児を出産した。幼名は国松と伝わるが、一次史料では「御国様」「国千代様」などとある。のちの忠長である。

医者の曲直瀬玄朔《まなせげんさく》が記した『医学天正記』によれば、誕生した「大樹若君」は小便が二日出ず、ようやく堅い大便が出たので、薬を処方すると六月八日にお通じがあった、と記している。胎児は出産後すぐに、それまで母の胎内でためていた便を出さなければ生命の危険にも及ぶ。家光の時とは違い、忠長は大きな産声をあげて元気に生まれてくる状況ではなかった。病弱だったとされる家光と比較して、忠長の健常さが何の根拠もなく語られることが多いが、誕生時の忠長は生死をさまよっていたのである。この後、忠長は順調に健康を取り戻し、九月二十日に宮参りを済ませた。

とはいえ、忠長が誕生時に生命の危機に陥っていたことは、生母の江にもある決断を迫ることになったのではないか。生母の乳で無事に家光が成長した経験からすれば、江自身も生まれて来た子を他人に任せるのではなく、自分の乳で大切に育てることが必要だと。こうして、江は自ら忠長を育てることになり、二人は強い母子の絆で結ばれていくことになった。

要するに、江から待望の男子が生まれたとしても、二歳年長の兄家光の存在が即座に不要となったわけではなかった。二人の内どちらか一人でも、無事に成長してくれることを大切に見守る状況だったといえよう。実際に、忠長が生まれた同じ年に家光は大病を患い、様々な薬を用いても快復しなかったところ、祖父徳川家康が調合した薬で命が助かったと伝えられている（「東照大権現祝詞」）。

このように、忠長の誕生後も、家光は徳川将軍家の長男として大切に育てられていた。江としても、忠長が生まれたからといって、家光の扱い方を変えたわけではなかった。武家社会の慣行に基づいて、家光を乳母に育てさせていただけのことである。

しかし、家光からすれば、弟の忠長とは異なる接し方で母の江から扱われていることになり、母と弟に対して次第に疎外感を募らせていったことは想像に難くない。家光生母の福が乳母として家光のそば近くにいたことも、江と家光の仲をより冷たい義理の関係に陥らせる要因になったことだろう。

そのようななか、福が家光のために起こした行動が「春日局の抜け参り」と呼ばれる事件である。経過はこうである。

春日局の抜け参り

秀忠は慶長十年（一六〇五）四月十六日に将軍宣下を受け、晴れて将軍となった。これに連動して、翌十一年九月二十三日に江戸城西の丸より本丸に居を移し、秀忠の家族も本丸奥に移り住んだ。『落穂集』によれば、家光と忠長の部屋は、江戸城本丸の中で向き合って設置されていたという。

この部屋に若君二人の夜詰として近習が出仕することになっていたが、忠長の部屋には江より種々の夜食を潤沢に準備するので、毎夜賑やかなことであった。しかし、家光に対しては時折のことだったので「徒然《とぜん》（することがなく退屈なこと）」であり、家光の御伽に伺候するのは、秀忠の小姓から書院番となっていた永井直清（家光期に若年寄）のみというありさまだった。家康の小姓から秀忠付となり書院番となっていた太田資宗（同じく家光期の若年寄）も永井と二人で伺候したといい、二人は秀忠の御座の間の庭より「御台様（江）」の御殿の脇を通るので、日が暮れて間もない宵の内に人目を忍んで、庭に鼻紙を敷いて栗石の音がしないようにして通ったという（太田家文書『御家譜』）。

そんなある夜のこと。家光のそばにいた直清に、福は「若君様のお披露目などの沙汰がないのはいかなることとか」と尋ねた。家光も、「そなたの兄、信濃守（永井尚政、老中）などは、きっと知っていようから、尋ねてみよ」との仰せであった。そこで、明朝、直清は城より直ちに兄宅に行き、面会を願い出た。尚政は不審に思いながら「何事ぞ」と尋ねたので、直清は「竹千代（家光）様よりの御意の趣で参りました」と答えた。すると尚政が即座に席を立ったので、直清が「竹千代様の御意をお聞きになりませぬのか」と小袖の裾を引きとめながら問いただすと、尚政は「竹千代様の御意をこの姿で承ることはできまい」といって奥へ入り、衣装を改めて出座し、直清を上座へ通して、慎んで仰せの旨を承った。そして、本日登城して同役中と相談し、追って御請を言上する旨を告げ、「今晩なりとも、明朝なりともくるように」と告げて、登城した。

その夕刻、直清が兄宅を訪ねると、同じように上座に通され、次第を告げられた。それによれば、御用のついでに、「万民安堵のためなので、若君様のお披露目の儀を仰せ出されるのが良いのではないか」と老中一同で将軍秀忠に申し上げたところ、秀忠は思案する様子であり、「追って沙汰する」との意向であったと告げられた。

右からしばらくして、福の姿が見えなくなった。老中方より留守居や大奥老女たちに問い合わせがあり、近頃、福から頼まれて女中三人用の箱根関所の通行手形を渡したので、さては伊勢参詣に行き、竹千代様に相違なく若君としての御披露目があるように立願するためであろう、と噂された。

程なくして、福は江戸に戻って来た。すると、駿府城にいる徳川家康から飛脚便が届き、近く江戸に下向するとの旨であった。その後、家康は駿府を出発し、秀忠は老中を小田原まで迎えに出し、自身も品川御殿まで迎えに出て家康に対面した。その折に、今晩、「大奥」に入って江たちと対面するとの旨が伝えられたので、早速江戸に使者を派遣し、準備をさせた。

家康は西の丸から本丸「大奥」へ入り、江との対面が済んだあと、秀忠が相伴して膳の饗応となった。その場には、両若君の膳も用意されていた。しかし、家康は国松付の側女中に向かって、「竹千代の相伴は当然だが、国松は無用である」と命じ、国松を退席させた。

さらに、家康は江に対して、「天下を兄弟で取り治めるという例はない。国松が息災に成人すれば、国郡主となり、竹千代の家来となって奉公するより他はない。そうであれば、幼少の育て方が大事である。それが結局は、国松のためになる」と伝えた。また、秀忠に対しては、「幼少ではあるが、竹千代ほど良く（家康に）似た兄弟は他にいない。それ故、一入《ひとしお》私の秘蔵するところである」と語ったので、秀忠は「忝《かたじけな》き御意」と返答するだけであった。江は返答もできず、ただ赤面するだけで、当惑した様子だった。その後、家康は東金《とうがね》（千葉県東金市）辺りに泊り鷹野に出かけた。この一件により、竹千代の様子は以前とは格別に異なるものとなり、国松の部屋に出仕する者も止んだという。

『落穂集』の著者大道寺友山は、右の経緯は福が伊勢参宮の節、駿府城に上り、家康に直訴したからだと、さる老人の話を聞いたものだとしながらも、虚実の段は測りがたいとしている。実際に、永井尚政が秀忠付の小姓組番頭から老中になるのは家光が将軍となる前年の元和八年（一六二二）であり、家康の死後のことになるので、時期的な整合性に欠ける。

なお、この時のことかどうかは不明だが、家康が江に対して子育ての件につき十五か条に渡って教訓したという「東照宮御文の写し」という史料がある。既述の『松のさかえ』のみならず、色々な本に写されており、広く知られていたもののようだが、その内容を分析した山本博文氏は「江戸時代後期に儒学を学んだ文筆家が、家康に仮託して書いた心得書のようなもの」と位置づけ、家康自身による書であることに懐疑的である（『徳川幕府の礎を築いた夫婦　お江と秀忠』）。筆者も山本氏の見解を指示するものだが、こうした「心得書」を作成する際に何か根拠とされた史料があるようであり、作成の経緯、写本の分布、根拠となる史料や史実との付け合わせなど、まだ検討すべき課題の残る史料であることを指摘しておきたい。

将軍世嗣の決定

また、別の伝承では、十二歳になった家光は、父母の意にかなわないことを嘆き、自ら命を絶とうとした。これを福が諫め、駿府にいる家康に訴えたところ、家康は近く江戸に行って処置をする旨を伝えた。その後、家康は江戸に出向き、秀忠と江に対して、家光が十五歳になれば連れて上洛し、三代将軍にするとの意向を伝えた。これにより、秀忠と江はともに家光を大切に扱うようになり、皆が家光を尊ぶようになったという。この話は『春日局譜略』にあるもので、元和元年（一六一五）のことであったとする。

徳川家光の評伝を著した藤井譲治氏は、『武野燭談《ぶやしょくだん》』『春日局譜略』「東照大権現祝詞」等を分析し、家康が将軍家の世嗣を家光に定めたのは、「大坂夏の陣のあとの元和元年末であったと結論することができよう」と指摘した（『徳川家光』）。その後、家光の評伝を著した野村玄氏も、藤井氏の説を「従うべき見解」と承認している（『徳川家光』）。慶長十九年（一六一四）から翌年（元和元年）にかけては伊勢参りが爆発的に大流行しており、「春日局の抜け参り」を可能にした条件は、そのような社会情勢にあったのかもしれない。

また、春日の作と推定される「東照大権現祝詞」では、家光が世子となる経緯を次のように記している（濁点を補った）。

そうげんいん（江）さま、君（家光）をにくませられ、あしくおぼしめすにつき、たいとくいん（秀忠）さまも、おなじ御事に、二しんともににくませられ、すでに、そし、そうりやうをつがせられべきていになり申ところに、大ごんげんさま、するがにてきこしめしつけられ、二しんともに、にくミあしきやうにおぼしめし候ハゝ、君をするがへよび御申候て、ごんげんさまの御こにあそばされ、三代せうぐんにこれあるべきと上意御ざ候間、

意訳すれば、江が家光を憎み、悪しく思っていたので、秀忠も同様となり、二親ともに憎まれて、庶子（嫡子ではない子）が惣領を継ぐような形になった。これを家康が駿府で聞き、そのようなことで

あれば、家光を駿河へ呼び、家康の子にして、三代将軍にするとの上意が示された、ということになる。江が家光を憎んでいたというのは、あくまでも福の主観によるものだし、福も後世にこの祝詞が世間の白日のもとに晒されるとは思っていなかっただろうから、割り引いて読む心得が必要だろう。

また、同じ元和元年説をとる『寛政譜』の稲葉家の譜には次のようにある。

元和元年大猷院（家光）殿御幼稚にして、台徳院（秀忠）殿の御心にたがはせたまひ、すでにおぼしめしさだめらるゝのみけしきをうかゞひ、妾（福）にまかせらるべき旨を言上し、六局に就てひそかに東照宮の御聴に達し、懇の仰をかうぶる、

福が頼った「六局《ろくのつぼね》」というのは、家康の別妻の一人である。梶（英勝院）・なつ（清雲院）とともに「後の御三人衆」と呼ばれていた。『言緒卿記《ときおきょうき》』元和元年七月五日の条には、「匂囊《においぶくろ》十前大樹《さきのたいじゅ》（徳川家康）・同御カメ・御カチ・御ロク三人へ五つ儘《ずつ》進之」とあり、公家の山科《やましな》言緒が家康および亀（相応院、徳川義直の生母）・梶・六に匂袋を贈っている。なつの名がないが、六が家康の別妻たちと同等の扱いを受けていたことがわかる。

六の父は黒田直陣《なおのぶ》（光綱《みつつな》とも）といい、はじめ今川氏真《いまがわうじざね》に仕えたのち、徳川家康に仕えた。六ははじめ梶（英勝院）の部屋子として仕え、晩年に家康の寵愛を受けるようになった。六は家康が没した際にはまだ年が若かったので、崇源院（浅井江）の指図で古河《こが》御所喜連川頼母《きつれがわたのも》に嫁がせた（太田家文書

『御家譜』)。しかし、寛永二年(一六二五)三月二十八日に日光参詣中に遁死したと伝わる。享年は二十九の若さであり、日光山中の養源院に葬られた。法名を養儼院鑑誉心光大姉という。

『故老諸談』には、「御寵愛の女中に、お六とて雙《ならび》なき美人、万事器用なる人、何を仰せ上げられても調《ととの》えずという事なし」と記されており、六は家康からかなり重用されていたらしい(中村孝也『家康の族葉』)。福はそのような六を頼り、六を通じて福の願いが聞き届けられ、家光は無事に将軍家世嗣の座を確定することができたのである。福の行動力に加え、家康の晩年に最も寵愛を受けていた六を動かした点で、福の政治的能力の高さが示された一件であった。

2 江戸城本丸表の局

表の局

家光の乳母となった福が一次的な史料に現れる初見は、管見の限り次の史料である(『福原家文書』)。

公儀江被献候御小袖注文

一、将くんさま御ふく五かさね　内五ツ 銀五十枚　御あわせ

一、御たいさま同　銀三十枚

一、わか君さま同　銀十枚

一、御かつしきさま　同三かさね　内三ツ　御あわせ
一、御くにさま　同
　　已上
一、御こそて弐かさね　内二ツ　御あわせ　おうはさま
一、壱かさね　おもておつほね
一、同　御北殿
一、弐かさね　壱かさね　御つほねさま
一、同　同　おもての御つほねさま
一、弐かさね　同　きやう殿
一、同　同　おきた殿
一、同　同　おにし殿
一、同　同　大くさ殿
一、同　同　御かつしきさまの御ちの人
一、同　同　御くにさまの御ちの人

これは、長門萩の大名毛利《もうり》秀就《ひでなり》が、将軍秀忠以下に贈る小袖を注文した際の書付である。秀就が長門守に任じられた慶長十三年九月以降となる。続く史料の省略部分には、「右兵衛督様」（家康九男、

徳川義直）と「常陸守様」（家康十男、徳川頼宣）の名があり、いずれも慶長十六年三月に中将に昇進するので、この史料は、慶長十三年から遅くとも同十六年までの発給となる。

将軍は徳川秀忠、御台は浅井江、若君は秀忠次男家光、御喝食《かつじき》は秀忠三女勝、御国は秀忠三男忠長である。すでに家光が「若君様」と称されており、これが大名側の史料であることから、先に問題になった「若君様」のお披露目《ひろめ》が済んでいることがわかる。慶長十三年から同十六年の間ということであれば、家光が五歳から九歳の時のことになる。一方、忠長は「御くにさま」と呼ばれ、姉の勝の次に置かれたように、特別に扱われた様子はない。

女中の構成では、大姥は秀忠乳母（慶長十八年正月二十六日没）のことで、これに続く表《おもて》の局《つぼね》（「おもておつほね」）が福と推定される。その根拠は、末尾に勝と忠長の御乳人《おちのひと》（乳母）の記載があるが、その前後に家光の乳母たる福に関する記述が確認できないからである。

福に続く「御北殿」については、三行後ろで抹消されているように「おきた殿」と呼ぶのだろう。順序からして江の筆頭老女とみなされるが、詳細は不明である。次の「御局様」は別の史料では「奥御局」と出てくるので、これも江付の老女だろう。つまり、奥の局である。福を推薦したという民部卿局の名がないので、この「御局様」が相当するかもしれない。

京《きょう》・西《にし》・大草《おおくさ》とあるのは、いずれも江付の奥女中である。京は、室町幕府将軍足利義輝に仕えた大草公重《きんしげ》の娘であり、江に仕えて「副佐」になったとされる。大草は京の弟公政《きんまさ》の妻であり、義姉の縁故で江に仕えた（『寛政譜』）。慶長十六年十月に江戸に参府した明経博士《みょうぎょうはかせ》の舟橋秀賢《ふなはしひでかた》は、同月二十日に江に進物として箔貼帯五筋を贈り、これとは別に取次の「京殿」に帯一筋を贈っている（『慶長日件録』）。毛利家の史料と同時期に、京が江付の奥女中として重要な役割を果たしていたことが確認できる。

つまり、慶長期の江戸城本丸奥は江付の奥女中によって担われていたのであり、福は秀忠の乳母である大姥と同じような立場で、家光付の表の局として扱われていたのである。

江と家光の関係

右以外で、慶長期の家光の立場を示す史料としては、慶長十五年に蜂須賀家で準備した重陽祝儀の注文書がある。まず、「江戸分」として、「将軍様（秀忠）五つ・御前《ごぜん》様（江）三つ・竹千世（代）様（家光）二つ・おくに（忠長）二つ」とある。家光と忠長は呉服二つで同数であり、家光も「若君様」と呼ばれていないが、忠長よりも先に名がある。さらに、忠長には敬称の「様」がなく、「おくに」と呼び捨てであり、家光の方が敬われている。

このように断片的ながら、慶長期に諸大名は家光を将軍家の世嗣（「若君様」）として扱っていた。家光・忠長兄弟が成長するに従い、徳川家内部での家督継承の順位が忠長優位に移りつつあったとしても、忠長が世嗣となるためには、このように外在する条件——諸大名の認識——をも変えていかなければならなかった。その過程において家光の人格は否定されることになり、将軍家世嗣の座から転落した生涯が屈折したものになるだろうことは容易に想像できる。秀忠・江夫妻にとっても、家光を切り捨てることは苦渋の決断を迫ることだった。これが、結果として家光の立場を曖昧なままに放置させることになった要因の一つだろう。

福の行動は、この膠着状態に風穴を開け、優柔不断な秀忠に対して家康から圧力をかけさせることで決断を引き出した。家康としても、家光が若君として扱われて来た経緯に鑑み、長丸亡きあとの長男である家光を江の子、つまり嫡出子として改めて承認させ、長子単独相続の原則にのっとり、秀忠の家督継承者としての家光の地位を明確化させた。そして、忠長はこれまで通り、家光の弟、嫡出次男としての生涯を過ごさせることで、徳川家内部における不要な軋轢《あつれき》を押さえようとしたのだろう。

とはいえ、秀忠・江夫妻がこのことを承諾した、ということが重要である。当時の「御袋様」が持つ決定権に照らしてみれば、特に江がこれを了承することが何よりも必要だった。では夫妻はなぜこれを承諾したのか。それは推測せざるをえないが、つまるところ親の愛情に他ならないだろう。秀忠にとって家光は、嫡庶の差はあれ、子であることに変わりはない。また、江も表向きではあっても、家光の母だった。母として子を思う気持ちは、たとえ義理の子であろうと情が残る。それは福とて同じであり、義理の子である神龍や正利がいかに不肖であろうとも、母としての情をかけていた。

思うにまた、江としては、家光の誕生時に「助けられた」という感謝の念があったのではないだろうか。三十の年齢を超えて男子に恵まれないなか、家光が生まれてくれた。このことで、江は将軍家御台所としての重荷をおろすことができたのである。のちに生まれた忠長のことを思えば、家光に対して多少の疎ましさが生じたかもしれないが、憎しみばかりであったとはいえないだろう。

しかし、福にとって家光は、わが子である前に、主人であった。主人のためと思えば、なりふりかまわず非情の手段をとることも辞さなかったのである。たとえそれが忠長の人生を狂わせることになろうとも、他人の福が躊躇するところではなかった、といえば、言い過ぎだろうか。

江は将軍家御台所としての役割、福は家光に仕える女中としての役割をそれぞれに全うした。その結果が、家光が世嗣の立場を維持することにつながった。

西の丸への移徙

元和二年（一六一六）四月十七日に大御所徳川家康が駿府に没した。これにより、家康が家光を伴い上洛して元服させるという計画は立ち消えとなった。とはいえ、同年五月には酒井《さかい》忠利《ただとし》・内藤清次《ないとうきよつぐ》・青山忠俊《あおやまただとし》の三人が家光付「年寄衆」（のちの老中）として選ばれた。元和三年七月一日には内藤清次が没し、その後任は付けられないままであったが、同九年二月には秀忠の筆頭年寄であった酒井忠世《ただよ》が家光付となった。また、それ以前より酒井忠勝《ただかつ》が家光付となり、家光を支える体制は次第に補強された。

一方、忠長には元和二年九月に甲斐二十万石が与えられ、家老として朝倉宣政《あさくらのぶまさ》・鳥居成次《とりいなりつぐ》が付けられた。ここに忠長は徳川三家（尾張・紀伊・水戸）に次ぐ地位に置かれることになった。元和三年十一月二十一日には、家光が大御所家康の江戸での居所であった西の丸に入り、将軍家世嗣としての地位を確立する。これに伴い、福たち家光付の女中たちも西の丸へと移り住んだ。幼少の忠長は、そのまま江戸城本丸奥で過ごしていた。

元和六年九月五日に金地院崇伝は、土井《どい》利勝《としかつ》・本多正純《ほんだまさずみ》・安藤重信《あんどうしげのぶ》の三人の年寄から「若君様、御国様」の名のり（諱）を選定するように命じられた。崇伝はその日のうちに「若君様」には「家忠」、「御国様」には「忠長」を選び提出した。しかし、家光任官のために江戸に来ていた伝奏《てんそう》から、「家

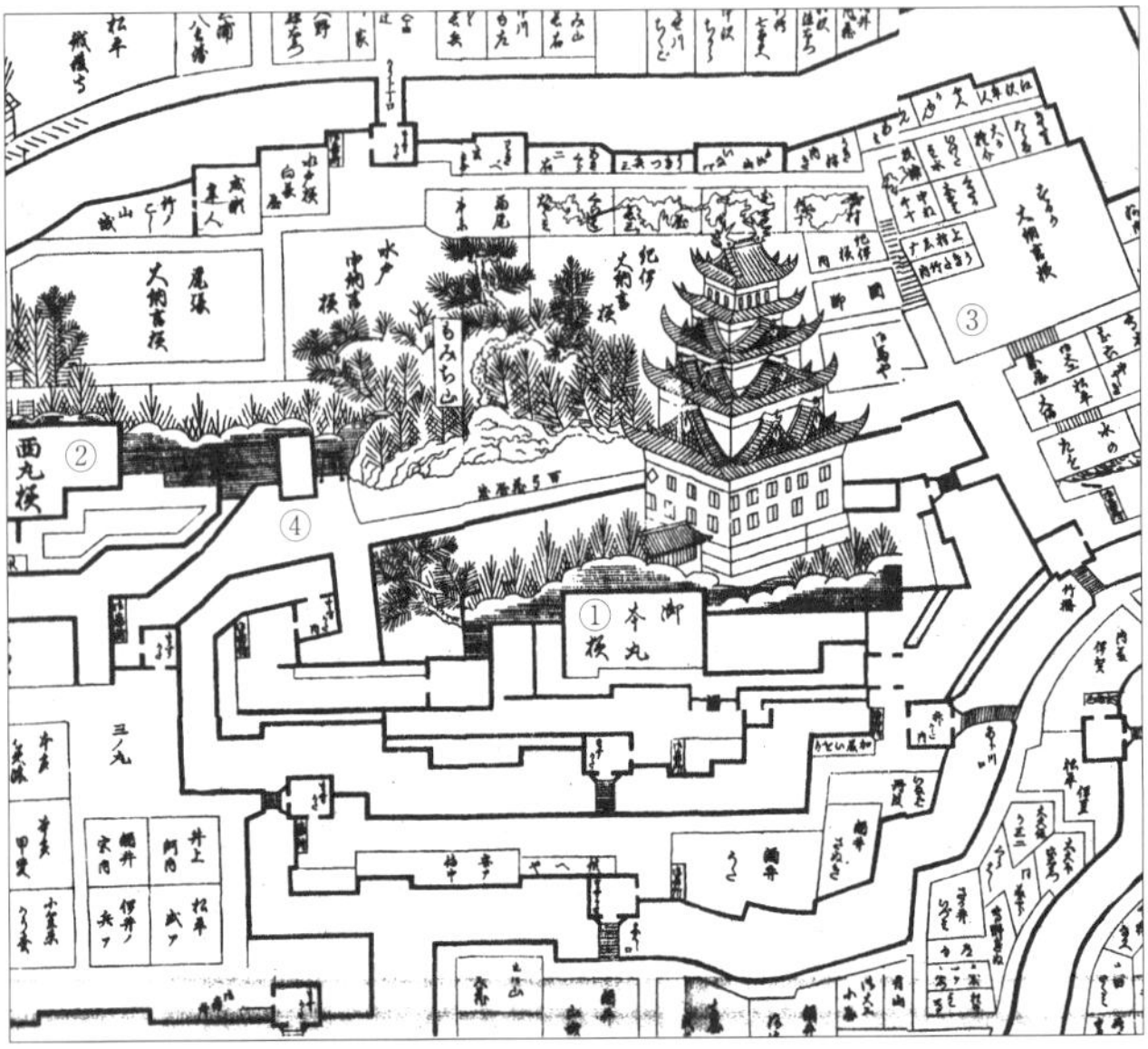

①本丸，②西の丸，③北の丸（忠長邸），④中の丸

江戸城とその周辺

忠」は公家の花山院《かざんいん》の祖の名であるとの意見が加えられ、崇伝は「家光」を選び直した（『本光国師日記』）。つまり、家光は元服《げんぷく》に必要な諱を持っていなかったことになる。

この時、すでに家光は十七歳となっており、通常は十五歳で済ませる元服をまだ執行していないというのは遅すぎる感がある。とはいえ、元服には諱が必要なので、この時期まで諱が決定していないのであれば、元服前であったと判断せざるをえない。諱の決定が忠長と同じ時期であったというのも、いまだ家光の立場の不安定さを物語っているが、いずれにせよ諱が決定した元和六年九月六日かその直後かに、家光は実質的に元服したとみなされる（藤井讓治『徳川家光』）。

これと同時に、家光は権大納言《ごんのだいなごん》に任官された。位は従三位《じゅさんみ》・正三位《しょうさんみ》・従二位《じゅにい》と史料により異なるのではっきりしない。一方、忠長は家光の官職より低い参議《さんぎ》・従四位下《じゅしいのげ》右近衛権中将となった。以後、家光は大納言、忠長は甲府宰相と呼ばれるようになり、ここに兄弟の格差は明らかとなった。

三代将軍家光の誕生

元和九年（一六二三）は家光が将軍を襲職する。まず将軍秀忠が五月十二日に江戸を出発して上洛し、六月八日に京都二条城に入った。家光も引き続き江戸を出発する予定であったが、病気のため出発が延期となった。この時の病気は、悪寒や発熱が一定の時間をおいて繰り返す瘧《おこり》であり、六月二日にようやく快復した。その後も安全をとり、出発は六月末までずれこんだ（『本光国師日記』）。家光は行程を急ぎ、七月十三日に上洛中の居所となる伏見城に入った（『孝亮《たかすけ》宿禰日次記《すくねひなみき》』）。

その間の六月二十七日付で発給した藤堂高虎書状が伝わる（『藤堂高虎文書の研究』六二一号）。

以上、

態以使者申上候、

大納言様御瘧落申之由、目出度奉存候、頓而被成御供御上洛奉待候、とかく御上りを待兼申候、御次之剋者此等之趣可然様御取成奉頼候、委細者自筆ニ申入候、将又御守衆其外御そば衆へ以書状申入度候へ共、此者急進上候間、無其儀候、貴様能御心得候而可被下候、不及申候へ共、御手前之御

奉公昼夜共ニ御油断被成間敷候、先さま御用之儀者可被仰越候、疎意存間敷候、御つほねさまへも文ニ而申入候、御届奉憑候、恐惶謹言、

藤堂和泉守

六月十四日

稲葉宇右様

人々御中

宛所の「稲葉宇右」は福の子の稲葉正勝、文頭に「大納言様」とあるのが家光、文末に「御つほねさま」とあるのが福を指す。意訳すれば、家光の瘧が落ちたことはめでたく、やがて家光の御供をして上洛されることを待っているので、ついでの時に自筆で伝えた詳細をとりなしてほしい。御守衆、その他の御側衆へも書状を送りたいが、この使者が急ぐためできないので、よろしく頼みたい。いうまでもないが、自身の奉公も昼夜油断なくして、何か用があれば知らせてほしく、疎意には思わないでほしい。福（「御つほねさま」）へも文で申し入れたので、届けるよう頼む、という内容である。藤堂高虎が正勝や福と懇意の間柄であるのは、既述の長宗我部元親の書状（『石谷家文書』）でふれたように、福の母が京都で高虎の面倒をみたことによるものかもしれない。

七月二十七日に、伏見城で将軍宣下《せんげ》の儀式が執り行われ、家光は征夷大将軍《せいいたいしょうぐん》、正二位、内大臣《ないだいじん》、牛車《ぎっしゃ》・兵仗《ひょうじょう》の宣旨を受け、ここに三代徳川将軍が誕生した。八月六日には初めて参内し、対面所で

後水尾帝に拝謁して、進物を献じたあと、公家や妹の女御徳川和子と対面し、二条城に戻った。慰労の勅使に会ったあと、秀忠のもとで三献《さんこん》の祝宴が開かれ、それが終わると伏見城に帰った。その後、家光はしばらくして京都を離れ、八月二十四日に江戸に戻った（藤井譲治『徳川家光』）。これに福が同行したのかどうかを記す史料はない。

一方、忠長は元和八年に信濃小諸《しなのこもろ》七万石余を加増され、都合三十万七千石となり、徳川三家（尾張・紀伊・水戸）との距離を縮めつつあった。なお、家光が参内した際の行列のなかに尾張義直・紀伊頼宣・水戸頼房の三家の名はあるが、忠長の名は確認できない。そのため、この時、忠長が上洛したのかどうかははっきりしないが、家光の将軍襲職と同日に従三位に叙された。このように、元和九年は兄弟の明暗を大きく分けた年となった。

将軍となった家光は、江戸に戻ると西の丸に入った。翌寛永元年（一六二四）六月頃に、江戸城北の丸にある忠長の屋敷へと移った。秀忠は、九月二十二日に本丸を出て西の丸に入った。その後、普請を終え、家光は十一月三日に忠長の屋敷から本丸へと移った（『大内日記』『梅津政景日記』）。福はこれにより、「御本丸様表御局《ごほんまるさまおもてのおつぼね》」と呼ばれるようになる（慶光院文書）。つまり、家光付の表の局であることに変わりはないが、西の丸から本丸へと位置が変化したのである。

親族の取り立て

家光の地位が確定したことにより、福の江戸城における影響力もおのずと上昇していった。それに伴い、福は親族の取り立てに腐心するようになる。

『本光国師日記』元和三年（一六一七）四月八日条によれば、福の兄斎藤三存の件が次のように記されている。

一、同日道無卯月六日之状来、則返書遣ス、斎藤与三右衛門と云仁　上様へ御奉公人にて候、自身上之儀、若君様御乳人よりも、藤泉州へ御申候間、我等にも肝煎候へ之書中也、与三右衛門様子被知候由也、

在京中の金地院崇伝のもとに、四月六日付で道無の書状が到来した。その内容は、家光の奉公人である斎藤三存（「与三右衛門」）について、福（「若君様御乳人」）より藤堂高虎（「藤泉州」）に申し入れがあったので、崇伝にも高配を願いたい、というものであった。

斎藤三存は利三の五男で、既述のように、福より九歳年長の異母兄である。慶長二十年（一六一五）より秀忠に召し出されていたが、知行はわずかに二千石であった。家光が将軍を襲職した元和九年（一六二三）には持筒頭に召し出され、足軽五十人を預けられたとはいえ、知行高に変化はなかった。寛永二年（一六二五）に没した。享年五十六。

家督を継いだ長男三友《みつとも》は、寛永七年中奥番士、同八年より御手水番《おちょうずばん》を勤め、同十一年正月十三日に武蔵国橘樹郡《たちばな》（神奈川県横浜・川崎市）内で四百石を加増され、十二年十二月晦日に従五位下《じゅごいのげ》摂津守に叙任された。寛永十三年四月十一日に御徒頭《おかちがしら》となり、同十五年四月十四日には橘樹郡内で千石を加増された。十一月九日に小姓組番頭となり、同十六年六月十一日に同郡内で千六百石を加増された。

承応三年（一六五四）十一月二十三日没した（『寛政譜』）。

つまり、福の早くからの意向にもかかわらず、家光の将軍就任後に甥の三友が徐々に加増を受け、最終的に都合五千石の旗本に取り立てられている。

福の同母兄の利宗（利三の三男）は、父の死後、保護を受けていた稲葉家を出たあと、加藤清正に仕え、立本を名のり、朝鮮出兵に従軍して高名をあげた。この功により、帰国後は還俗して伊豆守を称し、知行地を与えられ、都合五千石となった。慶長十六年（一六一一）に清正の没後は居士となり、近江や美濃の辺に居住していたが、福の願い出により寛永六年（一六二九）四月に召し出され、家光に仕えることになり、常陸国真壁《まかべ》郡（茨城県桜川市）内に五千石の領地を得た。寛永七年三月に大組鉄砲頭（持筒頭）となり、与力十騎・同心五十人を預けられ、従五位下伊豆守に叙任された。寛永九年六月二十五日には、与力十騎を増し預けられた。福より長らえて、正保四年（一六四七）五月四日に没した。享年八十一。湯島麟祥院に葬られた。妻は加藤清正の家臣松下意綱の娘という。つまり、同母兄の利宗の場合も、都合五千石の旗本に取り立てられただけである。

伊勢《いせ》貞衡《さだひら》も福の縁で将軍家に取り立てられた。母は岸和田和泉守章憲の娘と伝わるので、これは表向きの母であり、生母が別にいたのだろう。というのも、貞衡にとって福は「母方のおば」（「従母」）にあたるので、生母は福の姉妹であったことになる。春日には柴田勝全の妻となる姉二人の他に、一般に知られていない妹が一人いたので、他にも姉妹がいたのだろう。

貞衡の父は伊勢貞為《さだため》で、伊勢家は室町将軍家の礼法を伝える家柄であった。貞衡は幼少より豊臣秀頼に仕え、大坂落城ののちは秀頼の妻徳川千に召されて二条城にあり、家康が同城に入った際に初目見えを許され、京都武者小路《むしゃのこうじ》に宅地を与えられた。寛永十四年（一説、十六年）に福から江戸に呼ばれ、家光に仕えることになり、寄合に列した。同十六年九月二十一日に家光長女の千代が尾張徳川光《みつ》友《とも》に嫁する際には、伊勢家に伝わる礼式を伝えて婚儀を整えた。十二月二十六日に蔵米千俵を与えられ、その後先祖より伝わる小烏丸の太刀を家光の閲覧に備えた。その後もまた家光の命により、家伝の書籍を閲覧に入れた。これは先祖代々、足利家に仕え、殿中の礼儀諸儀式を伝え、自らこれを記して家蔵として来た書籍であった。元禄元年（一六八八）十二月九日に隠居し、同二年十一月七日に八十五歳で没した。西久保大養寺に葬られた。ちなみに、貞衡の姉は豊臣秀頼の母浅井茶々（淀）に仕えた大上臈《だいじょうろう》あこ局で、大坂落城の際に茶々たちとともに自害した（『寛政譜』）。

つまり、伊勢貞衡の場合も蔵米千俵の旗本であった。福が親族の取り立てに腐心したといっても、権勢をふるって縁者を破格に取り立てたというほどではないと評価すべきだろう。

駿河大納言忠長の改易

家光が将軍となり、忠長はその弟として一門大名の地位を確定させた。とはいえ、寛永元年七月に甲斐府中三十万石余から遠江・駿河五十万石に移され、家康の居城であった駿府城を本拠とするなどの優遇を受けた。寛永三年八月には、父秀忠と兄家光に供奉して上洛し、従二位大納言に叙任され、以後は駿河大納言と称されるようになる。

その上洛中の九月十一日に、母江の危篤の知らせが京都に届いた。忠長は急ぎ江戸に下ったが、臨終（九月十五日）には間に合わず、品川宿を過ぎた芝の辺りで訃報を聞いた。江の葬儀は家光ではなく忠長が執行し、芝の増上寺に葬られた。

それからしばらくは平穏に過ぎたが、母の死から約四年が過ぎた寛永八年二月頃から忠長の「狂気」が噂されるようになる。その行状は、家臣や御伽坊主《おとぎぼうず》を手討ちにしながら、翌日にはその者を呼び出すなど、不可解な行動が続いた。初めは「酒乱」として収められたが、このままでは改易となった秀忠の弟忠輝《ただてる》や甥の忠直《ただなお》と同様の処分になるのでは、と危惧された。そのため、家光が三度使者を派遣して意見し、直接にも二度意見をしたが、忠長の素行が治らないので、ついに秀忠に報告することになった。秀忠は「将軍の意見を聞かないのは沙汰の限り」として、忠長を義絶するにいたった。その後、忠長は家光への目通りは許されたが、秀忠からは対面を許されないままでいた。

にもかかわらず、その後も忠長は相変わらず奥女中を斬りつけて怪我をさせる始末であり、恐れた家中もほとんどが出仕を断つようになり、人々の見方もついに「狂気」と定まった。寛永八年五月十五日、甲斐への移封及び甲斐蟄居《ちっきょ》が決定し、同月二十八日に忠長は江戸を出発した。その間、病状が次第に悪化した秀忠は、寛永九年正月二十四日に江戸城西の丸に没した。

父の病気を知り、忠長は金地院崇伝などを通じて父に許しを乞うたが、秀忠は忠長を最後まで許さなかった。秀忠の死後もしばらく忠長の処分は保留のままであったが、寛永九年十月二十日に上野《こうずけ》高崎（群馬県高崎市）への幽閉が決定し、諸大名にも伝えられた。十一月十六日には、忠長の近習《きんじゅ》たちがお預けとなった。そして、翌十年十二月六日、忠長は幽閉先の高崎で自害した。享年二十八。二日後の八日に高崎に向けて老中阿部忠秋《あべただあき》が派遣された。『江戸幕府日記』には、「日頃のご乱心がついに

春日局宝篋印塔（京都市左京区・新黒谷金戒光明寺）

新黒谷金戒光明寺にある浅井江・徳川忠長・春日局の宝篋印塔（裏側から撮影）

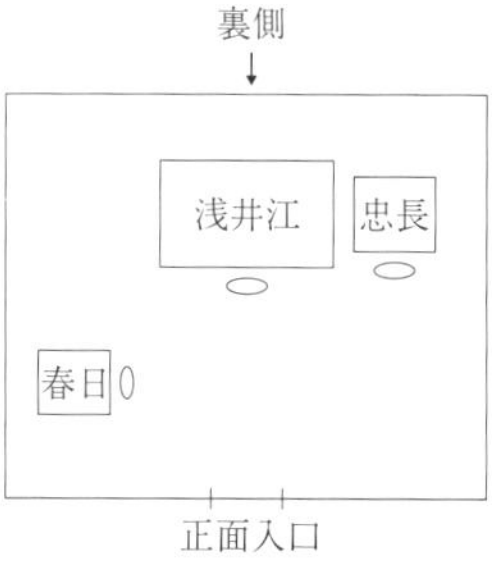

入口にある蓮池には，参詣のために春日が寄進した木造の「極楽橋」があった（現存せず）。

収まらざるによりてなり」と記されるのみである。

忠長がなぜ自暴自棄の酒びたりの人生に転落したのか。また、家光はまだ世継ぎがいないなかで、なぜ血のつながった弟を自害に追い込んだのか。いずれもその根底には、家光出生の秘密がかかわっているように思える。

世に伝わるように、家光が本当に江から生まれた嫡出子であり、長男長丸亡きあとの実質的な長男であれば、誰も文句のつけようのない正嫡である。この時期がまだ器量重視の時代であったとはいえ、兄家光と弟忠長にどれだけの器量差があったといえようか。

確かに家光が病気がちだったにしても、彼が三代将軍として幕藩制の確立に大きく貢献する力量を示したことは疑いのない事実である。そのような正嫡を廃して、ただ両親がかわいがっているという程度の理由で弟に家督を継がせることは相当難しいことだった。にもかかわらず、家光でなく忠長にこそ家督を継ぐ権利があるとする主張に正当性を与える根拠があるとすれば、それは長幼（兄・弟）に優先する嫡庶の差があったことが容易に想定される。すなわち、家光は実のところ庶出子であったから、本来の正嫡である忠長にこそ家督継承の優先権が発生するという事実が潜んでいたと考えれば、家督をめぐる兄弟対立の謎がすべてすっきりと解決することになるのである。

福は寛永五年に江を弔うために、京都新黒谷《しんくろだに》（京都市左京区黒谷町）の金戒光明寺《こんかいこうみょうじ》に宝篋印塔《ほうきょういんとう》を建て、その遺髪を納めた。寛永十一年には、忠長の宝篋印塔を江の塔の右側に建てて供養した。その左側の少し手前に、福の宝篋印塔が江や忠長の塔をみつめるように、ひっそりと建てられている。

第三章　春日局の時代

1　表の局から春日局へ

大御台の死

福は大御台（浅井江）の死後に、「大奥総取締《おおおくそうとりしまり》」「御年寄《おとしより》」となって大奥の制度を整えたと説明されることが多い。しかしながら、この時期に「表御局《おもてのおつぼね》」に対して「奥御局《おくのおつぼね》」と呼んだ例はあるが、「大奥御局《おおおくのおつぼね》」と呼んだ例をみない。つまり、「大奥総取締」という役職名で呼ぶためには、「大奥」という用語の初出を同時代史料から確定していく必要があるが、今のところ福の生存中に「大奥」と呼ぶ例を確認できていない。

とはいえ、大御台の死により、江付の奥女中はなんらかの変更が加えられたとみなされるので、福が「大奥総取締」に相当する役についたのではないか、という見方もなりたつだろう。しかし、結論を先にいえば、福は家光付の女中（表の局）であるから、江の死後は御台所（鷹司孝子）付の奥女中筆頭（奥の局）が江戸城奥を取り仕切る立場につくのが順当である。つまり、福が継ぐべきポストは、秀忠の乳母の大姥、さらには秀忠付の本丸表の局の役であったということになる。

また、大御台の死後も江付の奥女中の一部は、秀忠付に立場を変えて仕え続ける者がいた。たとえば、寛永六年（一六二九）に伊勢慶光院周清上人《しゅせいしょうにん》が伊勢遷宮にあたり御祓いを届けた際に、「相国《しょうこく》（秀忠）様」付として高徳院《こうとくいん》・つま・海津《かいづ》・一の台・きやく・あか・をく・しま・かへ・客人《きゃくじん》といった女性の名をあげている。

まず高徳院は、奥女中名を紀伊《きい》という。近江椿井《つばい》城主の椿井政長《まさなが》の娘である。政長は織田信長の麾《き》下《か》に属し、天正十二年（一五八四）の小牧・長久手合戦の際には椿井城を守衛し、合戦後に同城を明け渡して累代の領地を去って隠居し、寛永八年に没した。享年八十四。法名は懐慶《かいけい》。

政長の長男政次《まさつぐ》は、秀忠三男の駿河大納言忠長に仕え、千二百石の領地を与えられた。次男政安《まさやす》は、寛永四年に家光に召し出され、小姓組番士となり、同十一年に書院番士に替わり、寛文十年（一六七〇）三月七日に没した。享年七十六というので、文禄四年（一五九五）の生まれとなる。法名は良慶（『寛政譜』）。紀伊はこの兄弟の姉なのか、妹なのかがはっきりしないが、紀伊の出生年のおおよそを類推できる。

その紀伊について、『寛永伝』では次のように説明する。

きい　法体してのち高徳院と号す。

七歳より崇源院殿につかふまつり、諸事の御用をつとむ。薨御《こうぎょ》の後、台徳院殿につかへたてまつり、おほせをかうふりて女中がたの作法を制す。寛永七年に死す。法名智慶《ちけい》。

『寛永伝』は、紀伊の没後十三年目に編纂された履歴なので、まずは信頼できる内容といえよう。すなわち、紀伊は七歳より浅井江（「崇源院殿」）に仕えて諸用を担当し、おそらく寛永三年に江が没したのちに出家（「法体」）して高徳院と名を変え、秀忠（「台徳院殿」）に仕え、その意向を受けて「女中がたの作法」を制定し、秀忠が没する二年前の寛永七年に死去した。ここで、女中の作法制定に紀伊がかかわったという点は重要だろう。

奥方法度の制定

江戸城奥の法度は、元和期に整えられた。制定の主体は、法令伝達のあり方からみて、秀忠であったと考えられる。五代将軍徳川綱吉の命を受けて、天和三年（一六八三）に深溝松平忠冬《ふこうずまつだいらただふゆ》が秀忠期の記録を編纂して提出した『東武実録』に法令が載せられている。ただし、個々の法度の名称は編纂者によって後付けされたものなので、制定当時の呼称ではない点への注意が必要である。

まず、元和四年（一六一八）正月朔日付で「御奥方ノ御法度」五か条が制定された。史料上では「壁書」とあるので、常時どこかの壁に貼り出されていた規定である。以下に現代語訳を示す。

一、奥方に普請・掃除などの諸用がある時は、天野孫兵衛・成瀬喜右衛門・松田六郎左衛門（定勝）の三人を召連れること。

一、御局《おつぼね》より奥へ男女の出入りを禁じること。

一、手判（通行手形）を持たない女は、身分の上下によらず出入りをしてはならない。晩六つ時（六時頃）を過ぎれば御門より外への出入りを禁じる。

一、走入の女があれば、理由（断り）に応じて返すこと。

一、台所のことは、天野・成瀬・松田の三人が一日一夜ずつ交代勤番し、善悪を判断すること。命令に背く不届き者は用捨なく上申すること。遠慮して報告しない場合は、三人を処罰する。

基本的に、奥への出入りを厳しくする内容となっている。元和六年四月二十二日には、江戸城奥方の土戸に懸札が下げられ、その土戸より内へ奥方番・侍・台所衆・小人・下男の他で御用のない者は、出入りが一切禁じられた。

元和九年正月には、元和四年の法度が九か条に改訂された。以下、現代語訳を示す。

一、「御台所御法度」の件は、竹尾四郎兵衛（俊勝）・筧助兵衛（為春）・松田六郎左衛門（定勝）の三人が一日一夜を交替で詰めて、諸事の善悪を判断して命じること。もし命令に背く不届き者がいれば、用捨なく上申すること。遠慮して報告しない場合は、三人を処罰する。

一、御門の出入は、手判（通行手形）を持たない女は、身分の上下にかかわらず通してはならない。

晩は六つ（六時頃）を過ぎた場合は、手判があっても通してはならない。
一、御局より奥へ男は出入りをしてはならない。
附、奥方へ御普請・掃除以下万事御用の時は、右の三人が召連れて行く事。
一、出家・社人は表の台所まで来て、右の三人と相談すること。
一、半井驢庵・延寿院（今大路正紹）・曲直瀬道三の医師三人は、奥の台所まで伺候すること。この他の医師は、御用次第に竹尾・筧・松田の三人から呼び出すこと。
一、大名衆からの使者は、この以前は奥の台所まで来ていたが、今後は「御よりつき」まで来て三人に理由を伝えること。
一、町人は、後藤源左衛門・幸阿弥の二人が御用次第に奥の御台所まで来ること。その他の職人は、御用があれば三人から呼び出すこと。
一、走り込みの女は、一切停止のこと。
一、総じて、奥より御用のことは、小大夫《こたいふ》・おきやく・をくの三人をもって、（御台所《みだいどころ》の江が）お命じになる。その上で、竹尾・筧・松田の三人から命じること。
右条々は、（将軍秀忠の）仰せにより命じるものである。
元和九年正月日

元和四年令を踏まえつつ、出家・社人、医師、大名（使者）、町人・職人に分けて出入りを厳格化する規定となっている。これらは、原文末尾に「右条々、依　仰執達如件」とあることから、秀忠の意向により命じられたものとわかる。

交替での宿泊勤務を命じられた天野以下の履歴はよくわからないが、その内の竹尾俊勝《たけおとしかつ》は、はじめ秀忠の御膳番《ごぜんばん》を務め、のち御台所（浅井江）付となり、秀忠の死後に天樹院《てんじゅいん》（徳川千、秀忠と江の長女）付となった（『寛政譜』）。また、元和五年に秀忠が上洛する際に五月五日付で命じた江戸城留守中諸法度黒印状（徳川記念財団蔵「条々」）では、奥の番所・下男以下の仕置きを竹尾・筧・松田が担当するよう命じられている。

それ故、元和四年の天野・成瀬・松田の三人体制は、元和五年には早くも竹尾・筧・松田の三人体制へと変更したことがわかり、竹尾の立場からみて、彼らは江付の広敷用人《ひろしきようにん》だったとみなされる。そのことは、第九条に名がみえる「小大夫・おきやく・をく」が江付の奥女中であり、既述のように江の死後に「おきやく・をく」は秀忠付として奥に残ったことからも裏付けられる。

江戸中期に増田増誉が書いた『明良洪範』に「都て奥向の定法は、皆一位の局（福のこと）の制作なりとぞ」とあることから、大奥の制度は福が定めたと理解されて来たが、右の検討からは、江の生存中は秀忠を中心に奥方の制法が定められ、それを支えたのは江付の奥女中たちであったと認識を改めるべきだろう。

さらに、江の死後から秀忠が没する前までは、江に七歳から仕えていた高徳院（椿井紀伊）が秀忠の意向を受けて奥の作法を取り決めたのであり、福が権限を拡大するのは秀忠の死後、家光が名実ともに「天下人」になって以降のことと段階的に理解する必要がある。

大御台の遺産

高徳院の他にも、複数の江付の奥女中が江戸城に残った。高徳院の次に名があるつま（「御つまのかた」）は、江付の大上臈と考えられる。寛永十四年（一六三七）の「丑ノ年御本丸御奥方御指図」（森川家文書）では、西側長局（区画①）のなかで将軍の休息の間（区画A）に一番近い所に部屋があり、奥女中のなかでもっとも格式の高い部屋を与えられていた。その右隣りには、家光長女の生母となる振の部屋がある（一六四頁参照）。

つまの次に名がある海津は浅井勝政《かつまさ》の娘で（一説、浅井明政《あきまさ》の娘）、江には大伯母にあたる。海津政元の妻（一説、浅井政高の妻）であり、大坂落城の際に豊臣秀頼の妻となっていた千とともに出城し、その後は浅井の縁故をもって江付の老女となった。妹には、江の姉茶々（淀）の老女となる饗庭局《あいばのつぼね》や、同じく江の老女となる近江局《おうみのつぼね》がいる（『寛政譜』）。海津の没年は不詳だが、寛永十九年正月までは萩毛利家から年頭の祝儀を例年通りに贈られており、生存が確認できる（『公儀所日乗』）。

最後の一の台は詳細不明だが、おそらく家康の妻妾の一人だろう。慶長十六年に家康が二条城で豊臣秀頼と会見した際に贈られた進物帳のなかに「一の台様」と名がみえる。

この他の江付の奥女中としては、寿林《じゅりん》と按察使《あぜち》について述べておきたい。

寿林の父は河野治伝《こうのぢでん》といい、もとは伊代国宇麻郡《いよのくにうまぐん》（愛媛県東部）に居住した。本姓は越智《おち》で、伊予河野氏の流れである。天正十六年（一五八八）に妻子を率いて京都に移住したという。その原因は、豊臣秀吉による四国出兵によって河野氏が滅亡したことによるものだろう。

『寛永伝』では、寿林の履歴を次のように記す。

寿林
崇源院殿につかへたてまつる。其後、常に将軍家の御前に伺候す。

寿林の没年は不明だが、「丑ノ年御本丸御奥方御指図」では、北東の御門口から入って左側にある下局(区画⑥)の右から二番目に部屋がある。寿林も江に仕えた奥女中であり、その名から尼僧であった。それ故、奥だけでなく、表の座敷に出て、将軍のそば近くに伺候《しこう》することができた。『寛永伝』に「将軍家」とあるのは秀忠の可能性もあるが、寿林は家光期の記録に頻繁に現れ、諸大名との交渉役を担っているので、家光である可能性が高い。『明良洪範』では、「二位の局(福)に続きて、老女の高き人也」「上(家光)へも折にふれ御為の事を申上られし人なり」と説明されている。なお、諸史料では、「しゆわん」「しゆせん」と誤って翻刻されたものが多いので、注意が必要である。

次に按察使は、土佐国司の一条右中将房基の子中納言兼定の娘で、やはり江のそば近くに仕えていた。江の死後は家光・家綱に仕え、上総《かずさ》国埴生《はぶ》郡内(千葉県茂原市等)で五百石の知行を与えられ、「大上﨟」を務めた。「丑ノ年御本丸御奥方御指図」では、北側長局(区画④)の右から二番目に部屋があり、寛永期後半には北の丸に屋敷を与えられている。寛文九年(一六六九)十二月十二日に養子の兼明《かねあきら》(大久保忠興の四男)が按察使の知行を継ぎ、高島家を興した(『寛政譜』)。つまり、按察使も

江戸城奥方主要人物一覧

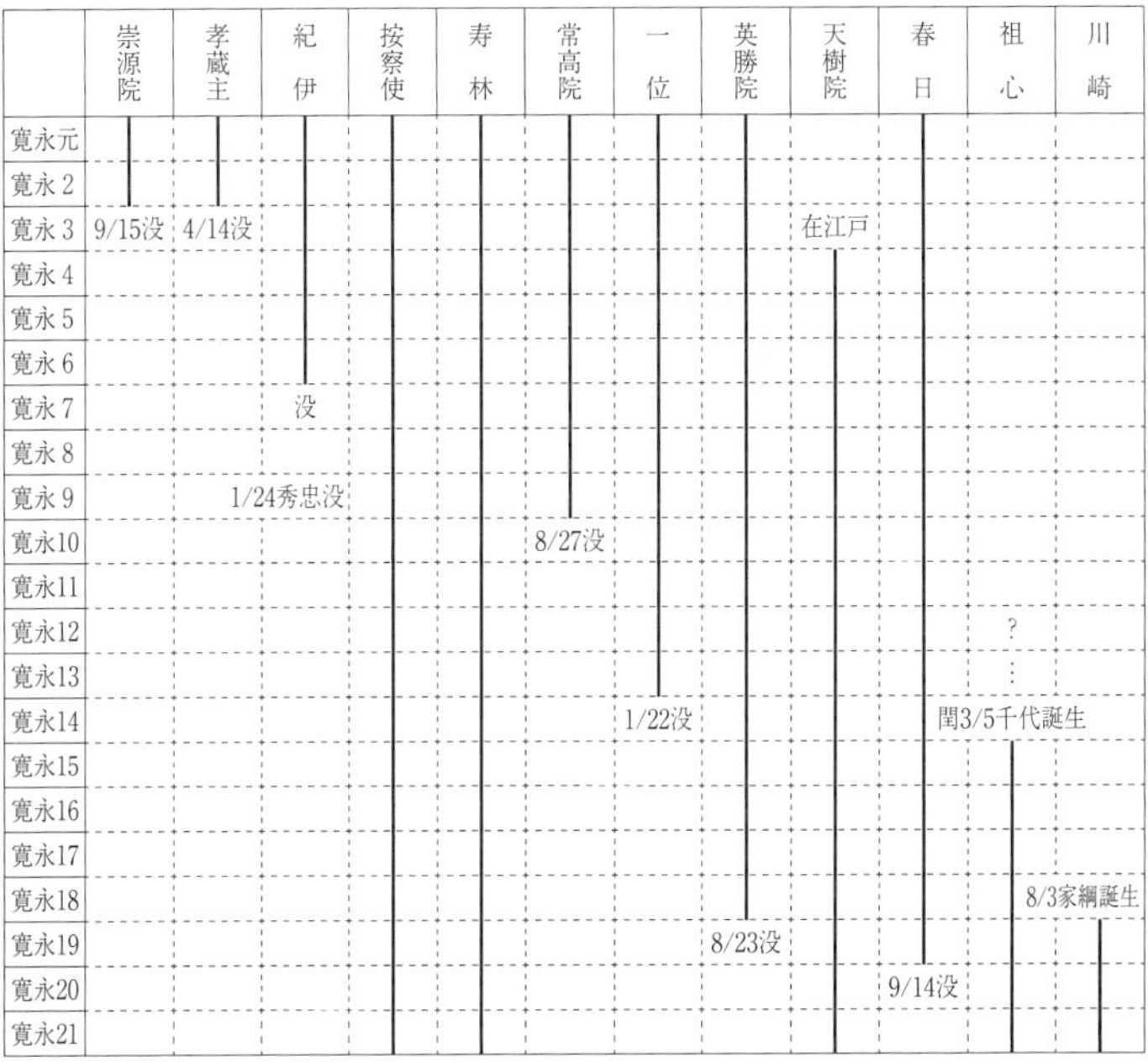

江付の奥女中であり、江の死後も江戸城奥に残り、最終的には家綱付の大上臈になった。福とも懇意であり、福の屋敷に心安く出入りをするような関係にあった。

以上のように、江の支配下にあった奥女中のうち、民部卿局・京・大草・北・西などは江の死後は記録等に現れなくなるため隠棲したとみられるが、一部の者は秀忠・家光・家綱付となって江戸城奥に残ったのである。

御台所の不在

家光の妻となるのは、公家の名門、五摂家の一つ鷹司家の出身で、関白にもなった鷹司信房《のぶふさ》の娘孝子である。家光より二歳年上で、元和九年（一六二三）にまずは江の猶子として江戸に下らせ、当面はその器量をみることにした。その後、江は孝子が気に入り、正式に家光の妻として迎えることになった。将軍に就任した家光が寛永元年（一六二四）十一月三日に江戸城本丸に移ると、孝子も新造の本丸奥に入り、「御前様」と呼ばれた。翌二年八月九日には本丸で「大婚の儀」があり、以後は孝子を「御台様」、江を「大御台様」と呼んだ。要するに、孝子は江が選んだ家光の妻であり、将軍家の新たな御台所としての役割が期待されていた。

ところが、寛永三年九月十五日に、江が江戸城西の丸に没した（享年五十四）。これにより、孝子は早くも将軍家御台所として一人立ちをせねばならなくなった。寛永四年に江戸に下った伊勢慶光院周清上人は、「相国様（秀忠）・将軍様（家光）・御台様（孝子）」を指して「御三御所さま」と称しており、孝子が江亡きあとに御台所の役割を果たしていたことが確認できる。これを支えたのは、「おく御つほね」と記された孝子付の筆頭奥女中である。おそらく、孝子が京都から連れて来た人物だろう。詳細は不明ながら、奥の局には二人の息子がおり、その内の一人の名は「九左衛門」とある（慶光院文書「江戸御本丸様にての御誂」）。福に九左衛門を名のる子はいないので、福とは別人である。

また、「寛永六年遷宮初穂の覚」（慶光院文書）では「御台さま・御つほね・こかう（小督）殿」とあり、この「御つほね」が孝子付の奥の局とみなされる。これに続いて、次のように記される。

御ほん丸御おもてさまの

一、御つほねさま　　五わ　　のし
いなは
一、たんこの守様　　三わ
いなは
一、ないき殿　　　　二わ

つまり、御本丸様御表様の御局様に続いて稲葉丹後守正勝と稲葉内記正利の名があることから、本丸表の局が福を指すことが明らかとなる。つまり、江の死後に江戸城本丸奥を差配したのは、孝子付の奥の局であり、福は家光（本丸）付の表の局と呼ばれる立場にあった。

ところが、寛永五年頃から孝子の病気が伝えられるようになる。翌六年になると精神的な疾患による自殺が疑われるような状態となり、病気が本復すれば京都に戻ることも検討された。同年九月に福は上洛し、十月十日に後水尾帝に対面して「春日」の局号を与えられた。この直後に帝が突然の譲位を決行するため、福の上洛理由は様々な政治的理由が推測されているが、右のような状態にある孝子の処遇を実家の鷹司家と取り決めることも上洛目的にはあったのかもしれない。なお、福が書いたと推定される「東照大権現祝詞」では、孝子に対して「心正しからずして、気に相違あり」「これ又大権現御神罰と也」と罵っており、福は孝子のことを快く思っていなかった節がある。

結果として、孝子が京都に上ることはなかった。江戸と京都の間を移動する気力・体力がなかった

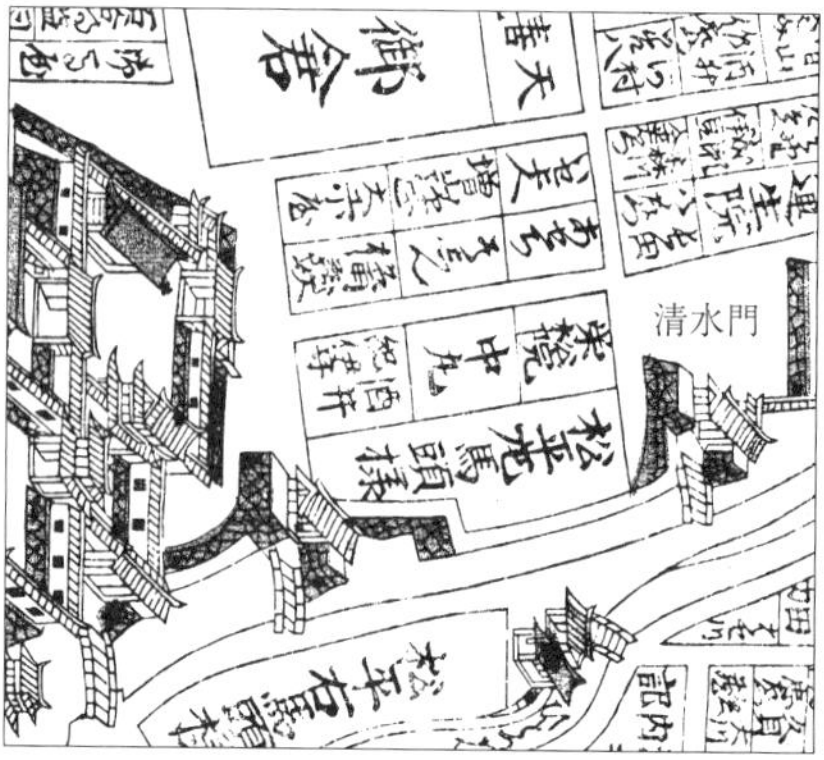

「新添江戸之図」（明暦三年〔1667年〕版）の「中丸」屋敷（一部加筆）

ことも考慮される。こののち、孝子は本丸奥を出て、本丸と西の丸の間にある中の丸（広芝）に住んだので「中丸様」と称され、人前に出ることもなくなった。福が北の丸で得ていた屋敷から北の丸の代官町の屋敷に移ると、孝子は中の丸を出て福の旧屋敷に移り住んだ。慶安四年（一六五一）に家光が没すると、孝子は落飾して本理院《ほんりいん》と称され、家光の遺物として金子五万両及び豊後壺を与えられた。それから二十年以上も長らえて、延宝二年（一六七四）六月八日に没した。七十三歳だった。小石川伝《こいしかわでん》通院《づういん》（東京都文京区）に葬られた。

　孝子は、家光の子たちとの養子縁組をしていなかった。つまり、四代将軍家綱の嫡母ではなかったため、家綱はその死に際して喪に服さなかった。また、そうしたことから、孝子には贈位もなかった。百年以上を経た宝暦十三年（一七六三）になって、十代将軍徳川家治《いえはる》の意向により、孝子に従一位が贈位された。

一位局雲光院（飯田阿茶）

　鷹司孝子が御台所の役割を果たせないなか、江戸城の奥で重んじられたのは一位局と呼ばれた飯田阿茶である。飯田筑後守《いいだちくごのかみ》（一説には今川家の家人）の娘で、名を阿茶という。神尾忠重《かんおただしげ》（一説、久宗）の妻となり、嫡子守世を生んだが、夫の死後に徳川家康に仕えるようになった。家康の本妻は築山、後妻は旭《あさひ》（豊臣秀吉の妹）が知られるが、これ以外にも家康には複数の別妻がおり、阿茶もその一人に数えられる。阿茶は家康との子には恵まれなかったが、家康の信頼は厚く、別妻であるとともに、のちに家康の老女としても活躍した有能な女性である。そのことは慶長期の記録に阿茶・梶・万・亀の順で名が記載されることや（『当代記』等）、『明良洪範』に「此妻捷敏にして奉仕する事おこたらず、後に老女となり阿茶の局と名づく」とあるところからも裏付けられる。

元和二年（一六一六）に家康が死去すると、阿茶は江戸に下って竹橋門内に宅地を与えられた。寛永期の『武州豊嶋郡庄図』によれば、北の丸代官町辺りから清水門に下る堀側の区画に、広大な「一位局」の屋敷地がある。武蔵中野村には、三百石の知行地も与えられた。元和六年に徳川秀忠の五女和が後水尾帝の女御《にょうご》として入内する際には同行し、その「母代」として従一位に叙せられた。その故から、以後は「一位局」「一位殿」などと称された。ちなみに、この時、女御の和は従三位に叙せられた。阿茶は無位無官でありながら、それより二階も高い官位を与えられたことになる。つまり、阿茶は公家・武家を含めて、当時生存する女性としての最高位についたわけである。出家後は雲光院を称した。

こののち一位局が重んじられたことは、たとえば元和八年に蜂須賀家から将軍秀忠以下に贈った進物等の書上（蜂須賀家文書「御進物幷方々御音信帳」）をみると、進物を贈る「上﨟衆」として①「一位さま」、②「おていしゆさま」、③「民部卿殿」、④「御おもて御つほねさま」、⑤「阿波殿」、⑥「おにし殿」、⑦「小大夫殿」、⑧「御しま殿」、⑨「御つほねさま御内おはつ」、⑩「同こさいしやう」、⑪「民部卿殿御内おこご」、⑫「同こし、う」、⑬「大納言様御つほねさま」、⑭「宰相様御つほねさま」、⑮「同永井殿」の十五人の名をあげている。

ここでいう「上﨟衆」とは、大奥制度が整えられた際に役職の最上位に置かれた「上﨟」のことではなく、格式の高い女性の意味である。そのことは、⑨から⑫に御局様や民部卿局の御内衆が含まれることから判明する。その「上﨟衆」の筆頭に、一位局（①）が置かれている。続いて江付（②③⑥⑦⑧）・秀忠付（④⑤）の女中の名が続き、⑬で大納言（家光）付の御局と呼ばれたのが福であり、宰相（忠長）付の御局より前に置かれている。元和八年といえば、家光が将軍職につく前年であり、江戸城での福の地位は将軍世嗣付の女中として順当な位置にある。

寛永四年（一六二七）の蜂須賀家の書上では、秀忠・家光・孝子（「若御台様」）・駿河徳川忠長・尾張徳川義直・紀伊徳川頼房に続いて、「御表御局」「御奥御局」「雲光院」「英勝院」の順で名がある。ここで「御表御局」とあるのが、秀忠付なのか家光付なのか判断に迷うが、すでに家光は将軍に就任していること、既述のように寛永六年に福は本丸付表の局の位置にあるので、家光の将軍就任とともに本丸付表の局になった可能性が高い。よって、表の局が家光付の福（表女中筆頭）であり、奥の局が孝子付の老女（奥女中筆頭）だろう。これに、雲光院（飯田阿茶・一位局）・英勝院（太田梶）が続く。

よって孝子が御台所の役割を果たせなくなり、本丸奥を出て中の丸に移ると、孝子付の奥の局もそれに従ったとみなされる。そこで、おのずと雲光院と英勝院がその代役を担う立場になった。雲光院は、寛永十四年正月二十二日に没した。享年八十三であった。雲光院殿従一位尼公松誉周栄大姉と諡号された（『以貴小伝』）。

掛盤（左）と折敷（右）

英勝院（太田梶）

江戸城奥の重鎮の一人である英勝院（栄正院・栄松院とも）は、雲光院と同じく徳川家康の別妻の一人である。太田康資《すけむね》の末娘で、天正六年（一五七八）十一月九日に安房《あわ》国小湊（千葉県鴨川市）に生まれた。福が天正七年生まれなので、一歳違いとなる。初め八《はち》、のちに梶《かじ》、勝《かつ》と改めた。家康が関東に入部すると、関東の諸士の登用があり、江戸を開いた太田道灌《どうかん》の子孫として、勝は在京中の兄重正《しげまさ》の代わりに召し出された。この時、勝は十三歳であり、安西《あんさい》という老女に面倒をみてもらい、家康のそば近くに仕えるようになった。慶長十二年(一六〇七)元旦に駿府で娘を出産した。松と名付けられ、すぐに陸奥仙台の大名伊達政宗の嫡子忠宗と婚約したが、四歳で病死した。そのため、家康は十一男の鶴（のちの水戸徳川頼房）を英勝院の養子とした。このことは、家康が勝の別妻としての立場を重んじていたことをよく示している。

元和二年（一六一六）に家康が没すると、勝は剃髪して英勝院と称し、江戸に下って北の丸の代官町に屋敷を与えられた。家光は英勝院を母（「御袋様」）に接するように挨拶し、英勝院を饗応する際には、毎度、掛盤《かけばん》（台盤）の膳でもてなした。福に対して掛盤で膳を出すことはなかったというので、いかに家光が英勝院を大切にしていたかがわかる。

元和九年に将軍職を継いだ家光は、英勝院を重んじて常に面前に召していたという。その理由は、常に家康に侍していた英勝院は竹千代時代から家光のことを大切に思い、将軍家の世嗣とすべきことを家康に言上してくれたからだと伝わる。家光の世嗣決定にあたり福が頼った六は、もとは英勝院の部屋子であったから、福―六―勝（英勝院）の連携が家康を竹千代指示に動かしたことになる。

また、英勝院が人々に崇敬されたのは、単に水戸徳川頼房の養母としての格式だけでなく、その器量にあったとされる。英勝院に仕えた女中で、没後に出家して日意と称した比丘尼は、江戸城「大奥」に女中は大勢いたが、英勝院のように品格（「御位」）が備わっていた女中は他にいなかったと常々語っていたという（太田家文書「英勝院由緒記」）。英勝院はたびたび登城して家光に心安く話をすることができたので、諸家の様々な内証の願いごとを頼まれることも多かった。雲光院の没後は、家康の別妻の一人であり、家光が母のように慕う英勝院こそが、江戸城奥における要の存在であった。その英勝院と福は強力に連携していたのである。

常高院（浅井初）

雲光院や英勝院に加えて、御台所（浅井江）の姉である常高院（浅井初）も江戸城奥において重要な役割を果たしていた。その履歴を簡単に示すと、天正十一年（一五八三）の賤ケ岳《しずがだけ》合戦で羽柴秀吉に敗れた柴田勝家は、妻の織田市《いち》とともに越前北の庄城で自害した。ここで母の市を失った初は、姉の茶々や妹の江とともに羽柴秀吉の庇護下に入り、すぐに京極高次《たかつぐ》に嫁がされた。初の父浅井長政と高次の母マリアは兄妹なので、二人はいとこ婚であった。

京極高次は、武運に見放された人物だった。本能寺の変では明智方につき、山崎合戦で明智が敗れると、柴田勝家を頼って北の庄城に逃れ、賤ヶ岳合戦では柴田方に味方して敗北した。死罪は免れないところを秀吉に仕えていた姉の京極龍《たつ》の助命嘆願により、許されて秀吉に仕えることになった。その後は豊臣大名として発展し、天正十二年に近江国高島郡田中郷で二千五百石を与えられ、同十八年に近江八幡山城二万八千石、文禄四年（一五九五）に近江大津城六万石となり、慶長元年（一五九六）には従三位下参議に叙任され、大津宰相と呼ばれた。

慶長五年の関ヶ原合戦では、九月三日より大津城は籠城戦に入った。この時、高次とともに姉の龍と妻の初も籠城しており、これを救出するため、大坂城の浅井茶々（淀）は使者として孝蔵主と海津局を派遣し、和議を調えさせた。九月十五日に高次は大津城を開城し、高野山に入った。しかし、戦後はこの籠城が評価され、若狭小浜九万二千百石に移封された。高次は慶長十四年五月三日に若狭小浜で死去した。享年は四十七。

夫の死後、初は出家して常高院を名のった。慶長十九年からの大坂冬の陣では徳川家康の別妻阿茶（一位局）と連携して和議を調え、翌年の夏の陣では浅井茶々の使者として駿府の家康のもとを訪ねて大坂方の意向を伝え、大坂に戻ってからも家康と豊臣秀頼の間を取り次ぎ、大坂落城の直前まで城内にいて和睦の道を模索した。大坂城脱出後は守口の民家に避難していたところ、家康から迎えの乗り物が来た。常高院がいかに家康の信頼を得ていたかがわかる。さらに常高院は大坂城内にいた女中たちの処遇を家康に交渉して無罪放免の許可を得ており、政治力を発揮している。

その後、常高院は江戸と若狭とを自由に（「御心ままに」）行き来をして過ごした。江戸城に常高院が登城する際には、城中の者たちが「今日は常高院御登城」と聞いて殊の外「恥じらい」を示すほどで、その理由は常高院が物知りで、悪いところを教導するからで、江戸城での様子は栄《は》えばえしいものであったと、奥女中の「御むめの方」が語っていたという（「渓心院文」）。このように、常高院は江戸城に出入りをして、奥女中たちの教育役を担っていたのである。

常高院は寛永十年（一六三三）八月二十七日に江戸に没した。享年六十二であった。三姉妹のなかで、もっとも長命であった。その死を聞き、諸大名は家光の機嫌伺いのために登城した。また、家光からは京極忠高（高次長男）に帰国の暇を与え、香典として銀千枚が贈られた（『江戸幕府日記』）。

常高院は、寛永七年に自らの菩提寺として建立した若狭常高寺（臨済宗妙心寺派）に葬られた。夫の高次との間には子に恵まれなかったが、高次の二人の子（忠高・高政）の母となった。常高院は忠高に宛てて遺言十一か条を残し、若狭常高寺は京極家が国替えとなっても保護すること、常高寺の寺号を戒名とすること、常高院に仕えた侍女六人への合力、小姓たちの行く末の面倒、姪の古那《こな》（常高院の養女、今出川宣季《いまでがわのぶすえ》の妻）や常高院の異母弟作庵《さくあん》や親族の川崎六左衛門たちの世話を頼んだ。常高院が仏教に深く帰依し、高徳の人柄であったことを伝える遺言状である（「常高寺文書」）。

なお、常高院に仕えた侍女六人の内の一人、新大夫《しんだゆう》は、福の信頼を得た人物であった。晩年の福とともに過ごし、福の臨終を看取ったのも新大夫である。

家光の疱瘡と福の上洛

このように、大御台（浅井江）が没したあと、御台所（鷹司孝子）がその役割を果たせないなかで、江戸城奥を取り仕切っていたのは、江付の奥女中たちやその親族（常高院）であった。加えて、家康の没後に駿府から江戸に移り住んだ家康の別妻（雲光院・英勝院）の存在も無視できなかった。そのなかで、将軍家光付として表の局と呼ばれていた福が、江戸城における地位を浮上させるきっかけとなったのは、寛永六年に家光の名代として上洛し、後水尾帝から「春日」の局号と位階を拝領したことにあろう。

春日の上洛は、家光が疱瘡に罹ったことが発端にある。寛永六年二月二十三日頃から家光に「虫《むし》気《け》」（腹痛）の症状が出て、晦日の夜に顔に痘が出て疱瘡と診断された。二十六歳の時である。一か月後に快復し、閏二月十五日に酒湯《ささゆ》を浴びた（藤井讓治『徳川家光』）。四月には日光社参を終え、七月初旬に再び「虫気」に悩まされたが、十三日には疱瘡快復の祝いとして、大御所秀忠を本丸に招いて饗応があった。天守下に仮舞台を設け、猿楽十二番が催された。五番が終わって秀忠は「大奥」に入り、饗応を受けた。家光は数寄屋の御勝手にて膳をあがり、相伴の駿河大納言忠長・紀伊大納言頼房は表《おもて》の黒書院で膳を召し、途中で家光が黒書院に出て酒をふるまったので、皆が沈酔したという。猿楽が終わったのち、踊五番が催されたが、秀忠は一番のみをみて西の丸に戻った（『東武実録』）。

一方、寛永六年正月は、福も「散々の煩い」との病状が伝えられた（『細川家史料』）。また、前年の寛永五年九月十七日には元夫の稲葉正成が没し（享年五十八）、明けて六年二月十七日には義理の娘婿の堀田正吉が死去した（享年五十九）。これは自殺とも噂された（『藩翰譜』）。相次ぐ身内の不幸や自らの健康に不安をかかえるなかでの家光の疱瘡罹患であった。この時、福が生涯にわたり服薬や針灸を用いないとの誓いを立てたことはよく知られている。家光が無事に快復し、福がどれほど喜んだかは想像するまでもないだろう。

近江多賀社の拝殿

諸寺社には病気平癒の祈祷が命じられたため、この立願ほどきに福は将軍家光の名代として伊勢両宮と山城愛宕社に参詣することになった。七月に福は、癰《よう》（急性化膿性炎症）という皮膚病を発症していた。これは赤くはれ上がった局所に激痛を伴い、悪化すれば死にも至る病とされた。幸いに重症ではなかったが、体調が万全とはいえないなかでのことである。

八月二十一日に福は江戸を発ち、二十七日に遠江《とおとうみ》吉田（愛知県豊橋市）、二十九日に尾張領内を通過し、伊勢に参詣したのち京都に向かい、九月八日に上洛した。九月十二日には中宮《ちゅうぐう》（徳川和子、寛永元年〈一六二四〉に中宮冊立《さくりつ》）の御所で振舞があり、疱瘡快復の御祝いとして中宮の相伴に福のみが招かれた。その後、次の間で振舞があり、「五三二」という形式の膳を平折敷で饗応され、供の女中は虎の間で振舞われた。その後、御里亭に移り、将軍から中宮への進物として金五十枚、越前綿《えちぜんわた》二百把《は》、女一宮《おんないちのみや》に紗綾五十巻、女二宮に紗綾三十巻を贈り、権大納言局《ごんのだいなごんのつぼね》に銀三十枚、右衛門佐局《えもんのすけのつぼね》に銀二十枚が下され物として渡された（『忠利日記』『本光国師日記』『大内日記』）。酉刻（午後六時頃）に福は宿に下がった（『大内日記』）。このように、福の上洛の目的は、家光からの疱瘡快復祝いの進物を中宮たちに届けることにあった。

それから約一か月後の十月十日に、中宮御所より福は参内し、後水尾帝に対面して「春日」という名を与えられた。以後、福は「江戸御本丸御局」ではなく、「春日殿」と呼ばれるようになる（『大内日記』）。

十月二十四日夜には中宮御所において、将軍の祈祷のための神楽《かぐら》が内侍所《ないしどころ》で催された。福は夜半までこれをみて過ごした。その夜には中宮から福たちに下され物があったので、江戸に戻る暇乞いも兼ねていたのだろう。三日後の十月二十七日に福は京都を出発した（『大内日記』）。二十八日の酉刻（午後六時頃）には近江の多賀社に到着した。多賀社からも家光の疱瘡平癒の祈祷札が献上されていたから、その御礼参りでもあった。福は神前に詣で、拝殿で神楽を拝み、神楽料百三十目、御供料《ごくう》百三十目、神主・禰宜《ねぎ》以下への進物を贈った。翌日、朝食をゆっくりとったのち、寺を後にした（『慈性《じしょう》日記』）。その様子は、急ぎ江戸に戻らねばならないような逼迫したものではなかった。十一月一日晩より三日の朝まで名古屋城および鳴海《なるみ》（名古屋市緑区）において馳走を受けた（『源敬様御代御記録』）。名古屋でもゆっくりと過ごしている。三日は遠江吉田に泊まり、翌日出立した（『忠利日記』）。江戸に戻った日時は伝わらない。

「春日局」という名

ところで、「春日局」といえば三代将軍徳川家光の乳母となった稲葉福をすぐに想起するが、実は福以外にも「春日局」を名のった女性が複数いた。浅井虎夫『女官通解』によれば、鳥羽院（一一〇三～五六）の時の左大臣実能《さねよし》の娘、二条院（一一四三～六五）の時の大外記中原師元《もろもと》の娘、伏見院（一二六五～一三一七）の時の参議藤原茂通《しげみち》の娘および法印任快《にんかい》の娘の四人を挙げている。宮中に仕える女房で局（部屋）を与えられた際に小路名を呼ぶ例があり、春日とは京都丸太町通りの別称のことである。

また、平山敏治郎「春日局考」によれば、室町足利将軍の女中のなかに「春日局」の号をもって仕えた女性が三人まで確認され、調べればさらに見つけられるかも知れない、としている。初出は、文明六年（一四七四）正月四日に将軍への年頭の礼のために参賀した公家の山科言国《ときくに》に対し、将軍足利義尚《よしひさ》の母日野富子《ひのとみこ》の申次《もうしつぎ》を担当したのが「春日局」であり、同十七年頃まで武家方申次の女中として現れる。さらに大永年中（一五二一～二八）にも「春日局」と称する武家方の女中が確認できるが、いずれも経歴の詳細は明らかではない。三番目の「春日局」は永正十年（一五一三）の出生で、日野晴光《はれみつ》に嫁し、二十四歳で晴資《はれすけ》を産み、将軍足利義輝の乳人として仕え、天正十二年（一五八四）七月十七日に七十二歳で没したことがわかっている。しかも、これらの「春日局」の存在が、家光の乳母が「春日局」号を拝領する先例をなすものであったという。

とはいえ、『老人雑話』上には、「慈照院殿の時、春日の局と云女あり。彼か所為にて、応仁の乱起り、天下騒動す、近来の春日局の号は是を考すして然る歟」とある。慈照院殿とは足利義政《よしまさ》（一四三六~九〇）のことで、「春日局」は応仁の乱を引き起こした元凶に目されるなど、良い印象が持たれていなかったとことがわかる。

こののち、江戸幕府の奥女中のなかに「春日」の局号を受けた女性は知られていないが、東山帝の皇子一品公寛法親王《いっぽんこうかんほうしんのう》の譜に次のような記載がある（『系図総覧』）。

母藤内侍局、水無瀬宰相兼豊卿女、実冷泉中納言為経卿女、後称春日局、享保十六年六月六日叙従三位、経子、後永楽院

公寛法親王の生母藤内侍局《とうのないしのつぼね》（水無瀬兼豊《みなせかねとよ》の養女、実は冷泉為経《れいぜいためつね》の娘）は、後に春日局と称し、享保十六年（一七三一）六月六日に従三位に叙されている。

このように「春日」の局号は、福のみに与えられた名ではない。もとは、朝廷の女官の小路名に始まり、室町将軍に仕えた有力女中の名となり、それが先例となって福に朝廷から与えられた名であったが、その後も「春日」の局号を得た女性がいた、とまとめることができよう。

紫衣事件と天皇譲位

福が上洛した寛永六年（一六二九）は、幕府と朝廷との間で緊張が高まっていた時期だった。これより先、寛永四年に後水尾帝は、中宮和子との間に生まれていた高仁《すけひと》親王への譲位の意向を示していた。これを大御所秀忠は了承し、院御所造営の作事が進められた。その一方で、寛永四年七月には禅僧への紫衣《しえ》・上人《しょうにん》号の勅許が家康の定めた法度に違反するとして、秀

忠は十五人の勅許を無効とした。そのため、翌五年三月に沢庵《たくあん》ら大徳寺内の一部強硬派が五か条の抗弁書を京都所司代の板倉重宗《しげむね》に提出し、いわゆる紫衣事件へと発展していた。

そのようななか、譲位を予定していた高仁親王が寛永五年六月十一日に三歳で急死した。とはいえ、後水尾帝は譲位の意向を変えず、中宮を通じて女一宮（興子内親王《おきこないしんのう》）への譲位を伝えて来た。これに秀忠は譲位延期を求める対応をとった。この時、中宮が懐妊中であったためだが、九月二十七日に生まれた「若宮」はすぐに八条宮家に養子に出され、十月六日には夭折してしまう。帝は灸治を理由に「若宮」誕生まで女一宮に皇位を預けたいと三度の譲位の意向を示すとともに、紫衣事件に関わって紫衣・上人号勅許が取り消された者たちの救済を幕府に伝えるため、寛永六年五月十一日に武家伝奏の三条西実条《さんじょうにしさねえだ》と中院通村《なかのいんみちむら》の二人を江戸に下向させた。表向きには、家光の疱瘡快復の賀使として派遣されたため、江戸城では六月五日に武家伝奏の二人を迎えて饗応が催された。

しかし、すでに閏二月に沢庵らは江戸に召喚されて評議が持たれており、七月二十五日には判決が言い渡され、沢庵らの配流が決定した。そのなかには、福が帰依する妙心寺の単伝士印《たんでんしいん》も含まれていた。一方、帝の譲位に対する明確な返答は引き延ばしたままにされていた。中宮が懐妊中だったこともあるが、八月二十七日に生まれたのは期待に反して「姫宮」であった（久保貴子『後水尾天皇』）。

福の参内

このタイミングで福が上洛し、十月十日に後水尾帝に対面するのである。この時のことを公家の西洞院時慶《にしのとういんときよし》は、次のように日記に書いた。

一、江戸局三西ノ猶子ニ成テ今日参内、号春日、後ニ聞兄弟分ト、希代ノ義也、

江戸の局、つまり福が三条西実条の「猶子」として本日参内し、春日と号した。後に聞いたところでは、「兄弟分」ということであり、これは世にも稀なことだ、と感想を述べている。また、明経博士の土御門泰重は、「もったいないことで、帝道が民の塗炭《とたん》（泥と炭。極めて汚いもののたとえ）に落ちた（「無勿体事候、帝道民之塗炭落候事候」）」と不快感をあらわにした。

その土御門泰重が後水尾帝から呼び出され、「口外不出之事」を聞かされたのは五日後の十月十五日のことである。三十日には再び泰重に「密々事」が伝えられた。そして、その間に着々と準備を進めた後水尾帝は、十一月八日に京都所司代に通告することもなく、突然、譲位を決行し、興子内親王に帝位を譲った。中宮は皇太后宣下《こうたいごう》を受け国母《こくも》となり、院号を東福門院《とうふくもんいん》と定められた。中宮付の天野長信が江戸に派遣され、幕府は一連の経緯を追認することになり、翌年九月十二日に明正《めいしょう》帝の即位となった（久保貴子『徳川和子』、野村玄『徳川家光』他）。

これらの経緯から、福の上洛は、表向きには愛宕社参詣を理由としたが、政治的目的としては、「退位を促すため」、逆に「退位を思いとどまらせるため」、あるいは「一度は慰留したが、ききとどけてもらえなかった」という規成事実作りのためなどと、諸説がある（小和田哲男『春日局』）。いずれにせよ、福が江戸を発った時には参内は決まっていたと考えられ（久保貴子『後水尾天皇』）、福の参内にはなんらかの政治的役割があったとする点で共通している。

しかし、福の参内時の進物は、わずかに「椙《（杉）》原百帖・白繻子一巻」であった（『東武実録』）。特別に進物を準備して来たとは思えない内容である。参内の進め方も中宮によって準備がなされており、福から願い出たとか、強引に参内したとは史料のどこにも記されていない。

確かに、福の参内に一部の公家が不快感を示したことは事実である。また、後水尾帝が後年に執筆した『当時年中行事』に「武家の娘、堂上のものの猶子などになりて御前にまいる事、ちかきころ迄はかつてなき事なり」と書いており、帝がこの対面を「よほど不愉快であり憤慨した」ことの証拠とされ（藤田覚『江戸時代の天皇』）、福との対面は帝に突然の譲位を決意させる「最後の一押し」になったという見解は近年の研究でも踏襲されている（横田冬彦『天下泰平』）。

とはいえ、久保貴子氏は「福の参内のねらいは判然としない」と指摘する（『後水尾天皇』）。というのも、福が参内を強行しなくても、中宮和子から後水尾帝の意向を聞き出せば十分なことである。また、幕府の意向は帝の譲位を延期させることにあったとするのが近年の研究で明らかにされた点であり、福の参内が帝に譲位を決断させてしまったとすれば、幕府の期待とは真逆の結果を誘引させたことになり、わざわざ対面した意味が読み取れなくなるからである。

また、帝を不快にさせた第一の理由は、福が「無位無官」だったことにあると先行研究ではくり返し説明して来た。それ故、稲葉一鉄の妻が三条西家の出身であり、その縁故から三条西家が選ばれ、三条西実条の猶妹にして形式を調えたが、「無位無官」の者との対面は帝にとって屈辱以外の何物でもなかった、という論調である。

豊臣期に整えられる官位制度は、近年飛躍的に研究が進んだ分野であるが、女叙位についてはいまだ十分に明らかになってはいない。よって断片的な例示となるが、豊臣秀吉の妻浅野寧が北政所従一位に叙任されて参内し、既述のように徳川和子の母代となった飯田阿茶が従一位に叙せられて入内に付き従った先例などがある。つまり、「無位無官」の武家の女性に官位を与えて参内させた例は皆無ではない。そうした先例がある以上、福に官位を与えて形式を調えるならば、多少の不快感はあったとしても、その参内が譲位に結びつくほどの深刻な問題を引き起こす原因になったとは考えにくいのである。

基本に立ち返って、参内当日の『大内日記』をみると、次のように記されている（傍線、筆者補）。

今日御本丸御局春日ト位被仰付候、夜ニ入中宮様御所ヨリ直ニ参内候テ禁裏様御前ニテ御盃被下、長橋殿酌ニテ、取親西三条大納言殿ニ契約、是モ中宮様御所へ被参御局へ対面、周防殿被参候、

つまり、福は参内にあたって、女官の小路名である「春日」の局号と「位」を許され、中宮御所から直接参内して帝に対面した。そこには、取親（実際は猶兄）の三条西実条や京都所司代の板倉重宗（「周防殿」）も来訪し、福と対面した。福の宣旨や位記等は伝来しないが、福の宝篋印塔のある京都新黒谷の金戒光明寺では、福は従三位に叙せられ、のちに従二位に昇叙したとし、福の菩提寺である東京湯島の麟祥院では寛永九年に福が上洛した際に従二位に叙されたと伝承する。貞享三年（一六八六）

作成の『春日局譜略』にも「二位局」とあり、諡号等からみて福が最終的に従二位を得たのは間違いない。

ちなみに、遠江吉田城主松平忠利の日記では、この時の上洛の往路では福のことを「江戸御本丸御局」と呼び、帰路では「春日殿□位」と記している。□は文字が消されて見えないが、福が位を授かったことは大名の知るところでもあったことがわかる。文字が消されたのは、のちに位が変更したための修正だろう。

「緋袴」の意味

福が春日の名を得た経緯を記した史料として、淀稲葉家文書（国文学研究資料館受託）のなかに「春日と申名の事」という覚書がある。寛文元年（一六六一）八月に東福門院付の老女で、権大納言局とともに近仕していた右衛門佐局が記したものである。後年の覚書とはいえ、現場にいた者の証言である。

仙洞さま御在、仰のうち、さん内候時、三条大納言きやうたい分ニとの事にて、名をもかすかのつほねとめされ、めし出され候事、きん中さまにてはしめて御たいめんの時には、御かくもん所にて御たいめんの御事にて候、ねもしのあわせにはかまにて候つる、うはき仰なとの御事は、おさた候ハす候つる

中宮さまよりねもしの御あはせ、ひのおはかまはいりやうの事にて、時分ハたいとく院さま御時代三十二三年に成候ハんとおほえ申候、

きん中さま・中宮さまへおちやうし、のほりのたひ〳〵にあけ申され候、天はい度々いたゝき申され候、天しやくは御入候はす候、

寛文元

丑八月吉日

右衛門佐つほね

意訳すれば、仙洞（後水尾院）の代に、意向により参内した時には、大納言三条西実条の兄弟分ということにして、名も「春日局」として召し出された。禁中では学問所にて対面があり、装束は練貫《ねりぬき》の袷に袴を着したが、上衣（表着）の沙汰はなかった。中宮（東福門院）より練貫の袷と「緋」の袴を拝領した。時分は台徳院（徳川秀忠）の代になって三十二、三年の頃であった。上洛のたびに禁中・中宮に銚子（長い柄のついた酒器）を上げ、天盃は度々いただき、天酌はなかったと伝えている、という。上衣の沙汰がなかったことは、福の画像がいずれも白衣のみで、上衣を着していないことからも裏付けられる。稲葉家に伝えた史料という性格からか、帝が不快感を示したなどという話は記されず、上洛のたびに参内して対面があったとして、朝廷とは良好な関係であった印象が得られる。

これよりのち、貞享元年（一六八四）に松平忠冬が完成させて五代将軍徳川綱吉に献上した徳川秀忠期の史書である『東武実録』には、次のように記されている。

（寛永六年）十月十日

将軍家ノ御乳母入洛、是日参　内、堂上ノ猶子ニテ参　内スヘキカノ沙汰アリ、然レ共、年長ケタル人ナルニ依テ、相応ノ事ナシ、三条大納言兄弟ニ准セラレテ参　内ス、室町殿ノ例ニ任セ、春日ノ局ト召ルヘキノ由、兼テ中宮ノ御方ヨリ伝ヘ仰ラル、御学問所ニ於テ御対面アリ、主上御引直衣ヲ　召サレ、中央ニ御座、女院ノ御方北ノ方ニ御座、春日ノ局練貫ノ袷ニ紅ノ袴ヲ著シ、西ノ間ヨリ入テ、御前ニ参ル、相原百帖・白繻子一巻ヲ献上ス、西ノハシノ間ニ　召シテ、天盃を賜ル、御酌勾当ノ内侍是ヲ勤ム、事畢テ後退出ス、

大意を示すと、福が参内するにあたり、はじめは公家の猶子とすることが検討されたが、年長者なので大納言三条西実条の兄弟分とすることになり、「室町殿」の先例に任せて「春日ノ局」とする（「召される」は「する」の尊敬語）ことをかねて中宮から伝えられていた。後水尾帝は引直衣《ひきのうし》を着して中央に座し、その生母中和門院《ちゅうかもんいん》が北側に座した。福の装束は練貫の袷に「紅」の袴であり、西の間より学問所に入って対面し、杉原紙百帖と白繻子一巻を献上し、西の端の間に召されて天盃を与えられ、酌は勾当内侍《こうとうのないし》が務め、それが終わると退出したとある。

右衛門佐局の覚書とほぼ同じ内容だが、春日が中宮から拝領した袴の色が、「緋」と「紅」とで異なっている。どちらが正しいのだろうか。

明治期の回想ながら、松平春嶽《しゅんがく》『真雪草子』第二編（『松平春嶽全集』一）によれば、緋袴は京都で

はほとんどの官女が着用したが、武家における着用は重く、将軍家の御台所や姫君、三家・三卿の姫君を三位以上の取り扱いとして着用し、その他は大名の妻や娘であっても緋袴は着用しなかったとの説明がある。

右の点からすれば、福が中宮から拝領したのは「緋」の袴とするのが正しいのだろう。また、それは公家社会では女官の常用着であり、特別の意味はなかったが、武家社会においては三位以上の格式の服制として定着した。伝来する福の画像は、いずれも白衣に緋袴を着しており、「春日局」を象徴する姿として、つとに知られる。武家社会において緋袴が三位以上の格式となる時期を確定する必要があるものの、緋袴を着した「春日局」の姿は単に帝に対面した際の装束を描いたという以上の意味があった。それは、武家における三位以上の女性を示す表象だったのである。

また、「春日」の局号は中宮和子から福に伝えられただけである。官位は勅許（天皇の許可）を得たうえで与えられるのだから、局号およびそれに相当する位を与えた主体は朝廷、すなわち後水尾帝であったと正しく理解する必要がある。ともすれば、福が「無位無官」のままで強引に参内を強行したかのような誤った叙述に接することがあるので、今後は正確を期してほしいところである。

このように福の参内をめぐる問題群を整理しなおすと、なぜ中宮は福の参内を実現させたのか、という疑問に対して、新たな解釈ができるようになる。それは、福を通じて将軍家光とのつながりを強化するためだったのではないか、ということである。夫の後水尾と父秀忠との間に立って苦悩していた中宮は、福を通じて兄の家光と連携し、緊張する朝幕関係を修復するための新たな糸口を作ろうと努めていた。公家たちもそのことを理解しながらも、そこまで帝が追いつめられていることに対し、悔恨的な対応を示したのではないだろうか。といっても、福の参内により将軍とのつながりに確信を持てたことが譲位の決意を促したとすれば、やはり福の参内が後水尾帝の背中を大きく押したことに変わりはないのかもしれない。

さて、これ以降、福は表の局ではなく、いわゆる「春日局」と呼ばれるようになる。よって、この名称変化は、福が「表の局である」という限定的なイメージを払拭する大きな契機になった。しかも、阿茶局（従一位）に継ぐ高位を持つ女性として、敬意を払われる存在となったのである。

なお、史料上では「春日御局様」あるいは「春日様」「春日殿」と敬称を付与されて呼ばれている。また、これまでみたように、名は「春日」であり、女中に与えられた部屋を意味する「局」を付けた呼称が「春日局」ということになる。よって以下では、敬称等を除き、単に春日と呼び表すことにしたい。

2　将軍家の跡継ぎ問題

家光の「側室」たち

家光の子を出産した奥女中は、振《ふり》・楽《らく》・玉《たま》・夏《なつ》・里佐《りさ》の五人の名が知られる。そのうち、徳川家の正式な家譜である『御家譜』（内閣文庫蔵『徳川幕府家譜』）において、一般にいう「側室」（史料上は「御部屋」）の地位を得たのは、長女千代の生母振、長男家綱の生母楽、五男綱吉の生母玉の三人だけである。四男綱重の生母夏は「御妾」として記載され、六男鶴松の生母里佐は、名前すら記されない。

右のうち、玉・夏・里佐の三人は、家光の妻となる鷹司孝子が京都から江戸に下向する際に付き従って来た奥女中であり、その後、家光付の側女中（侍妾）となったものである。側女中とは、大奥制度が整えられると、上臈、老女、御客会釈《おきゃくあしらい》、中年寄に次ぐ職階に置かれた中﨟《ちゅうろう》のことである。将軍付中﨟となれば、その身の回りの世話をする側役であり、そのなかから侍妾が選ばれることが基本である。また、御台所付からも中﨟が選ばれて将軍の御伽《おとぎ》を担当した。玉・夏・里佐の三人は、体調の思わしくない鷹司孝子の代わりに、家光の子を生むことを代行する役割を担った妾であり、のちに五代将軍となる綱吉の生母玉のみが、「側室」の地位に格上げされた。まさに「玉の輿」の語源である。

右の五人以外にも、家光には多くの妾がいた。寛永四年の「江戸御本丸様にての御掟」（慶光院文書）では、「御きさの御かた」「おふりの御かた」「おすまの御かた」「御いとの御かた」の四人の名がある。他の奥女中と異なり、「御かた」と敬称を付けられているので侍妾とわかる。二番目の「ふり」は千代を生む振のことだろうが、きさ・すま・いとの三人はその存在すら知られていない。

消えた家光の子

寛永八年（一六三一）閏十月頃に、江戸城本丸に「若君様」が誕生したという情報が出回った。しかし、これは公表されることはなかった。というのは、誕生したのは「姫君様」であり、「御腹も悪候」とのことからで、これは家光の意向でもあるとも噂された（『細川家史料』）。つまり、女子であったこと、及び母の出自が低いという二つの理由から、家光の娘、おそらく長女の存在は歴史上から抹殺された。

右に続いて、別の妾も懐妊していた。寛永八年十二月に豊前小倉の大名細川忠利からそのことを尋ねられた春日は、次のように応えている（『熊本県史』Ⅰ）。

くわい人の人御さ候やうにきかせられ候一ちやう、おきけまいらせ候へと七郎ひやうへまておほせくたされ候よし、わたくしもやう〳〵さきの月はしめころうけ給候、さためて此月か、らい月にて候ハんとそんし候、御いわいの事ハたん生候ハてはしれ候ましく候、そのうへしやうくんさま物事御ゑんにんぶかき御人にてま（候脱カ）ゝ、さやうニ御いわいなとあかり申候御事ハ御さ候ましきとそんし候、まして御ひめさまなとにて候ハゝ、御さたハかましきとそんし候、かしく、

十二月三日

（現代語訳）懐妊した者がいると風聞した一条について聞かせてほしいと稲葉七郎兵衛（稲葉家家老）まで連絡があったよしですが、私もようやく先月初め（十一月上旬）頃に聞いたばかりで、きっと今月か来月だと存じます。御祝いの進物は誕生しなければわかりません。その上、将軍（家光）様は物事に遠慮深い人ですので、大仰な御祝儀献上の沙汰はないと思います。まして御姫様であれば、御沙汰はないと存じます。

寛永八年といえば、家光は二十八歳となっている。世嗣の誕生が待たれる頃だったが、出産が確実

となった八か月頃になるまで、春日はその事実を知らなかったという。その真偽を確かめようがないが、全体の文脈からして、春日が出産を心待ちにしている様子はうかがえない。

この懐妊に相当するのかどうかは不明だが、寛永九年二月上旬頃に男児が誕生した。しかし、披露もないうちに早世してしまった。この「若君様」の存在も徳川家の系図上では抹殺されており、生母の名も伝わらない。遺骸は、江戸城富士見郭にひっそりと埋葬された（『本光国師日記』）。

その一方で、家光は寛永八年に水戸徳川頼房の四女絲《いと》を養女に迎えて「大姫《おおひめ》」と称えさせ、同十年十二月五日に加賀金沢の前田光高《みつたか》（利常嫡子）に嫁がせた。この娘は英勝院が家光に願い出て菩提所として建立した鎌倉英勝寺の住職にするつもりだったのを家光が貰い受けたものだが、英勝院自身は右のような意向があり、しばらくの猶予を求めていた。しかし、英勝院が増上寺に参詣した留守に、家光が江戸城に引き取って「大奥」で育てたのだという。その後、英勝院は別の水戸徳川頼房の娘を養って比丘尼とし、英勝寺の住持周清として本願を達成している（太田家文書「御家譜」）。

つまり、強引に養女を水戸家から迎えた経緯に鑑みれば、生まれた実の娘を大切にすれば良さそうなものだが、やはり噂されたように血筋が重んじられたのだろう。春日は家光の気に入る娘を探すために、身分や出自などを考慮しなかったかのように伝えられることが多いが、そのようなことは全くの俗説だとわかる。

長女千代の誕生と生母の振

寛永十四年正月二十一日に、家光は腹をこわす「虫気」に襲われた。その後も、不食・不眠・発熱・無気力・気短などの症状が出ていた。その様子から、うつ病状態だったと推定されている。半年を過ぎた七月から八月にかけて快復をみせ、気晴らしに能・踊り・碁・将棋などをみて過ごした。十月になると鷹狩りに出かけるほどに快復したが、全快したわけではなく、養生を続けていた。

そのため、翌十五年も年頭祝儀を中止せざるをえなかった。家光は、酒は一滴も飲まず、朝・昼の食事は医者の指示に従い、夜は精進料理を食べ、灸を欠かさなかった。こうして、家光は発症してから三年目の寛永十六年四月四日に月代を剃ることができた。この間に九州で起きていた島原・天草一揆では将軍として陣頭指揮をとることはできず、上使として派遣した板倉重昌《しげまさ》は戦死し、さらに老中松平信綱《のぶつな》を派遣し、半年をかけて一揆勢を制圧した。このように政情が不穏ななか、家光が体調不良に陥っていたことは、徳川将軍家の存続のうえで大問題だった。

そのようななかで、寛永十四年閏三月五日に長女が生まれた。生母は振である。「若君様」が期待されていたのだろうが、ともかく朗報だった。同年七月十六日に紅葉山東照社、山里東照社に参り、天海僧正が「千代姫君《ちよひめぎみ》」と名づけた。山王社参詣をすませ、帰路に春日の屋敷に立ち寄って箸立ての祝いがあり、未の刻（午後二時頃）に江戸城に戻った。翌十五年二月二十三日には早くも尾張徳川光友との縁組が取り決められた。春日はしばしば尾張邸を訪ね、千代の縁談を相談している（『細川家史料』）。千代は寛永十六年九月二十一日に尾張邸へ入輿した。わずかに三歳であった。この婚礼については、「将軍家光に嫡子がいない状況下において、将軍家側も家康直系の一つである尾張家との縁戚関係を重視し、両家の婚姻によって幕府権力の強化を図る意図があった」と指摘されている（白根孝胤「御三家における縁戚関係の形成と江戸屋敷」)。

生母振の父は、岡半兵衛重政（『柳営譜略』『婦女伝』）、岡吉右衛門（『以貴小伝』）、会津産三保（穂）氏（『自《じ》証院記《しょういんき》』）、と諸説あり、また町野長門守幸和《ゆきかず》が養父という説もある（『町野氏系家譜』）。振は寛永三年三月より「大奥」勤めとなり、同十四年に千代を出産し、同十七年八月二十八日に没した。市谷《いちがや》（東京都新宿区）に自証院が建立され、仏供料二百疋を寄附された（『幕府祚胤伝《そいんでん》』）。自証院にあった振の御霊屋《おたまや》は、平成七年（一九九五）に江戸東京たてもの園へ移築・修復された（『大奥女中とゆかりの寺院』）。

『婦女伝』によれば、振の母の名は伊屋《いや》という。たあ・振・庄左衛門の三子を生んだ。伊屋の父は町野幸和で、母は祖心尼《そしんに》（後述）である。町野氏は室町幕府問注所三善康信《みよしやすのぶ》の子孫とされる。幸和の父町野繁仍《しげより》（重仍、幸雄、幸長とも）が蒲生氏郷《がもううじさと》に仕え、豊臣秀吉が蒲生氏を陸奥会津《あいづ》（福島県西部）に移した際に、「井縄代《いなわしろ》」城主となり、のち陸奥二本松城主三万八千石余となった。氏郷の跡を継いだ秀行《ひでゆき》のもとで家中騒動が生じ、

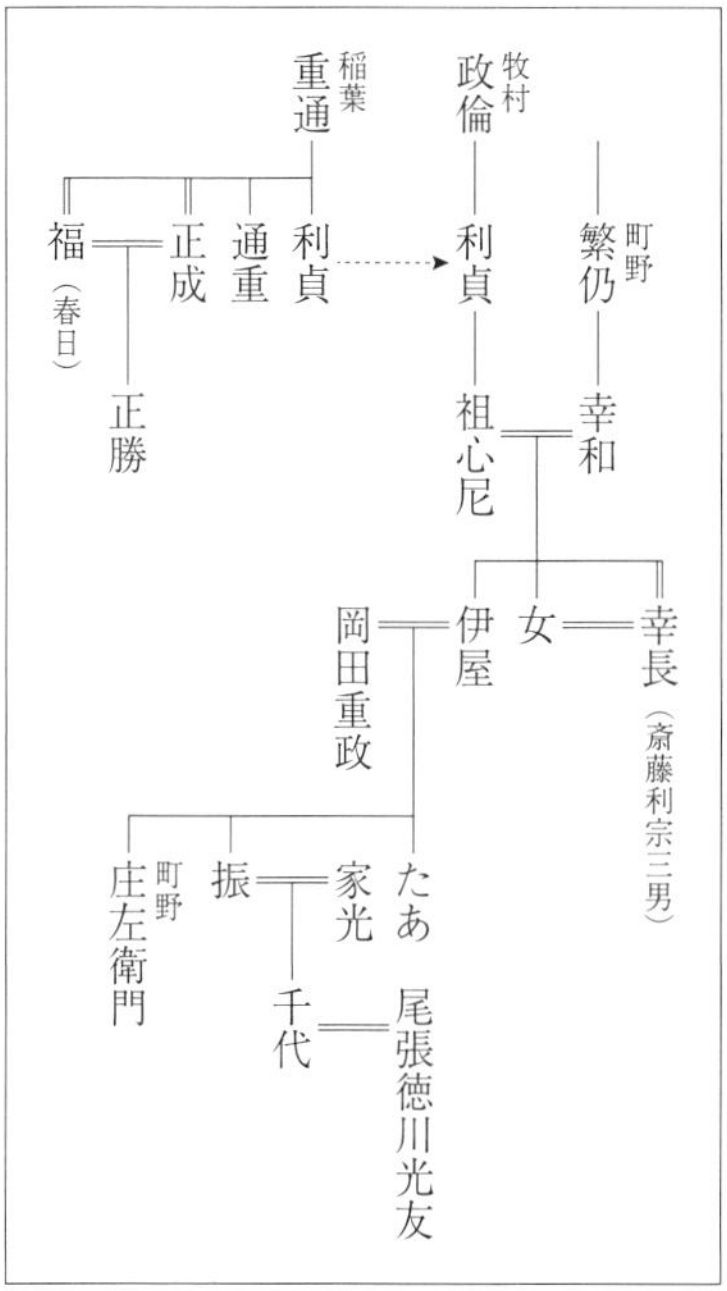

町野家略系図

祖心尼（東京・済松寺蔵）

慶長二年（一五九七）に蒲生氏が下野宇都宮（栃木県宇都宮市）に減転封になると、繁仍は真岡城主八千石となった。さらに関ヶ原合戦後に蒲生氏が会津六十万石に復帰すると、白河城主二万八千石となった。慶長十七年に秀行が没し、世嗣亀千代（のちの忠郷《ただ さと》）が家督を継ぐと、その翌十八年十一月二十五日に町野繁仍も没した。享年七十一。繁仍の家督は、子の幸和が継いだ。

　ところが、慶長十八年になると忠郷の母振（家康三女）と重臣岡重政（陸奥津川城主二万石）との対立が起こり、十二月に家康は重政を駿府に召還して処罰した。重政は千代の生母振の父である（『柳営譜略』）。その後も蒲生家では家中騒動が絶え間なく続き、寛永四年に忠郷が早世すると、嗣子がなく蒲生家は断絶となった。そのため、幸和は流浪して江戸に至った。寛永九年五月に家光から召し出され、同十一年六月に鉄砲頭となって同心五十人を預けられ、甲斐国中郡（山梨県甲斐市）において五千石の知行を得た。正保四年（一六四七）に没した。

　幸和の死後は、婿養子の左近幸長《よしなが》が家督を継いだ。実は、福の兄にあたる斎藤利宗の三男である。つまり、幸長は春日にとって血のつながった甥にあたる。

祖心尼（牧村古那）

　千代の曾祖母にあたる祖心尼は、『婦女伝』では実は斎藤利三の娘とする。つまり、春日の妹というのだが、『以貴小伝』では延宝三年（一六七五）三月十一日に没した際の享年を八十八とするので、これが正しければ天正十六年（一五八八）の生まれになる。利三は天正十年に没したから、これは誤伝とせざるをえない。一方、出典不明ながら、祖心尼の享年を八十三とする説もあり（『国書人名辞典』）、これが正しければ天正十一年生まれになるので、父の死亡年に母が懐妊中だった可能性が出てくるが、確証はない。

その他の史料では、祖心尼の父を牧村利貞（光重とも）とする。利貞は、春日の養父となる稲葉重通の長男で、母方の牧村の家督を継いだ。つまり、祖心尼は福の義理の兄の娘であり、系図上では伯母・姪の関係になる（大分県先哲史料館所蔵稲葉家文書「河野稲葉之系図」）。つまり、祖心尼が斎藤利三の娘、つまり福の妹でなかったとしても、稲葉家の血縁関係者であり、春日とは何がしかの縁続きであったことは確かである。

祖心尼は、幼名を古那、又はなあ・のうと伝わる（『資料祖心尼』）。父の牧村利貞が朝鮮出兵で没すると、利貞と親しかった加賀の前田利家が古那を養女とし、親族の前田員知（直知とも、利家長女幸の子）に嫁がせた。二人は子が出来た仲にもかかわらず離縁し、慶長十三年（一六〇八）に古那は町野幸和に再嫁した。幸和の没後、寛永十九年（一六四二）に福の推薦で家光に仕えたとされるが（『玉輿記』『国書人名辞典』）、幸和の没年は既述のように正保四年なので誤りである。

祖心尼は禅法を良く修得し、家光が深く帰依した高僧として知られる沢庵和尚にも参禅し、和漢の学に精通していたとされる。春日が家光に紹介し、家光が沢庵和尚に尋ねた禅法を祖心尼に尋ねたところ、祖心尼が語る法要が家光の意にかなうものだったので、その信頼を受けて出頭するようになった。その禅学問答の様子は、祖心尼著『擧一明三』に伝えられている。

寛永十七年に祖心尼は春日の上洛に同行しており、既に春日に奉仕している。その折、春日の宿所に手伝いに来ていた新大夫は、祖心尼の印象を次のように記している（「常高寺文書」）。


又かの御うへさま、いまハかミわれ〳〵なとやうにして、たうしんしやになりてそしんと申候、われ〳〵なとへもしミ〳〵にて御さ候、つねに申たるとハちかいておかしく候、よろつ〳〵りはつハさてもとおもふやうに御さ候、かしく、

「御うへさま（御上様）」というのは、貴人の妻の尊称である。祖心尼は、かつての人妻から出家して髪をおろし、新大夫と同じ尼姿、すなわち仏道を修める道心者《どうしんしゃ》となった。このたび、新大夫ともしみじみと語り合った。これは常日頃から聞いていた様子とは違っていたが、すべてにおいて利発であることはやはりと思うところがあった、と評している。

祖心尼は、正保三年（一六四六）に牛込村（東京都新宿区）に三百石の領地を宛行われた。家光の死後は、その地に御霊屋を建て、祖心尼が開基となり、京都妙心寺派末の臨済宗寺院として蔭涼山済《いんりょうざんせい》松寺《しょうじ》を創建した。この時期は新たな地に寺を建てることが禁止されていたにもかかわらず、一寺の建立が認められたことは、祖心尼がいかに重んじられていたかを示す事柄とされた。濟松寺は祖心尼の牛込村の知行三百石を寺領とし、祖心尼には別に月俸百口が与えられた。長命で、延宝三年（一六七

五）三月十一日に八十八歳で没した。墓は濟松寺にある（湯浅隆「江戸城大奥を介在した寺院建物修復費用の調達」）。

祖心尼は戸山《とやま》（新宿区）にも広大な屋敷地を与えられていた。寛文八年（一六六八）に祖心尼の孫で、尾張徳川光友に嫁いだ千代（家光長女）に約四万六千坪が譲り渡された。同十一年には、幕府から千代に隣接地約八万五千坪が与えられ、尾張徳川家の戸山邸として整備された（『徳川将軍の御成』）。

祖心尼が家光に仕えたのは春日との縁によるとされており、その孫にあたる振の大奥勤めも同様に春日との縁によるものだろう。振から生まれた女児が家光の長女たる「姫君様」として公認されたのは、春日の縁者だったゆえである。春日は稲葉の血筋を引く振から、次こそは「若君様」が生まれることを期待していたに違いない。三歳の千代を江戸城奥から早々に出したのは、振の次の妊娠を準備させるためだった側面もあろう。しかし、振はその期待にこたえられず、寛永十七年（一六四〇）に没してしまうのである。享年二十二。法号は、自証院殿光山暁桂大姉。

永光院（六条万・梅の局）

祖心尼とともに家光から崇敬されたのは、伊勢内宮に属する慶光院の四代住持の周養《しゅよう》上人である。江戸城本丸奥に部屋があり、北の丸にも屋敷を与えられていた。

これとは別に、慶光院上人として家光の寵愛が深かったとされる女性が知られる。『幕府祚胤伝』によれば、寛永十六年三月に慶光院を継いだ六条有純の娘は、その継目の礼をするために参府し、江戸城に登城したところ、家光から見初められて還俗を命じられ「於万《おまん》」と称し、江戸城北の丸の田安屋敷に居住した。この時、十六歳であった。のち、本丸奥勤めとなって「大上﨟」となり、「於梅《むめ》の方」と名を改め、賄料を毎月百口、金百両宛を与えられた。明暦三年（一六五七）正月の振袖火事により、江戸城本丸が焼失した際に、御台所の鷹司孝子（「中丸殿」）とともに小石川無量院に難を逃れ、以後はここに逗留した。正徳元年（一七一一）十月十一日に没し、同院に葬られ、永光院相誉心安法寿大姉と諡号された、とある。また、徳川家の正式な家譜である『御家譜』では、「御妾於万之方」とし、いわゆる「側室」（「御部屋」）の扱いではなく、女房名も「梅ノ局」とする。

六条家は公家の名門冷泉家の一族で、六条有純は慶長九年（一六〇四）に生まれ、寛永二十一年（一六四四）七月十三日に没した。万が寛永十六年に十六歳であれば、寛永元年（一六二四）生まれとなり、有純が二十一歳の時の子ということになる。

万との縁で、弟の六条藤右衛門氏豊《うじとよ》が幕府の儀礼をつかさどる高家《こうけ》に召し出された。『寛政譜』によれば、氏豊は母方の名字戸田を名のり、慶安二年（一六四九）に武蔵国足立郡内にて千石を与えられ、同三年より高家に列し、元禄十一年（一六九八）に没した。子は氏興《うじおき》といい、その妻は「大上﨟某氏が養女」とある。また、氏興の妹は、「大上﨟某氏が養女となり、富田甲斐守知郷に嫁す」とある。おそらく、この「大上﨟某氏」が万を指すとみなされる。寛永十四年（一六三七）の「丑ノ年御本丸御奥方御指図」では、西側長局（区画①）中央に「御むめ（梅）殿」の部屋がある。つまり、寛永十六年以前にすでに万は梅と名を改め、大上﨟として勤めていた可能性が高い。よって、万が江戸城の奥で、奥女中の最高位である「大上﨟」の地位にあったことは確かとして良いだろう。

慶光院住持一覧

		生年	上人成	没年月日	享年	出　身
1	守　悦	—	—	—	—	飛鳥井氏
2	智　珪	—	—	—	—	堂上
3	清　順	—	1547年5月	1566年4月3日	—	近江山本氏
4	周　養	—	1572年2月	1611年4月25日	—	近江山本左京進娘
5	周　清	1569年	1600年5月	1648年9月2日	80	河合氏，周養の姪
6	周　宝	1614年	1628年9月	1640年5月5日	27	山本氏
7	周　長	1625年	1642年6月	1652年4月10日	28	山本氏
8	周　貞	1648年	1669年2月	1676年8月24日	29	山本氏
9	周　栄	1667年	1686年	1686年6月11日	20	山本氏(岩崎氏)
10	周　香	1670年	1703年4月	1755年6月24日	76	山本氏(泉氏)
11	周　奥	1700年	1727年5月	1759年8月5日	60	山本氏
12	周　億	1744年	1765年10月	1780年12月13日	37	勧修寺氏
13	周　恭	—	1791年9月	—	—	勧修寺氏(一条氏)

（出典）『由緒書』（東京大学史料編纂所蔵写真版慶光院文書）により作成。上人成等の年月日には異説あり。

ところで、慶光院の歴代住持を確認しておきたい（上掲表参照）。中興開山とされるのは初代守悦で、二代智珪と続き、三代清順が天文十六年（一五四七）五月一日に上人に任じられ、同二十年八月二十日に朝廷から慶光院の院号綸旨を与えられて、慶光院を公式に称するようになり、諸国を勢力的に勧進して廻り、永禄六年（一五六三）に百二十九年ぶりの式年遷宮の執行を成功させた。これを継いだ四代周養は、元亀三年（一五七二）二月二十一日に上人に任じられ、永禄九年に清順上人が没した後より慶長十六年（一六一一）に自身が没するまで住職を務め、清順の遺志をついで豊臣秀吉の支援を受け、天正十三年（一五八五）の両宮（皇大神宮《こうたいじんぐう》、豊受大神宮《とようけだいじんぐう》）の正遷宮を百二十三年ぶりに復興した。

五代周清は山田の伊勢外宮祀官河合氏の娘で、四代周養の姪にあたり、慶長五年（一六〇〇）五月九日に上人に任じられ、同十四年九月の両大神宮正遷宮に尽力し、同十六年四月、周養の死去後に慶光院を継ぎ、寛永六年（一六二九）九月の正遷宮を執行した。寛永十一年に隠居して、六代周宝に住職を譲り、慶安元年（一六四八）九月二日に没した。周清は春日とも昵懇の仲で、江戸城内に居室があった。北の丸の代官町にも屋敷があり、折々は屋敷に下ったという。また、元和九年（一六二三）には家光の姉徳川千の依頼で、先夫豊臣秀頼の慰霊祈祷をおこなったり、家光の妹東福門院（徳川和）の帰依を得て、京都に邸宅を与えられたりするなど、徳川の関係者から厚い信頼を得ていた。

六代周宝は、山本新之丞義時の娘で、寛永五年九月十四日に上人に任じられ、寛永十一年より同二十年まで十年間、住職であった。しかし、寛永十七年五月五日に没し、後継となる周長は幼少だったため、隠居していた周清上人が実質的な院主であった。寛永十九年六月十三日に周長は上人に任じられ、同二十年より慶安五年まで十年間、住職を務め、同年四月十日に廿八歳で没した（「伊勢上人慶光院事績集完」）。

このように、家光期に六条家出身の万が慶光院院主になったとする記録はない。実は慶光院の「由緒書」（東京大学史料編纂所蔵写真版『慶光院記録』四）に、次のような記事がある。

正徳元辛卯年十一月
永光院殿相誉心安清（ママ）寿大姉

大猷院殿家光公之御部屋六条相有純ノ女、勢州内宮ノ社僧、慶光院比丘尼ノ弟子ト成テ、慶光院住職ス、継目ノ御礼トシテ関東下向ノ処、容色美麗ナル故、御留置レ、還俗シテ御愛妾トナリ、於万ノ方ト号ス、後梅ノ局ト改、弟六条藤原某被召出、為高家号戸田中務大輔忠豊、中条山城守信法ノ父、左京信澄モ同弟也、葬小石川無量院、

此書ハ江戸上野東叡山本寺ノ御法号記ニ有之処、文政二己卯年六月晦日、周恭上人内ニテ被借受、在番井上源左衛門写之、但シ、周恭上人、本坊修復願ニ付、臨時参府中ノ時ナリシ、

前半は『婦女伝』などで伝わる話と同じだが、末尾にこの記録を得た経緯が記されている。それによれば、この書は江戸上野東叡山寛永寺の「御法号記」にあるもので、文政二年（一八一九）六月晦日に十三代周恭上人が本坊修復願いのために臨時に参府した時に得たのだという。つまり、慶光院では家光の「御部屋」「愛妾」とされる「於万ノ方」、改め「梅ノ局」が慶光院の住職であるという伝承があることを文政二年に知ったというのである。他の箇所でも「御法号記」の伝は、慶光院では証拠がないと説明している（「慶光院ニ而ハ可仕証品無御座候事」）。

近世中後期になると、大奥ゆかりの女性のつてを利用して、寺社の修復費用を幕府から引き出す方策が採られていた（湯淺隆「江戸城大奥を介在した寺院建物修復費用の調達」）。慶光院も同様の目的で江戸に参府していたわけだから、六条万の履歴が事実に反することであっても、慶光院としてはそれを利用した方が得策であり、あえて否定する必要がなかったのだろう。

以上から、六条万が慶光院上人となって江戸に参府し、家光に見初められて還俗させられたとする話は、慶光院の歴史に照らす限り根拠のない作り話である。よく「家光の尼好き」といわれるが、祖心尼や慶光院上人に家光が深く帰依したことは確かなので、その意味では「尼好き」といえよう。しかし、これが万のことを指すとすれば全くの俗説である。万の院号は永光院《えいこういん》であり、当時江戸城に詰めていた慶光院上人と名前が似ていることも、事実を混同させた一因と考えられる。六条家出身の万は、おそらく家光の妻鷹司孝子との関係で江戸に下り、孝子の体調不良のなか、その代理を務めるために家光の侍妾となったが、早々にその役を解かれ、大上臈梅の局として勤めることになったのではないか、という線がみえてくるが、推測の域を出ない。ただし、万の還俗の話や永光院と慶光院を混同している点は、今後、史実としては改めていく必要がある。

家綱生母の楽

家光長男の生母は、楽である。下野国都賀郡高島村（栃木県栃木市大平町）の処士青木三太郎利長《としなが》を父に、同国島田村の増山《ましやま》織部某の娘紫を母とする。二人の間には、三男二女が生まれた。利長が早世したので、紫は子を連れて幕府老中永井尚政の家臣七沢作左衛門清宗に再嫁し、浅草の周辺に住んでいた（『寛政譜』その他）。つまり、一応は武家の出身だが、取り立てて名門としての由緒があるようにはみえない。

楽は寛永十年（一六三三）に十三歳の時より「大奥」に入った。楽が家綱を生んだことで、母の紫は増山の方と敬われ、楽の姉は高家品川式部大輔高如《たかゆき》の妻となった。弟二人も召し出され、兄は増山弾正少弼正利《まさとし》と称して三河西尾の城主となり、弟の資弥《すけみつ》は由緒ある那須家を継いだ。紫が後家に入って七沢清宗との間に儲けた女子は、毛利元知（長門清末《ながときよすえ》一万石）の妻となった。男子は平野長勝（大和田原本《やまとたわらもと》一万石）の養子に迎えられ、平野丹波守長政《ながまさ》を名のった。七沢清宗には月俸二百口が与えられた。

楽は、家光の死後に尼となって宝樹院と称され、承応元年（一六五二）十二月二日に没した。享年三十二だった。宝樹院花域天栄大姉と謚号された。東叡山寛永寺に葬られ、のち正二位を贈られた（『寛政譜』）。紫は娘より永らえ、家綱の恩遇を受けて泉光院と号した。延宝八年（一六八〇）に家綱が死去すると、遺物として冷泉為家筆の古今集および金二十両を与えられた。貞享四年（一六八七）六

お楽の方の供養塔

（証誠山正定寺，茨城県古河市）

正定寺の寺伝では，楽は古河領内高島村（現大平町）の出身で供養塔は兄増山正利と修行僧宗寿により建てられた。左側の地蔵は，江戸城内において楽が子育て祈願に参っていたものを貰い受けたものという。

同寺には，春日が家光より貰い受け，堀田正俊が奉納した弁財天も安置されている。

月二十日に没した。正保年間（一六四四〜八）の「江戸絵図」では、北の丸に泉光院と増山正利の屋敷が、隣接して置かれている。明暦年間（一六五五〜八）の「江戸之図」では、増山正利の屋敷はそのままで、泉光院の屋敷は伊勢慶光院上人の屋敷に変わっている。

楽の家族がこのように厚遇されたのは、待望の家光長男を生んだ功績によるものであることは指摘するまでもない。楽を奥に招き入れたのは春日とされているが、実際には英勝院がその面倒をみていたようである。次の英勝院消息は、楽が懐妊した際に天海僧正に男子誕生の祈願を依頼したものである。仮名交じり文であるが、『日光市史』資料編、『慈眼大師全集』上に原文が翻刻紹介されているので、以下では読みやすく仮名を漢字に置き換えた文と意訳文を載せる。

返々、常々権現様御意なされ候御事は、御主御所さまハ寅の御年、将軍は卯の年、竹千代は辰の年、竹千代巳の年の子を持たれ、天下を譲られ、代々天下を持たせられ候はんと、御意の御事に御座候つる、その上、権現様御三十八の御年、台徳院様慶びまいらせられ候に、今年公方様三十八にて御座なされ候まゝ、何も叶い申し候時分にて候まゝ、あわれ若君様にて御座なされ候べかしと、存じまいらせ候、大僧正様は、弥々左様に思し召し候はんと存じまいらせ候、返々御念入れられ候通り、公方様御前にても、よくよく申し上げまいらせべく候、日光へ御たち前に御目にかかりたく候へども、日のほども御座候まじく候まま、御下向に御目にかかり申すべく候、御息災にて御座なされ候べく候、なお〳〵御念入れられ仰せ下され候御事、御前にて申し上げべく候、めでたくかしく、昨日は御念比に、最教院御使になされ下され候、やがて日光へ御座なされ候由、御大儀にて御座候、されども、御仮殿へ御宮参のよし、めでたく存じまいらせ候、

一、懐妊の人の事、御念比に仰せられ候、一段息災にて御座候、詳しく聞かせられ、御祈念もなされ候ハんとの御事、御尤もに存じ候、主ハ酉の年にて廿一にて御座候、九月よりにて御座候へ共、九月廿八日に月水になり、それより火止まり申候、十月からにて御座候ハんと存じ候へども、月水になられ申候月を取候へば、九月よりにて御座候、此通りよく御合点なされ、御祈念をなされ遣わされべく候、主にも申聞け候へば御祈念きき申しよし心へまいらせ候、よく申きけ候べく候、かしく、

廿四日

大僧正様　　英勝院

（意訳文）常々権現様（家康）の御意には、ご自身は寅年、将軍（秀忠）は卯年、竹千代（家光）は辰年の生まれなので、竹千代が巳年に子を儲け、天下を譲られて、代々天下を持たせたいとのことでした。その上、権現様が三十八の年に台徳院様（秀忠）がお生まれになり、今年は公方様（家光）が三十八になりますので、すべて条件が整った時分ですので、なんとか若君様であるようにと思っております。大僧正様（天海）は、より一層そのように思われていることでしょう。日光への出発前にお目にかかりたいですが、日程もありませんので、江戸に戻られたらお目にかかりたく存じます。御息災にてお過ごしください。尚、御念入りにお伝えのあったことは、将軍

の御前にて申し上げるつもりです。めでたくかしく。（中略）。

一、懐妊人の事（楽）を御懇ろに仰せになり、一段と息災でいます。詳しく聞いたうえで祈念したいとの事は尤もと存じます。その者は酉年生まれで二十一歳です。九月二十八日に月経となったあとは、月経が止まりました。（懐妊は）十月からと存じますが、月経になった月をとれば、九月になります。この通りよく承知され、祈念をしてください。当人にも言って聞かせれば祈念がきくと心得ますので、よく言って聞かせましょう。かしく。

寅年の家康から卯・辰・巳と代々の将軍の干支が続くこと、秀忠が家康三十八歳の時の子であり、今年は家光が同年であるから、その奇縁により本年こそは若君誕生を実現し、徳川の天下が続くことを強く祈願するものとなっている。その内容から、寛永十七年十月二十四日の発給とみなされる。英勝院が常日頃から楽の体調を管理し、その詳細を天海に伝えて若君誕生を祈願させた様子がわかる。

ともあれ、寛永十八年八月三日の巳刻（午前十時頃）に、待望の男児が誕生した。蟇目《ひきめ》（高音で鏑《かぶら》矢を射る役）は酒井忠清《ただきよ》、矢取《やとり》（放たれた矢を取る役）は酒井忠能《ただよし》、箆刀《へらがたな》（へその緒を切る役）は戸田氏鉄《うじかね》が担当した。徳川三家と諸大名が登城して祝儀を述べ、三家は奥で祝宴が催された。また、松平一門（「家門」）は出産当日より毎日両度ずつ春日のもとに使者を派遣し、若君の機嫌をうかがった。幕府老中も昼夜宿直した（『徳川実紀』）。

『家綱公御誕生記』（深溝松平家文庫）によれば、①「御袋様」へは、一万石以上は銀三枚、二万石以上は銀五枚、六万石以上は銀十枚、十万石以上は銀二十枚、二十一万石以上は銀三十枚、三十一万石以上は銀五十枚、②奥方総女中へは、三万石以上が銀十枚、六万石以上が銀二十枚、十万石以上が銀三十枚、二十一万石以上が銀五十枚、三十一万石以上が銀百枚、③上臈・御乳人・皆添《かいぞえ》には、三万石以上は銀二枚宛、六万石以上は銀三枚宛、十万石以上は銀五枚宛、二十万以上は銀十枚宛、④おさしには、三万石以上は銀一枚、六万石以上は銀二枚、十万石以上は銀三枚、二十万石以上は銀五枚と定められた。この他に、春日と寿林の二人には白銀を遣わすこと、となっている。

国持大名の薩摩島津家ではこの規定に従い、①楽に銀五十枚、②奥方総女中に銀百枚、③上臈・御乳人・皆添に銀十枚宛、④おさしに銀五枚を江戸城奥の「御台所《おだいどころ》」に納めた。また、春日には銀三十枚、寿林には銀十枚をそれぞれの屋敷に持参した。続いて英勝院へも銀二十枚を持参したが、これは受け取れないとして返却されている（『旧記雑録後編』）。

一方、同じ国持大名の萩毛利家では、誕生後すぐに春日と英勝院に文を出して家綱の機嫌を伺い、五日にも二人に文を出している。九日の祝儀では、表における祝儀の一方で、奥に対しては①楽に銀五十枚、②奥方総女中へ銀百枚、③上臈・御乳人・皆添に銀十枚宛、④おさしに銀五枚をやはり江戸城奥の「御台所門之内」に納めた（『公儀所日乗』）。これは島津家と同じである。ところが、毛利家では、春日に銀三十枚、英勝院に銀二十枚、慶光院に銀十枚、表使の荒木に銀五枚、奥女中のい、のい・なか・きつに銀三枚宛、春日の使用人臼井与右衛門に銀二枚を誕生祝儀として贈り、受納された（『公儀所日乗』）。毛利家では右の人々に日常的に進物を贈る音信関係を築いており、今回も内談の差

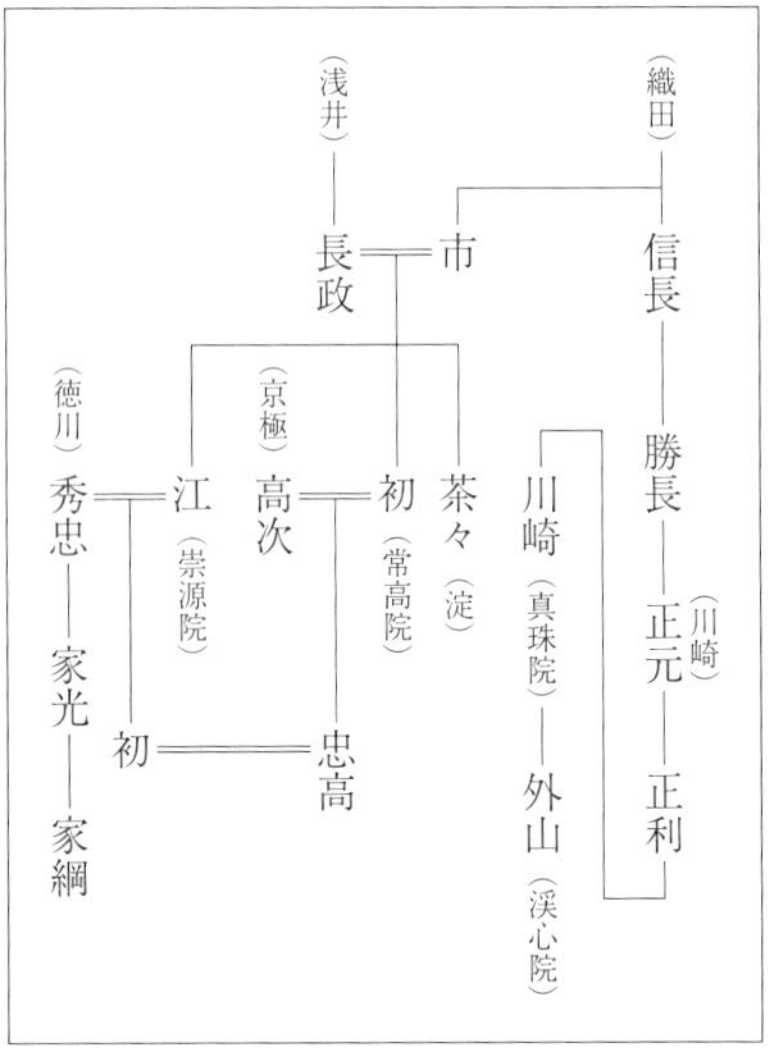

川崎・織田・京極家関係図

図を受けて贈っていた。このような交流の差が、英勝院が島津家からの祝儀を受納しないという対応差になったといえよう。

とはいえ、表向きには春日と寿林のみに特別に進物を贈ることが許されていた、という点は重要だろう。寿林がどのような理由で春日に準じる扱いとなったのかを史料的に明らかにしえないが、考えられることは、寿林が家光付の表の局、いわば春日の跡役だったのではないか、ということである。この時期に、春日は表と奥を統括する立場にあったから、表で家光の御用を専門に担当する局が寿林だったのだろう。また、③にある上﨟とは、その後の贈答のあり方から、家綱付となる按察使であったと推測される。

寛永十六年の江戸城本丸火災後の「御本丸総絵図」によれば、家綱の御座所の西側に英勝院の裏局が隣接して設けられている（一六五頁参照）。日常的に英勝院が家綱および楽の面倒をみていたことがわかる。島津家が規定にはない英勝院に進物を贈ろうとしたところからも、家綱誕生に英勝院が強く関与していることが諸大名にも周知の事実だったとみなすことができるが、あくまでも表向きには春日を立て、それを陰で支える英勝院という関係があり、このことが当該期の江戸城奥の運営を円滑に進めることができた要因といえそうである。

家綱の乳母・川崎

家綱の乳母は、奥女中名を川崎《かわさき》という。その祖父は、織田信長の五男織田勝長《かつなが》の子伊賀守正元であり、尾張国中島郡川崎庄（愛知県一宮市）に住んだことから川崎を名字とした。正元の子が川崎の父になる六郎左衛門正利で、信長父子の死後に没落していたのを大坂城の淀（浅井茶々）と若狭の京極高次に嫁いだ常高院（浅井初）が尋ね出したが、正利は大坂に出仕するのは晴れがましいというので、初が引き受けることになり、若狭でそば近く召し使うことにした。子もすべて若狭に引き取り、初が面倒をみていた。

川崎の実の娘であり、その縁で江戸城奥に仕えた老女外山《とやま》（渓心院《けいしんいん》）が書いた文によれば、川崎が家綱の乳母として召し出されたのは、春日の意向であったという（「渓心院文」）。

しやう高院さま御すちめの様子、御としよりニしん大夫殿と申人ニ、けんゆう院さま御たんしやうの時分、かすか殿御用ニてこゝもとへくたりまいらせ候ニ、御ちの人をおたつねニて、身もとよく、子なともあまたあり候て、ふうふ居申候、ふたおやもち申候もの、廿一より卅斗まてと御せんきニ付、しんしゆ院事、両おや御さ候て、ふうふ無事ニて、子九人御さ候て、とし廿九ニて御さ候ゆへ、かすか殿へたん〳〵御はなしにて候、せいたい院さま御つほね御取もちにて、いそ〳〵くたり候へとて、夜を日にくたり申され候、常高院付の年寄（老女）の新大夫が家綱誕生時に春日の意向を受けて若狭に下り、乳人を探した。採用にあたっては、①身元が良い、②子が多い、③夫婦が揃っている、④両親が健在である、⑤年は二十一から三十まで、という五つの条件にあう人物が求められた。常高院に筋目のある川崎は、両親がおり、夫婦が健康で、子が九人おり、二十九歳だったので、春日に相談し、「せいたい院様」（「大姫」＝清泰院カ）の御局の取り持ちで、川崎が夜を日についで江戸に下った。

「川崎系図」では川崎の享年を不詳とするが、寛永十八年（一六四一）に二十九歳であれば、慶長十八年（一六一三）の生まれとなる。また、「川崎系図」では、川崎の子は長男堅長老（京都光雲寺住職）、次男太郎兵衛知高《ともたか》（家綱小十人《こじゅうにん》に召出）、三男又左衛門長賀《ながよし》（家綱新御番に召出）、女子外山の四名を載せるのみである。『寛政譜』では、右の四人の他に、長女（依田源蔵照冬の妻）、次女（野々山弥兵衛元綱の妻）、末子甚五右衛門を載せるが、これは庶出子（義理の子）なのだろう。以上で計八人となり、九人にはまだ一人足りない。三男長賀が寛文八年（一六六八）七月八日に二十九歳で没しており、ここから寛永十七年（一六四〇）の生まれとなり、川崎は長賀の乳を家綱に与えたと考えられる。川崎はこののち江戸城奥で過ごすことになる。

ただし、川崎の乳母採用は、すんなりとは決まらなかったらしい。川崎は家光付年寄の近江局と背の高さが一尺（約三十センチメートル）も違う大女で、たいそう見苦しかったので、親類中も奉公を控えるよう進言した。そこで、川崎は何の前触れもせず、ふっと登城して若君にお目見えし、外縁にて乳を飲ませたのち、「もはや御城下がりはできない、外聞は問題ない」と居座ったのだという。それから、家綱は縁側で川崎一人の乳を飲んだので、家光も川崎のことを「御ちの人」として大切にし、息子二人を召出す約束をし、娘一人は宝樹院（家綱生母楽）付きとし、のちに家綱の妻となった浅宮《あさのみや》顕子《あきこ》付となって外山を称した。

外山が奉公のために江戸に下った時分は、英勝院が城にばかり詰めており、外山のことを格別に懇ろに扱ってくれたという。英勝院は寛永十九年に没するので、外山も母に続いて奥勤めを始めたことになる。知高・長賀兄弟が召し出されたのは、慶安三年（一六五〇）九月三日というので、長賀が十一になるのを待って召し出された。

川崎は家綱の死後に剃髪して真珠院と号し、貞享四年（一六八七）三月九日に病死した。外山は生涯を大奥で過ごしたらしく、高厳院《こうげんいん》（浅宮）の没後は剃髪して渓心院と称した。養女とした姪の娘は年寄富岡《とみおか》となり、その妹も年寄浦尾《うらお》として活躍した。つまり、織田信長の血筋を引く川崎家出身の女性たちが、家光・家綱・綱吉の三代にわたって大奥年寄（老女）として活躍したのである。

家綱の乳母・本丸御局

家綱にはもう一人乳母がいた。のちに「御本丸御局」と呼ばれる三沢《みさわ》である。小堀《こぼり》遠江守政一《まさかず》の「側室」だったといい、寛永十八年（一六四一）八月に政一の五男政《まさ》貞《さだ》を伏見の屋敷で出産した（森蘊『小堀遠州』）。この子の乳が家綱に与えられた。

『寛政譜』によれば、三沢氏は明智下野守頼兼の後胤で、子孫に至り三沢を称したが、庄左衛門某の時に家が絶えた。三沢の父の名は弥四郎為眦《ためあきら》というが、履歴は一切不明である。三沢の兄惣左衛門信政《のぶまさ》は、妹が「御乳母」たる縁により、明暦二年（一六五六）に家綱に初目見えし、廩米五百俵・

寄合で召し出され、寛文元年（一六六一）に大番に列し、同三年正月十二日に没した。

三沢は通称を繁といい、「はじめ小堀遠江守政一につかえ、土佐守政貞をうむ」（『寛政譜』）、「小堀遠江守政一方江奉公罷出、妾ニ而罷在候処、小堀土佐守政貞出生」とあるので（『略譜』）、「側室」などの事実妻の待遇ではなく、厳密には奥女中（侍妾）として小堀家に仕えていたものだろう。家綱誕生の時「御乳母の選」にあげられ、その後、「御局」となり「三沢」と召され、現米五十石、月俸十口を与えられ、明暦二年（一六五六）三月晦日に四十六歳で没した。これによれば、三沢の生年は慶長十六年（一六一一）であり、寛永十八年は（一六四一）は三十一歳となる。三沢の死後はその俸米は母俊貞尼に与えられ、寛文七年（一六六七）六月七日に三沢の母が死去すると、三沢の甥弥五郎信好《のぶよし》（五歳）に与えられ、三沢の名跡が立てられた。

先の川崎の際には、①身元、②多産、③夫婦、④両親、⑤年齢という五つの条件が求められていたが、三沢の場合はいずれの条件にもあわない。父の没年が不詳なので、両親は健在だったのかもしれないが、小堀家に侍妾として奉公していた経緯からも、夫婦として揃っていたわけでもなく、年齢も三十一という高齢だった。

三沢の推薦者が誰なのかは不明だが、明智の後胤を名のるところから、春日との縁故が推測される。また、三沢が仕えた小堀政一は、後述するように春日の屋敷に出入りをする関係でもあり、春日は乳人の選出を広く知人に呼び掛けたのだろう。三沢は春日の求める条件では欠格者であったが、自身の出産から間を置かず、わざわざ京都から江戸に呼び寄せられた。いかに乳母の選出が難しく、吟味に吟味を重ねても条件に合う人物がいなかったかがわかる。
三沢に対する家綱の思いは深く、万治元年（一六五八）に深川新地に一万坪を与えて一寺を建立し、永代供養料として寺領百石を寄附し、三沢の戒名浄心院により浄心寺を寺号とさせた（『略譜』）。

家綱のお披露目

寛永十八年九月二日に、家綱は初めて奥から表に出た。家光がまず白木書院に出て、徳川三家当主・同世嗣に対面し、次に大広間に出て大名以下が太刀目録を献上した。家光が奥に入ると、家綱を抱いた春日が女房二人を付き添わせて白書院に出座し、三家当主・同世嗣にそば近くで対面するよう春日が伝えた。ついで大広間に出て国持大名以下に対面させた。そののち、奥にて家綱の誕生祝いがあった（『江戸幕府日記』『徳川実紀』）。この時家綱の産着には稲葉家の家紋「角折敷に三文字」が織り込まれていたという（下重清『稲葉正則とその時代』）。

このように、家光の三十八歳という年齢や英勝院との良好な関係から、春日は家綱を将軍家世嗣として披露することに前向きな姿勢を示していた。とはいえ、春日の本心はといえば、自身の血縁関係者である振から若君が生まれることを切望していただろうことは想像に難くない。その思いは複雑だった。

一方、初めて男児を得た家光は、家綱を溺愛していた。家綱は生まれた時より首筋に固い吹き出物があり、痛みがあった。生母の楽は近江多賀社に祈祷を依頼し、梅小路といちが十二月五日付で多賀社に手紙を送った。その後、按察使から家綱祈祷のための初穂として黄金十枚が届けられ、寿林も書状を送り、家綱の状態は膿がなかなか出ず、赤くなって痛みがあり、声も「しわかれ」るような状態だと伝えた（『慈性日記』）。奥女中が総出で、家綱の生育にあたっていた様子がわかる。

これとは別に、十一月には家綱の頭に「かさ」が吹き出たことがあった。子にはよくあることで、何でもないことと判断されたが、家光は大事と思って日夜そばから離れず、方々から児医者を探し出して対応させた。これをみた新大夫が、「たいしたことではない（「苦しからぬ物」）」といえば、きつく叱られるほどであったという（「常高寺文書」）。

右の一連の経緯のなかで、春日は十二月七日付で多賀社に書状を送り、家光の寒中祈祷を毎年通りに修業するようにと伝え、樽代二荷を届けた（『慈性日記』）。家綱の病気にはまったくふれるところがなく、家綱の寒中祈祷を依頼するわけでもなかった。家綱付ではない、という立場の違いによるものだろうが、家綱誕生を喜びながらも何がしかの距離を置く春日の姿がかいまみえる。

第四章　春日局の栄光と晩年

1　政治家としての春日

生御霊の祝儀

寛永九年（一六三二）正月二十四日に大御所秀忠が没した。前年より病気がちであったが、ついに帰らぬ人となった。享年は五十四。春日は秀忠の祈祷のため、近江の多賀社に参詣し、そのついでに近江佐和山（滋賀県彦根市）の城主井伊直孝《なおたか》に家光の「御密意」を伝え、江戸に戻った。直孝はこれにより急ぎ参府したと伝わる（『東武実録』）。しかし、多賀社の社僧慈性が書いた日記には、春日の社参について記すところがない。隠密のことゆえかもしれないが、真相はよくわからない。井伊家では、秀忠からの奉書が届いたため、参府したとしている（『彦根市史』）。

秀忠の死により、家光の将軍親政が本格化する。さらに御台所（鷹司孝子）が病気となったことで、江戸城の表・奥双方の総女中を束ねる立場に春日は置かれることになった。ただし、いまだ一位局や常高院が存命であり、この二人の死後も英勝院の存在があった。

そうしたなか、寛永十年七月九日に、春日は生御霊《いきみたま》の祝儀として家光に膳を献じ、老中や殿中伺候の面々へも振舞った。生御霊とは陰暦七月の盆の頃に、生存する老いた父母に祝物を贈り、饗応する儀式であるが、家光の息災を祝い、共食の場を設定することで、家光と彼に仕える人々との結合を強めるために春日が企画したものである。以後、これは表における春日の特別な役割として年中行事化し、春日の没する寛永二十年まで続けられた（『江戸幕府日記』）。この他にも、時々は勤仕する近臣などを一同に饗応して、春日みずから席に臨み、忠勤のさまを若い人々に教諭したという（『徳川実紀』）。家光付の表の局として、江戸城表の空間に出て活動していた春日の役割の一端を示すものである。

また、春日は証人（人質）として江戸に参府した女子等をすべて一人で取り扱い、交替の時はみずから対面して処理した（『徳川実紀』）。これなどは、本来なら将軍の妻の御台所が果たすべき役割であった。奥の贈答儀礼においては、秀忠や家光の養女として嫁いだ娘に対して三季（端午・重陽・歳暮）には進物が贈られた。その際には、春日が添状を作成して届ける役目も担った。受け取った大名家では、春日に返礼の文を届けた（『細川家史料』）。春日が御台所付の奥の局が果たすべき役割をも担っていたことがわかる。

出頭人・稲葉正勝

政治家としての春日を支えたのは、誰よりも春日の唯一の実子である稲葉正勝だった。慶長二年（一五九七）に京都に生まれ、同九年八歳より家光の小姓として仕え、元和七年（一六二二）に書院番頭に転じ、上総国内で加増されて二千石となった。元和九年に家光が将軍に就任すると、従五位下丹後守に叙任され、同年十二月五日には加増三千石、都合五千石となり、「御奉行」の内に加えられることになった（『長帳』）。さらに加増を受け、寛永五年（一六二八）には父正成の遺領をあわせて四万五千石となった。しかし、本丸家光付年寄のなかでの地位は酒井忠世・酒井忠勝の二人の年寄と比べて格差があり、内藤忠重とほぼ同等の地位、あるいはその下位にあった。

寛永九年正月に大御所秀忠が没し、家光が将軍親政を本格化すると、家光は直ちに正勝の取り立てを図った。同年五月の肥後熊本の加藤忠広の改易では正勝を上使として肥後に派遣し、無事に熊本城の受け取り役を成功させた。家光にとって正勝は腹心であり、その重用ぶりは「丹後殿出頭花がふり申候」と称されるほどであった（『細川家史料』）。同年十一月には四万石を加増され、相模小田原八万五千石となり、酒井忠世（上野厩橋十二万二千五百石）・土井利勝（下総佐倉十四万二千石）・酒井忠勝（武蔵川越十万石）・永井尚政（下総古河八万九千百石）に次ぐ地位に引き上げられた（藤井讓治『江戸幕府老中制形成過程の研究』）。内藤忠重の二万石と比べれば、それを遙かに超える破格の待遇である。

ところが、実は正勝の体調は万全ではなく、寛永八年閏十月頃から重病が伝えられていた（『細川家史料』）。寛永十年六月十一日付の細川忠興書状では、正勝の病気は肺気腫の模様で、吐血があった。その後、九月頃には病気はいったん快復し、諸大名家からも祝儀の進物が贈られた（『公儀所日乗』）。この頃は家光も病気がちであり、咳が出て、食事の量が減っていたが、これも九月末には快復した（『伊達家文書』）。春日にとって、二人の病状快復は安堵の思いだっただろう。

しかし、それは束の間のことで、家光は立て続けに病気になった（『公儀所日乗』）。まず、十三夜の月見で酒を飲みすぎたために体調不良となり、一日ごとに医師を変えて投薬を続けたが薬功がなく、灸を据えて本復した。十月には十五日に増上寺参詣があり、前日に月代を剃って行水をしたところ、当日朝から風邪をひいた。前回の病気の再発ではない、ということだったが、家光は大事に及ぶことを考え、将軍職を譲ることを口にするほどで、上下が気をもむ事態となった（『細川家史料』）。家光の病状は長引き、十一月になってようやく快復した。

わが子の急死

一方、正勝の病気はなかなか全快しなかった。正勝の病状が重くなると、家光はすでに春日に与えていた神祖家康が姉川の戦いに着用したという「御紋ちらしの御下着」「御股引」「猩々緋の御丸合羽」等を正勝に「恩賜」として与えた。その後も鉄砲百挺および葵の御紋を彫った黒柿の硯箱等を与えたという（『寛政譜』）。

そうした恩恵も効果はなく、正勝は寛永十一年正月二十五日に死去した。享年三十八であった。家光が将軍親政を始めて二年、その政権を支えて行くことが大きく期待されたなかでの早すぎる死であった。その死に際し、塚田木工《もく》という小姓が追腹を切った（『細川家史料』）。正勝が開基となった湯島の養源寺《ようげんじ》に葬られ、養源寺古隠紹太《こいんじょうだい》と謚号された（『稲葉家譜』）。

春日はわが子の急死に落胆を隠せなかった。二月十四日に毛利家（長門萩）から春日に杉の重箱一組を音信として届けたところ、五、六日の逗留で田舎辺りへ出かけて留守だった。家臣の岡本忠右衛門に伝言し、かわりに重箱は英勝院に届けた。毛利家では、同月二十一日には精進落ちの音信として樽二・雁三羽を贈った（『公儀所日乗』）。これは受納されたので、この頃までに戻ったのだろう。
日時は不明だが、この年、春日は正勝の死を悼んで剃髪し、法名を「麟祥院殿」と号した。これを授けたのは、麟祥院住持の渭川周瀏《いせんしゅうりゅう》ではないか、とされている（竹貫元勝「春日局と麟祥院」）。この後も春日を麟祥院と記す同時代史料をみないので、内々の出家だったのかもしれない。春日はまだ家光を支え続けねばならなかったから、出家して隠遁生活を送ることなどは許されなかった。

正勝の嫡子正則は、この時十二歳。元和九年（一六二三）の生まれで、寛永三年（一六二六）に生母（山田重利の娘）が死去すると、春日のもとで育てられた。寛永六年には七歳で大御所秀忠に初目見えを許されていたが、相模小田原という江戸の守衛にとって要衝の地を幼少の正則に継がせることは決断であった。春日のもとに家光の上使として老中（井伊直孝・土井利勝・酒井忠勝）が派遣され、春日のこれまでの功績により正則に父の遺領が与えられる旨が伝えられた。正則は、四月に初めて帰国の暇を与えられ、相模小田原に赴いた。同年十二月には従五位下美濃守に叙任された。

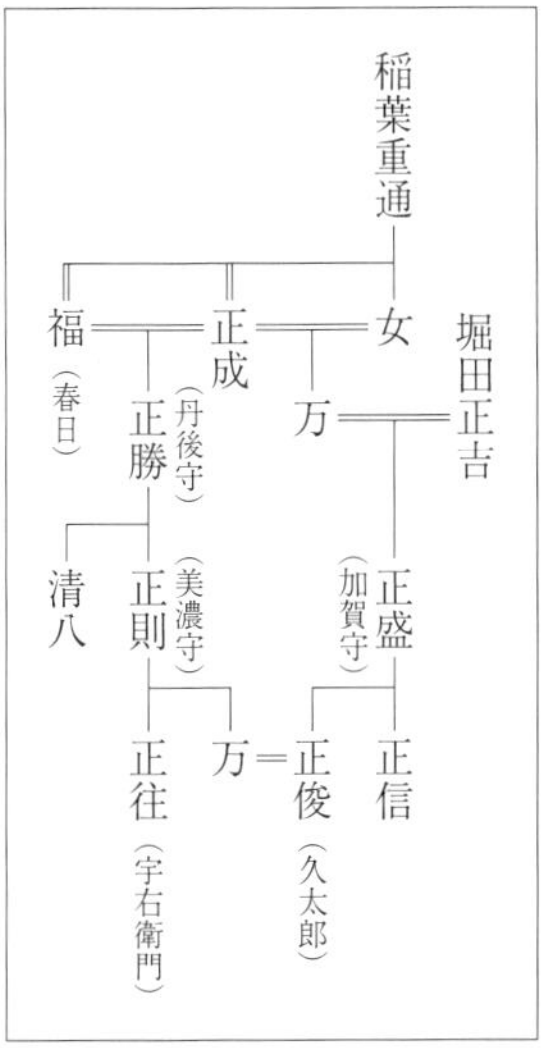

稲葉・堀田家関係図

　幼少の正則を後見するために、寛永十五年までは春日の兄斎藤利宗が小田原に在城して家政を補佐した（『細川家史料』）。寛永二十一年に正則が有馬の湯治から帰国すると、利宗は小田原でこれを出迎え、翌日にも正則は利宗のもとに数寄（茶の湯）に出向いている（『永代日記』）。利宗は正則が成人して、その後見を離れても小田原に屋敷を残していたらしい。

正勝にかわって出頭するのが、稲葉正成の長女万（福の養女）の子になる堀田正盛である。正盛は、家光の死にあたり追腹を切るほどの深い主従の絆で結ばれた寵臣となる。

二度目の上洛

寛永九年（一六三二）に春日は再び上洛した。『江戸幕府日記』七月十九日の条には、「明日、春日局国母御方（東福門院）へ御使、御内書被遣之」とある。その目的は家光の妹東福門院への使者であり、六月五日に女五宮を出産した祝儀を述べるためであった（蜂須賀家文書『草案』）。東福門院はすでに二皇子三皇女を生んでいたが、皇子はすべて早世していた。今回も生まれたのが姫宮だったため、今後は「いつれのお腹にても皇子御誕生ニ候ハヽ、国母様御養被成御位可然」との意向を伝えるためとも噂された（『細川家史料』）。つまり、後水尾帝の侍妾から生まれた皇子を東福門院の養子にして即位させれば良く、徳川将軍家の血筋にこだわることはない、という趣旨を伝えるためだった。その背景には、侍妾が流産させられ、生まれた子が殺されるという残酷な現実があり、そのような状況への抵抗として後水尾帝の突然の譲位が決行されたのではないかとも指摘されている（野村玄『徳川家光』）。

実際に、それまで後水尾の子は東福門院のみから生まれていたが、この後は、櫛笥《くしげ》隆子《たかこ》（逢春門院《おうしゅんもんいん》）、園光子《そのみつこ》（京極局・壬生院）、園国子《くにこ》（新広義門院）から二十人以上の子が生まれた（久保貴子『後水尾天皇』)。それ以前に東福門院(和子)から生まれたとされる子であっても、本当に東福門院の出生子なのか疑わしいところもあるが、庶出子を公認する道が開かれたことで、後水尾の庶出子を隠蔽する必要がないというのは朗報だったろう。八月十九日に禁裏御所で舞楽が催され、春日は参内して陪観を許された。これには後水尾院の御幸《ごこう》もあった(『時慶卿記』『資勝《すけかつ》卿記』)。

春日の宿所は、寛永六年の上洛に引き続き、今回も京都豪商の後藤縫《ぬ》殿《い》益勝《ますかつ》の屋敷であった。八月二十四日に近江多賀社の社僧慈性が訪ね、対面している(『慈性日記』)。春日の供侍は、稲葉市郎兵衛・多賀四郎兵衛・伊東伝右衛門であり、春日たちには方々の諸大名より過分の音信があった。肥後熊本の大名細川忠利からは銀銭三貫目、筑前福岡の大名黒田忠之からは樽三荷・肴三種・判金十枚といった具合である。畿内近辺の城持衆からも、種々の馳走を受けた(『長帳』)。

九月九日に春日は女院御所に出かけ、伺候していた大納言日野資勝と知人になった。その場には、日野弘資《ひろすけ》(資勝の孫)や前内大臣の西園寺公益《さいおんじきんます》・三条西実条(春日の猶兄)、大納言花山院定好《さだよし》も同席したので、これらの人々とも交流したのだろう。十七日に資勝は春日に礼に出向いたが不在のため会えず、翌十八日に東寺式部卿とともに礼に出向いた。二十五日には春日の帰府の予定を聞き、餞別として羅紗一巻・焼《(薫カ)》物大束一を贈り、春日は返事の文を届けて親しく交流している(『資勝卿記』)。

いずれの記事からも、春日を好意的に迎え、あるいは積極的に春日と近づきになろうとしていた様子がうかがえ、前回の上洛とは大きく様変わりをした扱いを受けた。春日は無事に役割を終え、九月二十七日に京都を出発し、江戸に下った(『資勝卿記』)。

十二月になると、梅小路という上﨟が江戸に下向した。春日より迎えがあり、東福門院からは侍十六人・人足六十人を付けて送り出した（『慈性日記』）。こののち、梅小路は江戸城奥の西側局、将軍の御休息の間から三番目に近い部屋を与えられて過ごした（「丑ノ年御本丸御奥方御絵図」）。既述のように家綱誕生時にも多賀社に書状を送っており（『慈性日記』）、江戸城奥にいて上方方面の交渉を担当する役割を担っていた。

春日は江戸に戻るとすぐに家光に交渉して、東福門院のために数寄道具一式を調えた。これは在京中に東福門院から所望されたものであった。寛永十年正月末には春日から東福門院のもとに右の一式が届けられ、その文には「秘蔵品を贈られたものであり、国母様御一代の御道具とするにふさわしい逸品」であることが伝えられた（『大内日記』）。

この他にも、東福門院は、たびたび家光に対して金の無心をした（久保貴子『徳川和子』）。その際に頼られた慶光院周清上人宛の東福門院書状には、「かすかへも、よく〱御申入たのミ申候、ゐいせう院へもよく〱御申入候て給候へく候、御きけんのよきおりふし〱に、御申入候やうニたのミ〱まいらせ候」とあり（慶光院文書）、毎年の送金が相違なく速やかに実施されるよう、周清上人から春日や英勝院を通じて将軍家光に依頼をしている。天野長信の日記（『大内日記』）にも、頻繁に春日からの来状が記されている。その頻度からみて、春日の二度の上洛により、東福門院（朝廷）と将軍（幕府）とをつなぐパイプは確実に強化されたことがわかる。

江戸城大奥の部屋

江戸城は寛永十四年春より本丸の改築工事を開始し、同年八月二十七日に本丸御殿が完成して家光が西の丸から移った。その様子を描いたと考えられる「丑ノ年御本丸御奥方御指図」によれば、中央に「春日殿物置」（区画⑫）はあるが、肝心の春日の部屋がどこなのかを示していない。家光や忠長の幼少期の御座所座敷であったとみなされる並び（区画C・D）に、久太郎（堀田正俊）・英勝院殿衆・慶光院の部屋が並んだ区画③があり、その一番下には所有者の記されていない部屋がある。これが春日の居住スペースだったのではないかと推測される。北の長局（区画②）の一番近いところには、春日の孫娘にあたる「せい《清》八」の部屋がある。さらに、区画③から持仏堂をはさんだ先には上段の間を持つ客殿（区画F）があり、ここで家光との対面もなされたと考えられる。客殿をはさんで「春日殿物置」があることも、その蓋然性を高くしていよう。

ところが、寛永十五年正月二十八日に川越喜多院が焼失したため、家光は江戸城奥御殿の客殿・書院・庫裏を移築したと伝わる。これが既述のように、客殿（区画F）と持仏堂に隣接する春日の部屋ではないかと推定されているが、そうだとすれば、その後春日はどこに部屋を得ていたのかを考えねばならなくなる。

とはいえ、寛永十六年八月十一日には江戸城奥の台所より出火し、本丸御殿が全焼した（『江戸幕府日記』）。火元は春日の台所であったが（『慈性日記』）、春日に咎めはなかった。家光は西の丸に移り、千代は春日の屋敷に避難したのち、加賀前田家の屋敷に移った。家光養女として前田光高に嫁いだ「大姫」がいた関係からだろう。寛永十七年四月五日に普請が竣工し、家光は新築の本丸御殿に移っ

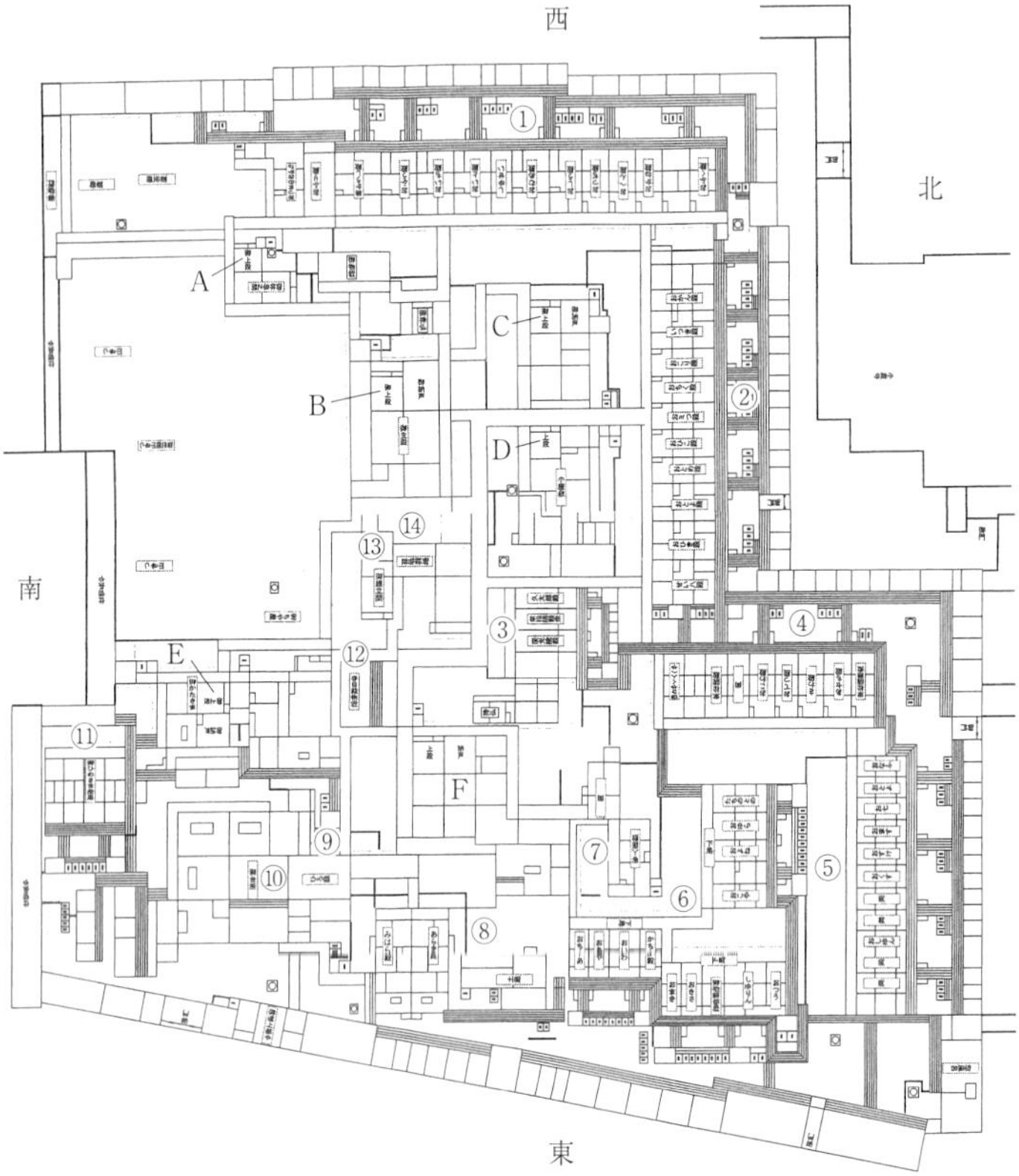

「丑ノ年御本丸御奥方御指図」

（出典）「森川家文書」ア246をもとに作成（作成：佐藤賢一）。藤田英昭「『森川家文書』所収の江戸城『御本丸御奥方御絵図』について」『千葉県の文書館』18号，2013年３月より転載。一部千葉県図書館菜の花ライブラリー森川家文書により修正，アルファベット，数字は筆者補。

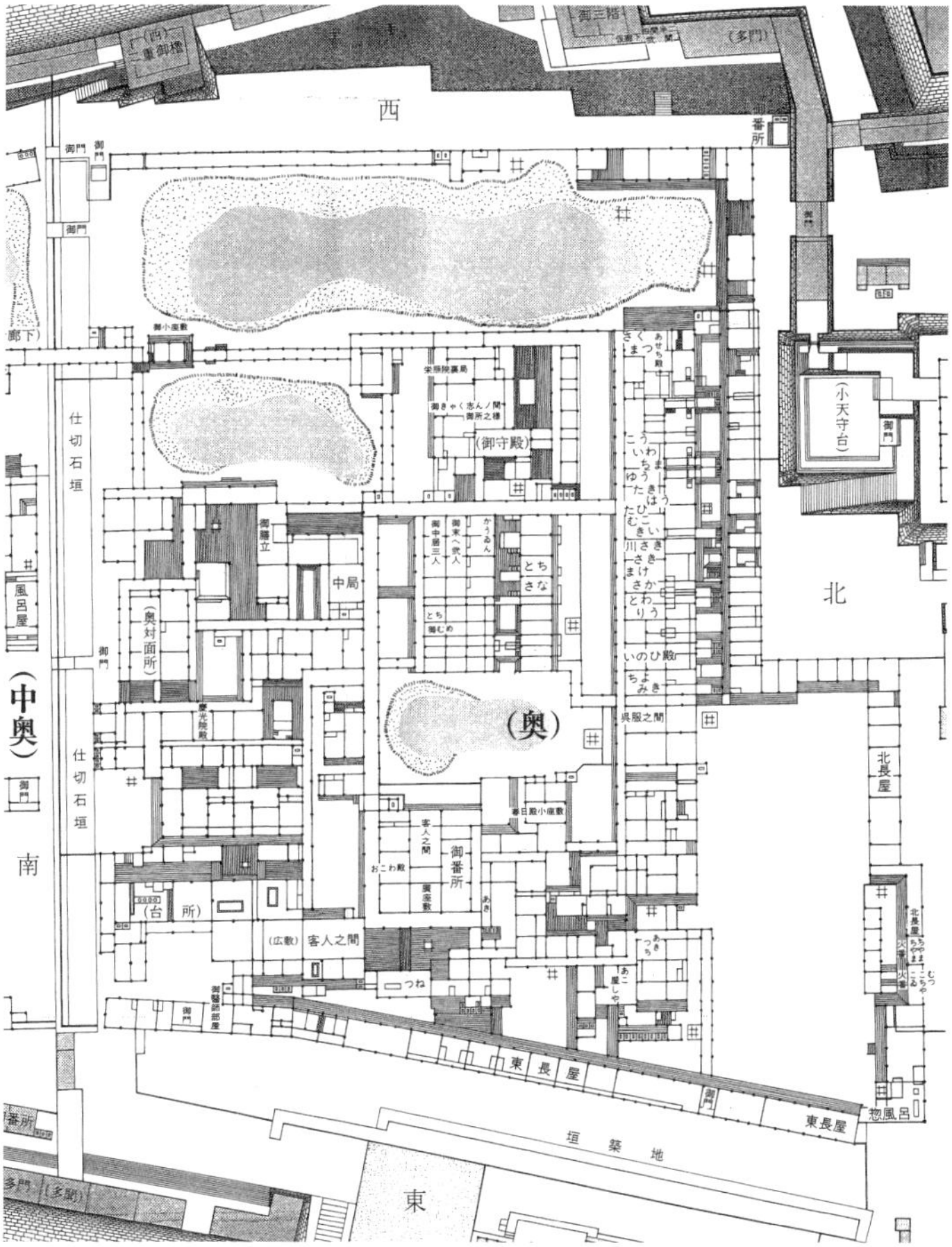

「御本丸総絵図」

（出典）　内藤昌『寛永期江戸城本丸・二丸圖』（教育出版，1995年）より一部転載。

た。

再建後の奥を描いた「御本丸総絵図」では、ほぼ同じ場所に「春日殿小座敷」がある。そこに隣接する形で奥の中央には庭が設けられ、客殿はなくなり、将軍の休息の間（「御小座敷」）から東に下った所に奥の対面所が設けられた。慶光院の部屋もその近くに移されている。また、再建後の奥の大きな変化は、将軍の休息の間の西側にあった長局（区画①）がなくなったことで、北の長局や長屋に奥女中たちは相部屋で過ごすことになった。家綱の御守殿には英勝院（「栄照院」）の裏局が隣接し、御守殿と春日の小座敷の間には中居《なかい》やおすえといったお目見え以下の奥女中たちの部屋が設置された。再建後の奥は、それ以前のものよりかなり縮小したと指摘せざるをえない。

家光が没したのち、女中三千七百人余に暇が出され、尼となる者が百余人であったと『徳川実紀』慶安四年（一六五一）四月二十四日の条にある。ただし、もともとの典拠は『天享東鑑』という後年の編纂記録らしく、数字の正確さに不安が残る。仮にこの数字が正しいとすれば、春日の死後に生まれた家光の子たち（綱重・亀松・綱吉・鶴松）、その生母の夏・玉・理佐、家光晩年に寵愛を得た琴などの部屋やお付の女中たちの長局が必要だったことから、奥は次第に拡大していったことが考慮される。実際に、家光の死去する約半年前の慶安三年十一月二十日に江戸城奥方普請が完成し、奉行を担当した留守居酒井忠吉や祖心尼・こわの二人、奥方番頭以下が奥方広敷で報償されている（『江戸幕府日記』）。この時の指図は確認できないが、なんらかの拡張工事が加えられたのだろう。

春日は江戸城の奥で生涯の大半を過ごしたと思われがちだが、実は江戸城の外に複数の屋敷を所有していた。寛永九年（一六三二）十二月の刊記を持つ「武州豊嶋郡江戸庄図」によれば、北の丸と神田の二か所に春日の屋敷がある。

江戸城外の屋敷

北の丸の一帯は、二代将軍秀忠の死後、「比丘尼屋敷」として整備された（渋谷葉子「江戸城北の丸の土地利用」）。北の丸屋敷の変遷をみると、春日の最初の屋敷（旧屋敷）は、現在の国立科学技術館とその駐車場のあたり（番号12）で、英勝院の屋敷に隣接していた。こののち、家光は蜷川親房に命じて北の丸の代官町に新屋敷（番号5）を造営させ、春日には「よりくかしこにゆきて病を養うべきむね」の「恩命」あったという。この屋敷は慶光院上人の屋敷と隣接し、裏手には比丘尼殿（おそらく祖心尼）の屋敷があった。寛永十八年十月一日に春日の屋敷で能が催され、正則は朝六つ（午前六時頃）過に訪ねて夜五つ（午後八時頃）時に帰った（『永代日記』）。おそらく新屋敷での饗応と考えられる。

伝来する「春日局邸平面図」（一七〇頁）によれば、表門を入ると御成玄関があり、上段の間を備えた書院作りの客殿が設けられ、白州の庭には舞台がある。その先の路次口を抜けると数寄屋があり、鎖の間という部屋がある。奥には居間や菓子部屋、祐筆部屋、呉服間、長局がある。この御殿を長屋が取り囲んでいた。敷地面積は五十間×三十間（千五百坪）程度とされ、場所は春日の旧屋敷と推定されている（『江戸城と大奥』）。ただし、寛永二十年に保科正之を饗応した際の鎖の間や数寄屋の造作からみて（二〇三頁）、新屋敷のものである可能性もある。

北の丸屋敷の変遷

	慶長13年	寛永図１	寛永図２	臼杵寛永図	正保図	明暦図
1	本多縫殿助	するか大納言様	駿河大納言様	御蔵	御蔵	御蔵
2	本多三吉	をきつ河内	うきつ河内	安藤伊賀守	久世大和守	天寿院
3	加藤喜左衛門	天寿院殿	天寿院番	天寿院様御下屋敷	天寿院様中屋敷	
4	安藤帯刀	斎藤彦四	安藤彦四	慶光院	□光院	いせ上人
5	高木九郎	高木勘六	高木勘右衛門	春日	増山弾正	増山弾正
6	戸田左門	御大工小屋	御大工小屋	破損小屋	—	大工小屋
7	倉橋長左衛門			松平大隅守	—	杉浦壱岐
8	内藤修理	松平大隅	松平大隅		—	
9	景山左助	天寿院殿中やしき	天寿院様	比丘尼殿	—	そしん
10	藤惣右衛門		御中屋敷	あせち	—	あせち
11	内藤甚九良	—	栄松院様	英勝院	黄勝院	栄松院
12	大久保次右衛門	—	春日御局	中之御丸様	御丸	中丸
13	内藤若狭	水野左近	水野左近	酒井和泉守	酒井紀伊	酒井紀伊守
14	安藤対馬	御番所・安藤右京	安藤右京	牧野内匠	長松様	松平左馬頭様
15	福尾掃部	一位局	一位様	天寿院様	天寿院様	
16	阿部新右衛門					
17	御鷹部屋					
18	加藤伊織					

（出典）　慶長13年：「慶長十三年江戸図」（『古板江戸図集成』１，中央公論美術出版，2000年），寛永図１：「武州豊嶋郡江戸庄図」（古地図史料出版），寛永図２：「武州豊嶋郡江戸庄図」（『古板江戸図集成』１），臼杵寛永図：臼杵市立図書館蔵「寛永江戸総図」，正保図：「正法年間江戸絵図」（『古板江戸図集成』１），明暦図：「新添江戸之図」（古地図史料出版）による。

（注）　番号は「北の丸屋敷配置図」（下図）の屋敷番号。

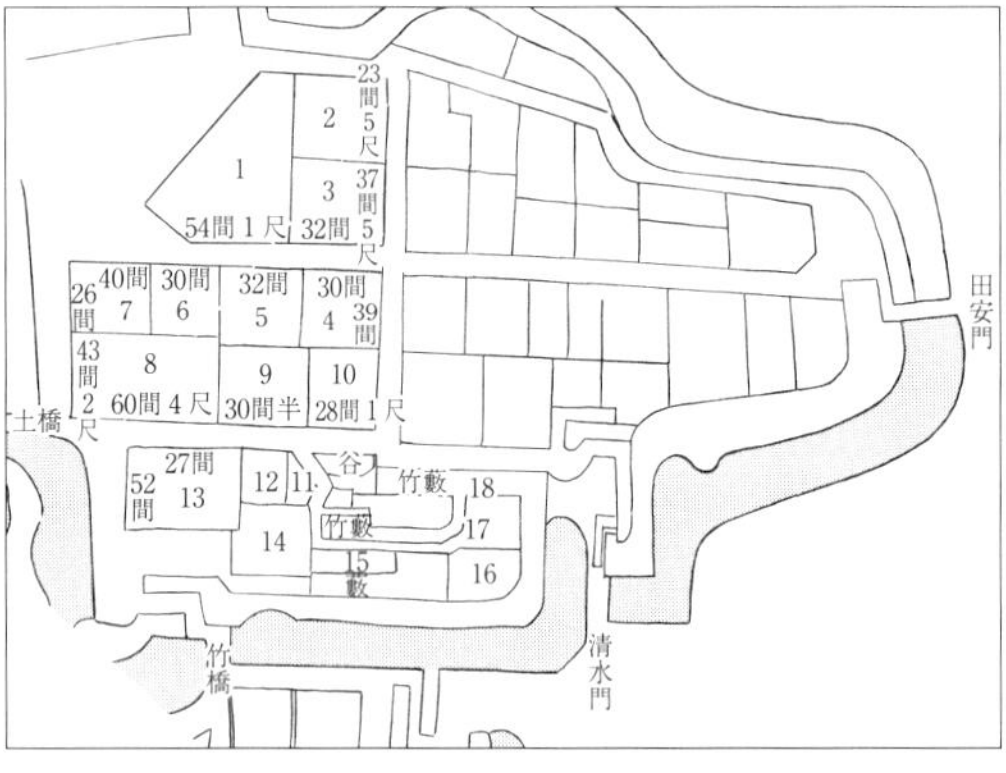

北の丸屋敷配置図

（出典）「慶長十三年江戸図」より作成。

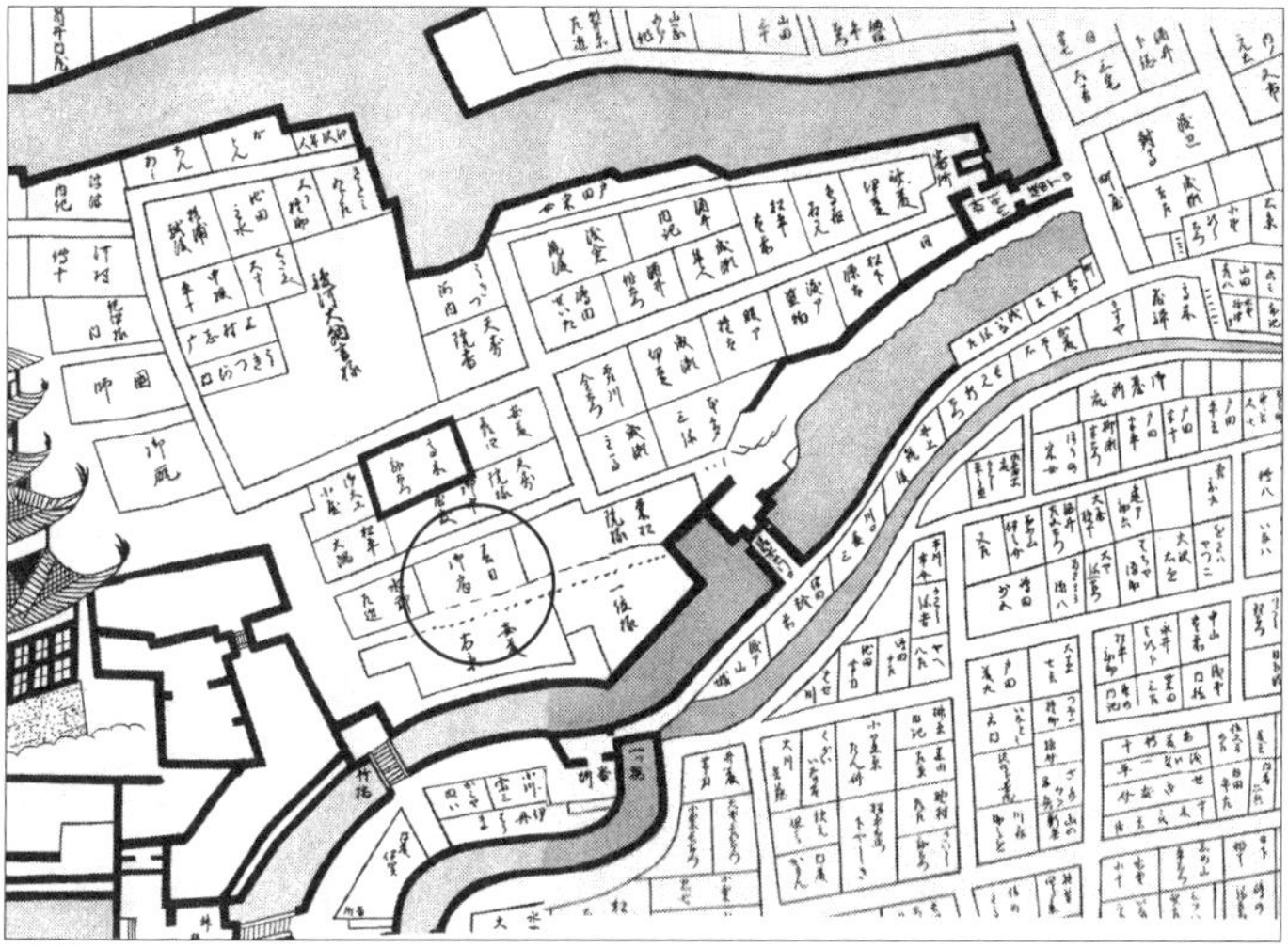

北の丸春日局屋敷

（出典）「武州豊嶋郡庄図」（『古板江戸図集成』1）より転載，一部加筆した。○は旧屋敷，▭は新屋敷の場所。

春日の旧屋敷は、家光と別居中の妻である鷹司孝子が中の丸を出て移り住んだ。春日の新屋敷は、春日の死後、正保五年（一六四八）二月十二日に家綱生母楽の兄にあたる増山正利に与えられた。

次に、神田の屋敷は、もとは花房職利《もととし》の屋敷地だったのを春日が拝借して屋敷を建てたものだという（『寛政譜』）。「武州豊嶋郡庄図」によれば、この屋敷は離縁した夫稲葉正成の屋敷の西側にあり、さらにその西側が「花房五郎左衛門（職利）」の屋敷地となっている。よって、花房の屋敷地の一部を借り受けたものとわかる。現在は、神田の三省堂本店がある区画にあたる。

寛永十四年九月十四日には、春日の「本屋敷」に家光の御成があった（『江戸

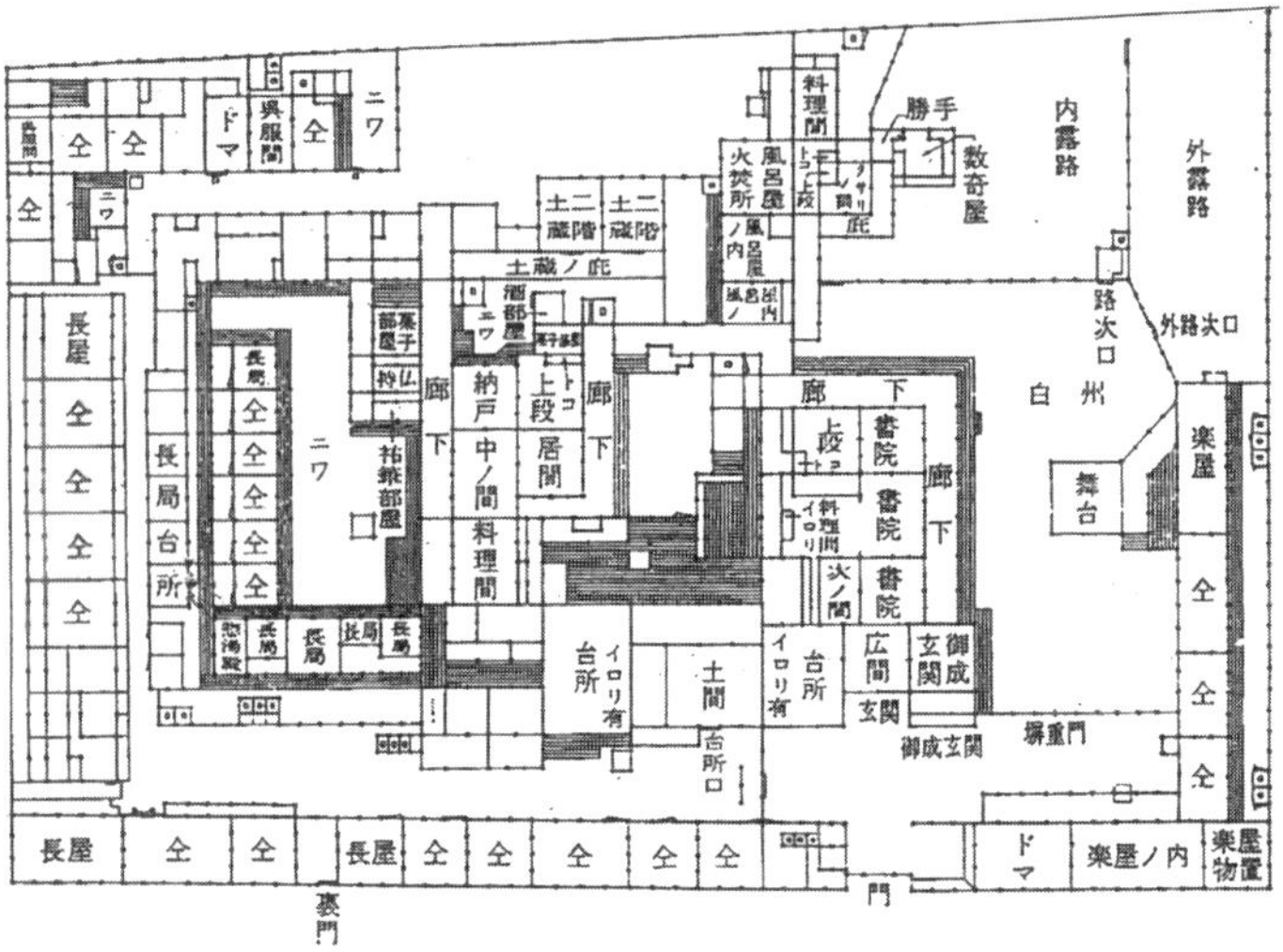

春日局邸平面図

（出典） 住宅史研究会編『日本住宅史図集』理工図書，1978年より転載。

幕府日記』)。場所は、神田の屋敷である。『徳川実紀』では北の丸(代官町)の新屋敷とするが、『寛政譜』の稲葉家の伝では神田の屋敷に御成があったとしているので後者の説をとっておく。巳の刻(午前十時頃)から饗応があり、膳を献じた春日には黄金三十枚、綿二百把が与えられた。能三番を終えて、家光の命により稲葉正則(十五歳)が風流踊りを演じた。その上覧を終えて、未下刻(午後三時頃)に帰城した。神田の屋敷を「本屋敷」と呼ぶのは、北の丸の屋敷がいわゆる役屋敷(役職に応じて拝領する屋敷)だったからだろう。

三番目の屋敷としては、現在の東京都文京区春日町の一帯がある。これは、寛永七年(一六三〇)に春日の願い出により拝領し、春日付の奉公人三十人を置くための住居とした（『御府内備考』）。前年に上洛して「春日」の局号と位を得たことが、春日の地位の上昇につながったことに伴う措置と考えられる。ここに鎮守のために勧請された稲荷社は、現在でも出世稲荷として本郷一丁目に祀られている。

四番目の屋敷としては、大久保亭と称された下屋敷がある。寛永十一年十二月十二日に、豊島郡柏木村に百石の領地を与えられた。これは、春日の菩提寺とするための湯島麟祥院に対する寄進というのが名目であり、ここに春日は屋敷を造営した。現在の北新宿一丁目にあり、小滝橋通り西側のNTT新宿営業所から北にかけての一万二千坪余りの場所だという（鈴木貞夫「春日局と柏木村」）。春日がたびたび「田舎」に出かけているとされたのは、この柏木村の大久保亭だったのだろう。寛永十三年十月九日には、大久保亭に尾張大納言徳川義直と水戸中納言徳川頼房を招いて饗応した。家光は太田資宗を上使として派遣し、菓子を贈った（『江戸幕府日記』）。

この他、拝領した時期は不明だが、五番目の屋敷として浅草にも春日の広大な下屋敷があった。

ところで、『明良洪範』には、春日が門番に入城を止められたという話を伝える。ある夜、春日が平河門を通ろうとすると、門番が開門しなかった。そこで、春日が「春日なり」と伝えたところ、「春日にても天照大神にもせよ、断りなくては通すべからず」と拒絶された。そこで一時《いっとき》（約二時間）ばかりを待たされ、許可が下りてようやく入ることができた。家光に対面すると「なぜ遅かったのか」と尋ねられたので、次第を話した。春日は怒るどころか、「全く御威厳のいたす所なり」と門番の対応を称賛したので、家光は「門禁は常に厳しく命じているので、そうあってほしいものだ」と笑ったという。ここから、家光の人徳のみならず、春日が自分の権勢におぼれず、人の善を称賛したのは「並々の婦女ならず」と、その頃世上でこぞって感心したのだという。

この話は諸説あり、家光にも似たような話があるので、真相は不明である。それはともかく、春日が平河門から入ろうとしたのは、神田屋敷や湯島方面に出かけていたことを読み取りたい。門を通れなければ自分の屋敷に戻れば良さそうなものだが、登城後すぐに家光に対面していることから、家光に帰城を約束していた日限があり、春日はなんとしても江戸城に戻らねばならなかったのだろう。

内証のルート

それでは、なぜ春日は江戸城の外にこれほど多くの屋敷が必要だったのだろうか。

その理由としては、第一に饗応の場としての必要である。実際に、家光をはじめとして、交流のある男性たちを招いて饗応したことが確認できる。江戸城奥に男性を招き入れるわけにはいかないから、江戸城の外に屋敷が求められたのである。

第二には、諸大名たちとの交流では頻繁に贈答があり、その授受を江戸城奥でおこなうことは不適切であった。また、その対応をする家臣や女中たちを置いておく必要もあった。

第三には、三番目の屋敷に代表されるように、家臣を抱えておく必要があった。上洛はもちろんのこと、たとえば家光長女千代の婚礼に際して春日が尾張家に交渉に出向いた際など、その外出には従者が必要となる。春日の行動半径は意外に広く、江戸城の奥に限定されるものではなかったのである。

第四に、春日が果たした重要な政治的役割として、将軍の「御耳に立てる」ということがあった。これは、諸大名の内願を聞き、正式に幕府老中を通じて将軍に願いや伺いを出す前に、将軍家光に内々に伝えて内意を聞き出すことであり、幕藩関係における意思決定の円滑化に果たした意義は大きい。たとえば、寛永八年に春日が豊前小倉の大名細川忠利に宛てた書状では、家光が無事に日光社参を終え、食事も良く進んでいることなど、家光の動静を事細かに知らせるとともに、忠利から届いた文のたびごとに詳細に「御ミ、にたて申候」と伝えた。この時、細川家では国元普請の件で春日に将軍の意向を確認してもらっており、春日は「それさま御のそミのことく仰つけられ候通りつふさに御ミ、にたて申候」と、忠利の意向に沿うように家光に取り次いだことも伝えた（『熊本県史』Ⅰ）。

こうした細川家と春日の関係を分析した高木昭作は、「家光の信頼が大前提ではあるが、家光の時期の大奥には、御台所（将軍家夫人）不在という事情があり、家光は春日に将軍家御台所の役割をも期待しなければならなかった」ことが、家光と老中との間の取次として春日を老中たちにも権勢をふるう存在へと押し上げたと指摘した（『江戸幕府の制度と伝達文書』）。

ただし、そのような役割を果たしたのは、春日のみではなく、英勝院といった他の女性たちも担っていたことに留意すべきである。たとえば、寛永十二年（一六三五）正月六日に筑前福岡の大名黒田忠之の子の吉兵衛（のちの光之）七歳が、初めて江戸城に登城し、忠之の母大凉院《だいりょういん》（徳川家康養女、実は姪、保科正直の娘、黒田長政の妻）が同道して家光に拝謁した。この頃、大凉院は老年ながら疱瘡を患っていたが、かねて定められていた日なので変更もできず、病気を抑えての登城であった。

この場には、上段に家光、正面向かいに吉兵衛、縁側に大凉院、春日、その反対側に英勝院が座した。場所は不明だが、おそらく中奥《なかおく》の将軍御座所だろう。目見えは無事にすみ、吉兵衛は無事に世嗣として認められた。吉兵衛の介抱として「客人」という局が付き添った。これは、蒲生氏郷の家臣蒲生源左衛門の妻で、夫の死後に大凉院から「客人分」として呼ばれていたもので、たびたび江戸城へも参上し、家光へも目見えを許され、直接話をすることのできる者（「直に物をも申したるもの」）であったという（『黒田家譜』）。

この六日後の十二日に、大凉院は没した（享年五十一）。命に代えても、この登城を実現させねばならないとの固い決意で臨んだとわかる。その逼迫した事情とは、黒田忠之に嫁いだ家光養女が寛永六年に没したことにあった。忠之は再び将軍家又は有力幕閣の家から妻を得たいとの意向であったため、妾から生まれた吉兵衛を世嗣として認めようとしなかった。しかし、再嫁の見込みはなく、大凉院は吉兵衛とその母（新見氏）を江戸に呼び出し、新見氏を忠之の夫人として認めさせるなど準備を進めたが、忠之には表向には妻がいないため、世嗣はいないことになっていた。それ故、表向のルートで正式に世嗣の願い出をするわけにはいかず、大凉院は自身の家康養女という徳川家との強力な関係があるうちに、内証ルートを用いて吉兵衛を黒田家の世嗣として家光に認めてもらおうと企図したのである。このように、正式のルートでは困難が予想される問題に対して、春日、英勝院、客人のような家光に心安く話ができる女性たちが政治的能力を発揮し、その解決に貢献していたのである。

権勢をふるう春日

寛永十一年（一六三四）に家光は老中職務規定を定め、大名たちからの御用や訴訟といった案件は表向きには老中を通じて将軍家光に伝達され、老中を通じて大名側に命令をするという正式の意思決定ルートを定めた。これは、大名たちと取次の老中や旗本との癒着の関係を絶ち切ることが目的にあり、老中制の成立をもたらした（藤井譲治『江戸幕府老中制形成過程の研究』）。

しかしながら、実際には家光との心安い関係を通じて大名たちは家光の内諾をとりつけようと必死だった。老中のうち、松平信綱・阿部忠秋・同重次が表向きを任され、堀田正盛が内証を任され、大老酒井忠勝は「表・内証ともに」信頼されて任されていた（山本博文「新発見の小浜酒井家文書」）。特に堀田正盛は春日の縁者であったから、春日とともに内証ルートに果たす役割を大きく浮上させたのは自然の成り行きだったともいえよう。

寛永十二年正月二十八日付で伊勢貞昌（薩摩島津家家中）が記した異見状十三か条の第八条では、春日への対応を次のように述べている（伊勢文書『宮崎県史』）。

一、春日殿へ従諸大名被入御念折々御音信にて御座候、是者御奥方にて諸大名之御事共を何角御申之由候、就其皆々左様御念比ふりニ而候処、従此方斗大方ニ被成候而者如何御座候間、其御心得入可申事、

要するに、春日に諸大名が念入りに音信をする理由は、奥において春日が諸大名のことを色々と将軍に言上するからであり、島津家で世間並み（「大方」）にするのは問題なので、その心得が必要だという意見である。次の第九条では、進物を贈る際の注意や頼みとしている老中に過大な取次を頼まな

いことなど、江戸における心がけを諭した。春日に取り入ることが、老中たちへの配慮よりも先に伝えられているところに、家光政権における春日の権勢ぶりをみてとることができる。

　これを逆にみれば、諸大名たちの要望を聞いて家光に伝えるためには、春日が諸大名やその代理と信頼関係を持たねばならず、そのために彼らに会う必要があった。彼らが江戸城の奥に出向くことは難しかったから、おのずと江戸城の外の屋敷で彼らに会うことになる。春日が内証ルートでの役割を果たすためにこそ、屋敷は不可欠だったのである。

　次の書状は、そのことを良く示している。寛永十七年に肥後人吉（熊本県人吉市）の相良《さがら》家で生じた家中騒動（相良家の重臣相良清兵衛の一族が、人吉城下で戦闘の末、殺害された事件）の対応の際に、その上使として人吉に派遣されて江戸に戻った三上季正が、九月十三日付で在江戸の相良家当主の相良頼寛《よりひろ》に送ったものである（熊本県立図書館蔵「相良家文書」）。

かすか殿へ之儀、内々御城へ成共両通遣し可申と存候へ共、ちよひめさま之御ふくろ御はて候ニ付而、散々機嫌悪敷御座候、何のとんぢやくも不被仕候由申来候間、弥々今朝人斗といニ遣し申候、弥々きけんもあしき様ニ御座候ハヽ、おそき分ハ何様ニも後々申分ハ可仕候間、相待申候て、下へ御さかり候てから持参仕、ぢき〳〵の事ニも可仕かと分別仕候事、

（現代語訳）春日殿の件は、内々御城に（頼寛から渡された書状の）両通を遣わすべきと考えますが、千代姫様の御袋（振）が死去したので、散々機嫌が悪く、何の頓着もできないといってきましたの

で、今朝は人ばかりを遣わしました。さらに機嫌が悪ければ、この件が遅くなっても問題はなく、のちに申分をすれば良いので待つことにし、城下の屋敷に（春日が）下がってから持参し、直々に相談するのが良いと分別しています。

振（家光長女千代の生母）の死亡記事があるので、寛永十七年の書状になる。三上季正は春日の妹の子であり、甥にあたる。その親しい関係から、相良騒動の件で家光への取り次ぎを春日に頼もうとしたようだが、振の死亡により春日の機嫌が悪いため、春日が落ち着くまで待ち、屋敷に下がってから直談する予定だと伝えた。相良家としては改易の危険もあったから、なんとしても春日に頼みたいところであったが、事を急ぐこともできなかった。春日が屋敷に戻る日まで、いつとも知れず待たされることになった。とはいえ、落ち着けば春日が屋敷に下ることが想定されている。すなわち、春日が江戸城の奥を出ることは、稀で難しいことだとは認識されていなかったのである。

春日の人物像

春日がこのように人から頼られるようになったのは、単に家光に近い存在だったからというだけではなかった。細川三斎が豊前小倉にいる嫡子忠利に送った寛永七年三月十七日付書状（『細川家史料』）には、春日の人柄をよく伝える話がある。この時、春日は五十二歳である。三月四日に江戸で京極忠高の妻初が没し、十四日に小石川伝通院で葬式があった。初は徳川秀忠の四女であり、家光の姉にあたる。

その臨終の時刻に、夫の忠高は表屋敷で相撲を取らせて遊興中であった。屋敷の奥より臨終が近いことを数度伝えたが、誰も忠高に取り次ごうとしなかったので、奥より直接、江戸城西の丸にいる秀忠へ報告した。すると、広庭に相撲取り数十人を並べて置き、貴賤群衆と取り組ませて見物していた所へ、幕府老中の酒井忠世・土井利勝・永井尚政たちが馬にて駆けつけたので、忠高は奥へ逃げ入り、相撲取りをはじめ庭の者はここかしこと逃げ隠れるという言語道断の有様だった。客として招かれていた青木重兼（一重の子）たちは逃げることもできず、ただ隅に控えて居たところを老中たちから激怒された。

このような事態となり、西の丸の秀忠付の局ともう一人の女房が、忠高が初に悪しくあたった様子を秀忠に言上するよう頼まれ、二人はそれを実行しようとした。すると、春日が制止に入った。その理由は、「所詮はお耳に入れねばならぬことだが、只今はご愁傷にて取り紛れている時なので、まずは遠慮すべき」というものだった（『細川家史料』）。この次第は、ことの本質を見極め、大局からあたろうとする春日の器の大きさがみてとれる。

なお、初が発病した原因は、忠高の使用人が長屋で初の悪口をいっていたのを、年若い女房が聞いて初に告げたため、初も直接聞いて逆上して寝付いてしまったのだという。これも、そもそもは初の御座所と長屋とが粗相な塀一重だったことにあり、このような屋敷住まいは若党《わかとう》といった小身者でもないことだと不審がられたが、結局、忠高に咎めはなかった。

それから七年後、寛永十四年三月四日に忠高は国元の松江（島根県松江市）を出発して江戸に下向したが、五月頃より病気となり、六月十二日に江戸に没した。享年は四十五だった。娘が一人いるだけで、嗣子がなかったので、養子を願い出るよう幕府老中の酒井忠勝より異見があり、忠高と懇意の関係にあり、その死期を看取るほど親しい仲にあった細川忠利が使者となって養子を願い出たが、それが決着する前に忠高が没してしまった。のちに細川家が得た情報によれば、養子の件は三年前に春日まで申し入れていたが、家光の耳に達していなかったのだという（『細川家史料』）。つまり、春日が京極家の内願を家光に取り次がずに保留していたため、京極家が末期養子の禁にふれて無嗣断絶となり、出雲・隠岐両国は没収される結果になった。ただし、京極家には初代高次（忠高の父）の戦功を重んじ、忠高の甥高和《たかかず》に播磨龍野《たつの》六万石が与えられ、京極家の名跡は保たれた。

なぜ春日が右のような対応をとったのかは不明だが、必ずしも京極家を冷遇していたわけではない。仮に冷遇していれば、忠高が春日に養子の件を依頼するはずがない。忠高は、臨済宗に没頭し、領内支配では善政を敷いた人物として高く評価されており（『京極忠高の挑戦』）、既述の相撲の一件は彼の一つの側面でしかない。そう思えばこそ、春日は女中たちの秀忠への注進を制止したのだろうし、養子の一件も年齢的に実子が生まれる可能性が残っていたことを考慮したとも考えられる。

寛永十八年には、春日が引退を表明した。つまり、一切の取り次ぎをやめることになったのだが、これを聞いた新大夫（常高院の老女）は、春日を失えば京極高和にとっても悪事であり、家老の佐々光長も困惑していると書状に記した（「常高寺文書」）。これをみても、京極家が春日の内証ルートをいかに頼っていたかを知ることができる。

最後の上洛

寛永十一年（一六三四）七月に、家光は約三十万の人数を率いて上洛した。元和九年（一六二三）、寛永三年に続く、自身の三度目の上洛となる。とりわけこの上洛には、秀忠没後の代替りを世に示す目的があった。六月二十日に江戸を出発し、七月十一日に京都二条城に入った。十八日に参内し、姪にあたる明正帝に対面し、ついで後水尾院の御所、妹の東福門院御所を訪ね、二十一日は親王・公家や諸大名を二条城に招いて饗応した（藤井讓治『徳川家光』）。この間、春日は家光に同行することなく江戸にいて、家光の帰りを待った。八月二十日に家光が江戸に戻ると、春日は膳を献じ、供奉の人々をも饗応して、その無事を祝った（『御当家紀年録』）。

寛永十三年になると、春日の上洛が計画された。これは、後水尾院の女二宮と近衛尚嗣《ひさつぐ》との祝言があるための上洛と噂された（『細川家史料』）。婚礼は十一月二十三日に挙行されたが、実際に春日の上洛はなかった模様である。というのも、十月九日に春日は大久保亭で尾張徳川義直や水戸徳川頼房を饗応し（『江戸幕府日記』）、十月二十二日付で春日が細川家に宛てた書状では家光の息災を伝えており、在江戸が確認できる（『細川家史料』）。十二月二十三日には毛利家から春日に歳暮が贈られ受納されているから（『公儀所日乗』）、春日の在江戸が確認できる。よって、約二か月の間に江戸と京都を往復したとは考えにくいし、在京したとする史料も確認できない。

春日の上洛は、寛永十七年に実現する。寛永六年、同九年と上洛したので、三度目となるが、これが最後の上洛となった。『江戸幕府日記』五月二十六日の条には、「禁中方御用之儀有之而、春日局被差上之、今日江戸発足也」と記される。春日には禁裏や後水尾院・東福門院に持参する夥しい進物が幕府より渡されており、上洛の直接の目的は朝廷への経済援助があった。とはいえ、この時期には内裏造営の準備が始まっていたように、天皇交替の時期にあたり、皇子のいない東福門院に養子をとらせる相談が任されていたのではないかとみられている（久保貴子『徳川和子』）。春日は上洛の途中に伊勢参宮も予定していた。そこで、宇治橋の前後に鳥居を建てることや橋姫宮を先規のように造営することを命じる奉書の持参も命じられた（『江戸幕府日記』）。

春日は六月六日に近江多賀に到着し、翌日に多賀社に参詣して出立した（『慈性日記』）。その後に伊勢に寄ったとみられる。六月十六日には北野天満宮の社人が春日に進物を贈っており、それまでには入洛した（『北野天満宮史料』）。京都・麟祥院の「由緒書」によれば、春日は入洛して禁中での饗応が済み、発駕前の七月中は麟祥院に引越して在留したと伝える。七月十四日には後藤縫殿の後継者が、麟祥院で能を演じて春日を饗応した。ただし、麟祥院に移ったのちも、七月二十一日に春日は東福門院の御所に上がり、盃を献じ、饗応を受けた（『隔冥記』）。同月二十八日には禁中に上がり、明正帝から饗応があった。諸大名からの進物や使者も引っ切り無しであり、訪ねて来た新大夫を麟祥院に留めて諸大名への返事の文の作成を手伝わせたほどで、「朝から夜中まで書き続けた」「大酒に酔ったように草臥《くたび》れた」と新大夫は書状に記している（「常高寺文書」）。なお、京都麟祥院にある春日の御霊屋は、後水尾帝から春日に与えられたもので、慶長度内裏御亭《だいりおちん》の遺構とされている（大和智「麟祥院春日局御霊屋の痕跡調査について」）。ここには、春日局の木像が小堀政一により安置されている。

春日に同行していた祖心尼は、七月二十八日に京都を出発した。これは、孫の振が危篤状態に陥り、祖母の祖心尼に会いたいと願ったためで、これまでは江戸に戻ることは禁じられていたが、ようやく帰府を許可する文が継飛脚で届いたので、祖心尼はそれをみてすぐに江戸に下った（「常高寺文書」）。

　春日は、その翌二十九日に京都を出発した。帰路もまず伊勢に行き、八月三日に再び多賀社に立ち寄り、四日後の七日に宮参りをして四つ時（午前十時頃）に出立した（『慈性日記』）。そのあと、鎌倉、若宮（鶴岡八幡宮）を廻り、大山詣でをして、それより日光に参詣して、九月一日に江戸に戻った（『江戸幕府日記』）。しかし、振は八月二十八日に没しており、臨終には間に合わなかった。これを知った春日の機嫌は何の取り次ぎもできないほど悪かったというが（「相良家文書」）、振との最後の別れを犠牲にしても、念願の地を訪ね、最後に日光まで足を伸ばして東照社（一六四五年に宮号宣下を受け東照宮になる）に参詣し、神君徳川家康に感謝の意を表し、本願を遂げたかったのだろう。春日六十二歳。「東照大権現祝詞」は、春日がこの参詣時に作成し、奉納したものと推定されている。

2　晩年の生活

天澤寺の建立

　寛永元年（一六二四）に春日は徳川家光に願い、江戸の湯島に報恩山天澤寺を創建した。また、帰依する妙心寺東海派の単伝士印から、「仁淵了義《じんえんりょうぎ》」の法名を得た（竹貫元勝「春日局と麟祥院」）。この時、四十六歳である。その十年後の寛永十一年（一六三四）正月二十五日に実子の稲葉正勝が没すると、福は剃髪して「麟祥院殿」と号するとともに、法名にちなんで寺号を「麟祥院」へと改称し、それまでの寺号の「天澤」を山号に改めた。さらに、この年には京都妙心寺にも麟祥院を創建した。その創建由緒は、家光が春日のために、あるいは春日が正勝の菩提を弔うために建立したと伝えられている。同年末には、江戸と京都の麟祥院それぞれに家光の寺領宛行朱印状が発給された。江戸のものは写しのみが伝来する（『湯島麟祥院』）。いずれも、「稲葉春日局」の菩提所たることにより、とあるところは、春日が稲葉の名字を用いていたことがわかる点でも注目される。

武蔵国豊嶋郡天澤山麟祥院領同郡柏木村之内百石事并境内竹木等依為稲葉春日局菩提所令寄附之畢、全可院納永不可有相違者也、
寛永十一年十二月十二日御朱印
（東京・麟祥院文書）

家光は豊嶋郡柏木村内で百石の寺領を寄進し、境内の竹木などを永代に寄附した。柏木村は既述のように春日の大久保亭も設けられた。

花園妙心寺内麟祥院領山城国木辻村之内五拾石浄土寺村之内百五拾石都合貳百石事并境内竹木等依為稲葉春日局菩提所令寄附之畢、永代院納不可有相違之状如件、
寛永十一年十二月十二日（家光朱印）
麟祥院
（京都・麟祥院文書）

京都の麟祥院の場合は、京都所司代板倉重宗《いたくらしげむね》の指図でまず寺領高の内、木辻村（京都市）に寺を取り立てた。翌十二年三月に京都代官の五味豊直《ごみとよなお》より寺屋敷が引き渡され、天授院山にて寺領を渡すことになったが、在地で争論中だったので当分は取立てた年貢を支給されていた。四月に板倉重宗と五味豊直の立ち会いで縄張りが行われ、六月に普請をした。寛永十三年五月に普請が成就し、同年九月十一日に開基碧翁愚完首座《へきおうぐかんしゅそ》を初住持に迎えた。愚完首座は同年に出府をして、十月十五日に江戸城白書院において家光に礼をおこない、一束一巻を献上した。十一月十五日に柳の間で暇を与えられ、時服五・銀子三十枚を拝領した。道中小荷駄二疋・人足十人を付けられた（京都・麟祥院文書「覚」）。

春日は麟祥院に対し手厚い外護を加え続けたが、寛永十九年二月二十六日に渭川が示寂した。後席は、荊巌玄珇が継いだ。次の書状（東京・麟祥院文書、同文が京都・麟祥院文書にも伝わる）は、荊巌に対して春日が渭川に厳命していた内容を守るように伝えたもので、渭川没後の寛永十九年ないし春日が没する前の寛永二十年の発給となる。

一筆申候、いせんさまの御時より、われ〱らかたく申候まゝ、御きゝつたへ候ハんつれとも、ねんのために申候、われ〱一もん中、ましてよ人ゑは申におよはす、ろうにん御きも入候ハん事、人のわひ事の事、かたく御きも入候事むようにて候、それさまわかく御入候まゝ、ねんのためまた〱申まいらせ候、かすかかたく申なと申候よし御申候て、かならす〱御きも入候事無用にて候、かしく、そのために申候、かしく、

六月七日
けいかんさま　　　　かすか
まいる

牢人の面倒や詫び言の仲裁を扱うことは無用であり、春日から固く命じられたなどと言って断るように、と念を入れて伝えている。春日の猶子で、不肖を理由に天澤寺を追放された神龍のことを念頭に置くものかもしれない。

さらに春日は死期に及び、荊巌に次の書状を遺した（東京・麟祥院文書）。

この判金拾壱枚と小判六十四両ハ、書付のことく十分いちのかねにて候、のこり小判弐百両はゆい物のかねにて候、ワか身いき世のうちに出世させ、むらさきころものすかた見申度候へとも、いまた五十に御なり候はす御法度の上、せひなくのこりおほく御入候、何時も五十いせんニ紫衣に御なり候へく候、そのためニ右申ことく弐百両ハこの箱の内へ入申候、

寛永廿年
未八月十八日　　　　春日　印判・書判
天たく寺
けいかん和尚へ

荊巌への紫衣勅許を切望し、そのための資金を遣し、いまだ荊巌が五十にならないため出世した紫衣の姿を見ることなくこの世を去ることとの残念さを伝えた。八月八日から春日は病床に臥せており、覚悟するところがあったのだろう。この書状からひと月もたたない九月十四日に春日は没した。

一方、京都・麟祥院の開山に招請された碧翁愚完は、寛永二十年八月一日に示寂した（『妙心寺史』）。春日が没する四十日余り前であった。十月六日付の新大夫の書状によれば、京の寺の長老は十六の時より春日が養って来た者で、計り知れない肝入りをして来たのに、春から病気になり八月一日に没してしまい、春日の葬儀には立ち会えなかったのだが、これを春日は聞くことなく、死んだという（「常高寺文書」）。すなわち、導師をまた一人失ったことを知らずに、春日はこの世を去ったのである。

春日の政治引退

寛永十九年三月に、春日は知行地を拝領した。毛利家では三月十八日に祝儀を贈っているので、十八日以前のことになる。また、大名の毛利秀就自身が見舞っているから（『公儀所日乗』）、春日は屋敷に下っていたのだろう。

三月二十三日付の新大夫の書状（「常高寺文書」）によれば、春日は次のように家光に願い出たのだという。

もはやもと〳〵のやうに御しろに御さ候て御よふ御とゝのへ事成候ハす候まゝ、御やしきにハかり御さ候て、おり〳〵御めみえに御出候やうになされたき、

（現代語訳）もはや、これまでのように御城にいて御用を調えることはできません。御屋敷のみで

過ごし、折々は御目見えに出るようにしたいのです。

家光はそのようなことは思いもよらず、満足にも思わなかったが、「御孝行（「御かう〳〵」）のためなので、屋敷で養生し、折々は機嫌次第に登城するように」、また「知行三千石、銀子百貫目を与えるので、ゆっくり使うように」との「仰せ」があったのだという。これにより、春日のもとに出入りをしていた人々が困惑したことはいうまでもない、と春日が政治引退を表明した際の様子を具体的に伝えた。

日付は不詳だが、翌年春頃の新大夫の書状（「常高寺文書」）では、屋敷に下がった春日の暮らしぶりを伝えている（原文は仮名交じり文だが、読みやすく漢字にし、濁点等を補った）。

春日様の懇ろは、申すばかりも御座候はず候、御かわゆがりにてか、そばに御置き候て、四方山《よもやま》の物語りにて時をいたし候が、用候て宿へ帰り候へば、幾日かして帰り候はんや、と御申候やうに、御話しありともなそうに御座候ゆへ、心忙しきばかりにて御座候、そこからそこへの取り次ぎもし申さず、文《ふみ》など書き申す事なくて、何の用にも立ち候はで、そばに夜昼い申候ばかりにて候が、奇縁にてこそあるらん、と思ひてい申候、今は御屋敷にばかり御座候ま丶、見舞い衆とうち交り候て、話しいたし、茶などたべて暮らしまいらせ候、新大夫のことを可愛がり、用があって新大夫が自分の宿に戻っても、数日すると帰ってこいといわれ、取り次ぎをするでもなく、文を書くでもなく、そばに昼夜いるだけで、四方山話しをし、茶を楽しみながら、見舞い衆とも交流しながら、ゆっくりと時を過ごしていたことがわかる。新大夫はこれを「奇縁」ととらえていた。

九月の新大夫の書状では、若狭への帰国が近く許されるのではないか、と伝えながら、春日が来年の春には隠密に伊勢参りをしたあと上洛して麟祥院に行く計画中であるとし、「あわれ伊勢から京へのぼり、世上へ隠密にして、新大夫といわれて連れ立ち、妙心寺を今一目見申したきが、これはなる事かならぬ事か」と語ったと伝えた。無論、この計画は実現しなかった。

寛永二十年には知行地の吉岡（神奈川県綾瀬市）に出来た屋敷に滞在した。四月八日に稲葉正則（福の孫）は小田原城を出て、九つ時（正午頃）に井之口に到着して昼食をとり、九つ過に同地を出発して戸田の渡し（同県厚木市）まで行き、暮時分に吉岡に到着した。ここで春日と食事をともにしたのち、正則は庄屋久右衛門の家で一泊した。繁翁という人物が訪ねて来たので対面したあと、再び春日のもとを訪ね、程なくして帰った。十日は四つ（午前十時頃）過に春日を訪ね、昼過ぎにまた暇乞いのため春日を訪ねて食事をとり、そのまま出立して戸田の渡しを船で渡り、井之口の四郎兵衛の所に夜五つ（午後八時頃）過ぎに到着して一泊、翌十一日五つ（午前八時頃）過ぎに出発して七つ時分（午後四時頃）に小田原に帰城した。

春日の屋敷は、現在の吉岡にある臨済宗済運寺《さいうんじ》の近くだったとされ、寺には春日の位牌と春日所用と伝わる茶臼と茶釜が伝来する。春日が大山参詣に通った道は「春日道」として一部が残されている。春日の知行地は済運寺のある場所より高台にあり、「春日原」と呼ばれて現在も広大な畑地が広がっている。

留守中法度

淀稲葉家文書の中には、春日が自筆で書いた留守中法度が伝来する。十一か条にわたり屋敷の出入りに関して取り決めたものである。

るす中はつとの事
一、ひのやうしん《（火の用心）》かたく申つけ候ハん事、
一、たれ〳〵の御出なりとも、とのたちハおもてより久太郎出あいて返し候ハん事、おくへはむようの事、
一、きやく人、これハかくへつの事、かすかめしつかい候物、上下ともに、やとへ出申候事むようの事、
一、ともにめしつれ候ものとものあつかい候道くは、あいふきやうをあとニおき候へハ、それニよく申つけ候、およつ・たかのをつれてまいり候ゆへニ、この物之あつかい候入物ハ、やす・たつニよく申つけ候、ぢやう《（銃）》をおろし、口にふう《（封）》をつけ、ぼう《（棒）》をさしおき候へと申つけ候まゝ、出し候事ハ、ま五ゑもん・やす兵へ、みな〳〵ねんを入候ハん事、
一、久太郎・せい八・しん大夫殿・りけいのまいり物ニねんを入候ハん事、

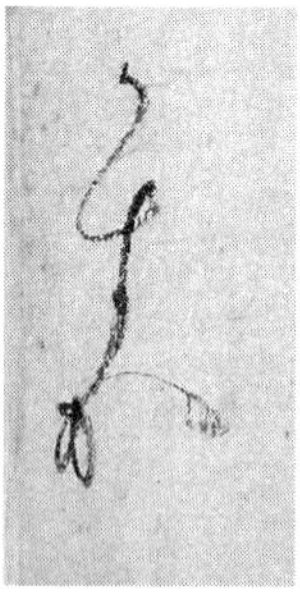

「留守中法度」の署名（部分）

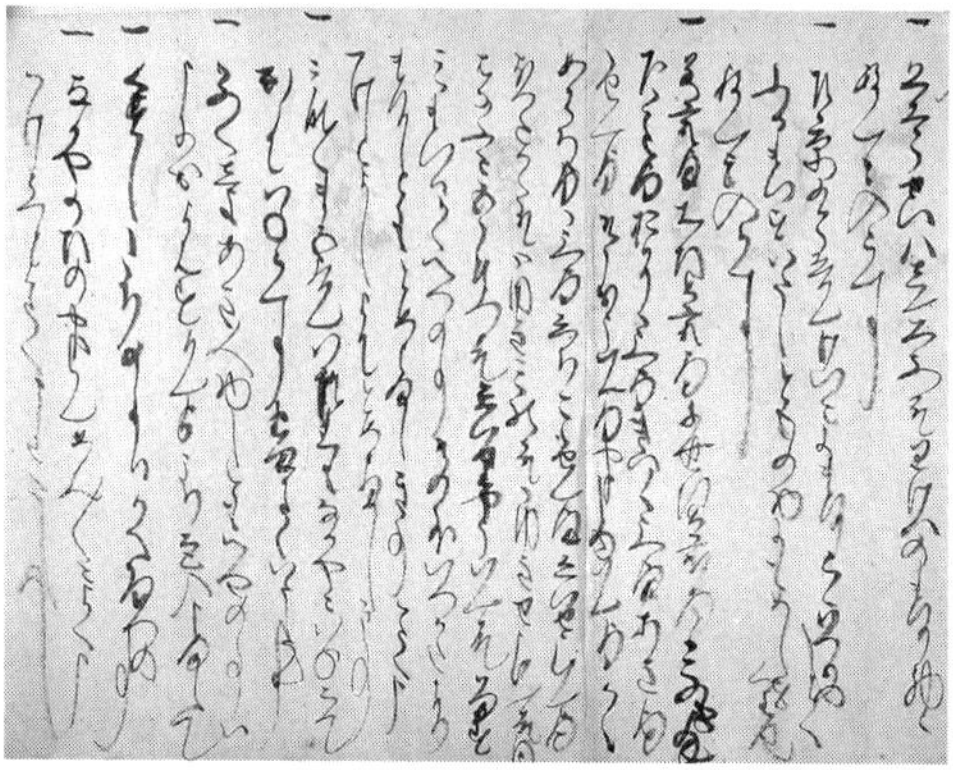

春日自筆「留守中法度」（部分）

（出典）　人間文化研究機構国文学研究資料館受託山城国淀稲葉家文書，（稲葉正輝氏所蔵）（禁二次使用）。

一、左京・九郎ゑもん、けいこにまいり候ハヽ、いつものことく、ふるまいをいたし、ともの物にもめしをくわせ、ねんを入候はん事、

一、若君さま・大ひめ君さま・千世ひめ君さま・三の丸さま・たかたさま・おハり御上さま・きいノ御上さま・あきさま御せんさま・そうおういんさま・やうしゆいんさま・かゝあはちさま御うへさま・えちこ御せんさま・えいせういんさま・ほつたかゝ殿御内き・みの殿御内き・せうけん殿同・はなふさ五郎左衛門殿・ゑいりやう院殿、るすミまいハ、かくへつの事、その外いつかたよりまいり候とも、とめ申候ましき事かたく申つけ候よしにて、とめ申ましき事、

一、みな〳〵ま五左へもん、いつれも、なかや《長屋》ニ承候ハて出候て承候ハん事、番かたくいたし候ハん事、

一、御ふくしよ《呉服所》あき人物しとも御やの事ハ申におよ

　　はす、もんよりうちゑ入申ましく候、
一、くすし《（薬師）》たちの事ハかくへつの事、
一、なかや《（長屋）》のひのやうしん《（火の用心）》めん〳〵ニよく申つけ候へと、かたく申わたし候へく候、
　　以上
　　よゑもん
　　やす兵へ
　　ま五左衛門
　　太兵へ
むま八月廿日　　　　かすか

「むま」は午年のことである。第一条に寛永十一年生まれの堀田久太郎の名があるので、それ以降の午年で該当するのは寛永十九年壬午のみとなる。春日は寛永十九年三月に知行地を相模吉岡に与えられ、その後、しばし滞在するので、留守中の対応を取り決めておく必要があったのだろう。春日が死去する前年のことであり、最晩年の交流関係を知ることができる。

親しき人々

留守中法度に出てくる人物を考察した「春日様御自筆御巻物之内人之名末々不存候半と一書相添候」と題された書付（「淀稲葉家文書」）によりながら、各人物について紹介

してみたい。既に詳述した人物については、概要のみを示した。

○久太郎（堀田正俊）

稲葉正成の長女万とその夫になる堀田正吉との間には、慶長十三年（一六〇八）に長男正盛が生まれた。正盛には、寛永八年（一六三一）に長男正信《まさのぶ》、誕生年不詳に次男安政（脇坂家に養子）、同十一年に三男久太郎正俊が生まれた。母は老中酒井忠勝の娘である。

正俊は三歳で春日の養子となり、七歳まで江戸城奥で育てられた。春日の留守中は、屋敷にいて来訪者の対応をし、殿方であれば誰であっても奥に入れることは無用と命じられた。

『寛政譜』によれば、正俊は寛永十八年八月九日に八歳で初めて家光に目見えを許され、家綱付の小姓を命じられたという。しかし、三歳より奥で暮らす正俊がこの時まで家光に会わないはずもないので、これは表での正式な目見えを意味するのだろう。寛永二十年九月十日に稲葉正則の娘（春日のひ孫）との縁組みを命じられ、その四日後に春日が没した。春日の葬儀を担当したのは正俊である。葬儀後の十二月六日に春日の遺領相模国高座郡吉岡三千石を譲られた。正俊は、五代将軍徳川綱吉の擁立に功績があり、大老として重用されたが、稲葉正休（いとこの子）から江戸城内にて貞享元年（一六八四）八月二十八日に殺害された（『寛政譜』）。享年五十一。

○清八（養広院）

清八は、稲葉正勝の娘養広院のこと。生母は不詳。福の孫娘にあたる。のちに、老中酒井忠世の次男忠能の妻となった。諸史料では正則の妹とするが、「山城淀稲葉家譜」（東京大学史料編纂所蔵）では、実は姉とする。寛永十四年の「丑ノ年御本丸御奥方御指図」には、「せい八殿」の部屋があり、江戸城奥で育てられていたらしい。

○新大夫

常高院付の奥女中で、心安く出入をしていた。常高院は　若狭小浜の大名京極高次の妻で、徳川秀忠の妻となった浅井江の姉初。新大夫は、春日の臨終を看取った。

○りけい

江戸城本丸で浅井江の「御上臈」として召仕われた女中で、「利発なる人」で出入を許されており、「唐物屋弥惣右衛門の姑」であったというが、詳細は不明。

以上の四人への「まいり物《（参）》」には、念を入れるようにと命じられた。

○喜多左京

能楽の喜多流を開いた喜多七大夫の長男寿硯《じゅけん》。これは奥女中に、蘭という大夫、草という脇を担当する者を召抱えており、その稽古のために春日の留守中にも来ていたという。喜多流は二代将軍徳川秀忠が好んだことで知られる。

○笹井九郎右衛門・同忠次郎

笹井九郎右衛門は、家光（大猷院）が将軍職に就く前の部屋住みの頃より詰めていた謡唄で、子は笹井忠次郎といい、のちに笛の上手になり、森田庄兵衛の第一の弟子となった者という。

以上は、芸人の世話を命じたものである。

○若君様（徳川家綱・厳有院）

○大姫君様（徳川家光養女、前田光高の妻、清泰院）

○千代姫君様（徳川家光長女、尾張徳川光友の妻、雲仙院）

○三丸様（徳川家光の妻、鷹司孝子、本理院）

○高田様（天崇院）

徳川秀忠三女勝。越前松平忠直の妻。同光長の母。忠直が不行跡により豊後萩原に配流となると、光長は越前北の庄から越後高田（新潟県上越市）に移封された。勝は江戸に出て暮らし、「高田様」と呼ばれた。寛文十二年（一六七二）二月二十一日没。

○尾張御上様（貞松院）

書付では、尾張徳川義直の妻で、浅野紀伊守幸長の娘とするが、この妻は寛永十四年に没したので、継室の貞松院（津田信益の娘）の誤りだろう。貞享元年（一六八四）十二月八日没。

○紀伊御上様（瑤林院）

紀伊徳川頼宣の妻で、加藤肥後守清正の娘。寛文六年（一六六六）正月二十四日没。

○安芸御前様

安芸広島の大名浅野光晟（「松平紀伊守殿」）の妻。家光の養子として、光晟に嫁したので、「御前様」の扱い。実は、加賀前田利常の娘。

○相応院様（尾張徳川義直の母）

○養珠院様（紀伊徳川頼房の母）

○加賀淡路様御上様

出羽山形二十二万石の大名鳥居忠政（「左京殿」）の娘。越中富山の大名前田利次の妻。春日の肝入りで、心安く出入をしていたという。

○越後御前様

越後高田の大名松平光長の妻。長門萩の大名毛利秀就の娘。

○栄勝院（英勝院、水戸徳川頼房の養母）

○堀田加賀殿御内儀（堀田正盛の妻、酒井忠勝の娘）

春日とは特に心安くしていた（「是者、事之外御心安候之故、末ニ被遊候」）とある。

○将監殿御内儀（堀田正盛の姉、佐久間将監実勝の妻）

○花房五郎左衛門殿えいりゃういん（堀田正盛の妹、花房職利の妻）

以上は、春日が大切に取り扱い、親しく交流していた人々ということができるだろう。

春日の自筆書状

春日は筆まめだったらしく、自筆書状が多く残されている。たとえば、千葉県鴨川市の清澄寺《せいちょうじ》の知足院に宛てた書状六通などはその良い例だろう（増田孝『日本近世書跡成立史の研究』）。春日の書状を悉皆的に集めて分析することは、今後に残された大きな課題といえる。

次の書状は、宇治の御物茶師上林三入《かんばやしさんにゅう》に宛てた折紙である（京都大学総合博物館蔵）。

返々いつも〱ちや（茶）ねん（念）入候て、心はせのほと、まんそく（満足）申候、なお、めてたさ申承候へく候、
めてたくかしこ

御ちやつほ（茶壺）上り候とて、いしかいとも（石谷主殿）の助殿そうてん（早天）のほりの事にて候まゝ一筆申候、まひとし（毎年）かれい（嘉例）のことく、せいかう（清香）のほせ申候、いつも〱ちやにねんを御入候事、まんそく申候、ことしもいつものことくねんを入候て、おつめ候て給候へく候、そこもとなに事も候はす候や、ここもとかわることもなく候、公方様御きけん（機嫌）の御事にて候まゝ、めてたくおほし候へく候、わさと春のめてたさまてに、銀子弐枚まゐらせ候、めてたき文のしるしまてにて候、子ノとしのちや代銀子五枚まいらせ候、たしかに御うけ取候へく候、めてたくかしかしこく、

三月廿三日　　より

三入　まいる　　かすか

前田訣子氏は、「表に対しては、男の政治家たちを御して堂々と渡り合う威厳をもち、大奥の奥方や側室、女中たちの渦巻きを、あざやかにさばく才覚をもつ、精悍な春日局その人を、これらの書状と画像が何よりもよく物語っているようである」とこの書状を評した（「春日局――大奥女中の書」）。

確かに、春日の自筆になる「留守中法度」の文字をみても、力強い筆跡で書かれており、事務的にてきぱきと物事を差配する春日の資質が伝わってくる。また、次に紹介する書状にも共通するが、書状は長文であることが多い。新大夫の多筆には及ばないとしても、春日自身も文字を書くことが苦ではなかったらしい。署名には「かすか」とのみ自筆で記される。

稲葉家伝来春日書状（1）

国文学研究資料館受託淀稲葉家文書三五一号。「春日様御文」と墨書された桐箱に、軸装された書状一点が納められている。形態は切継紙で、春日の自筆になる消息文である。

なを〳〵かのかわ《（神奈川）》より、ひこひやうへ《（上柳彦兵衛）》まいらせ候、きしよく《（気色）》くわしくうけ給候、おた《（小田）》原より七郎ひやうへ《（稲葉七郎兵衛）》かたへのせきあん・しん五ひやうへ《（畑甚五兵衛）》よりのふみ、又もきしよく、かわり候事もなく、みやくなともよきやうニおほへ申候よし、申こし、まんそく申候、いよ〳〵そこもとへ御つき候ハヽ、心もくつろき、きしよくもよく候ハんと御そうまち入申候、こん日の御きけん申候ハんため、かへり候てそのまゝ申候、又たるさかな給候、めてたくうれしく、み入まいらせ候、めてたくかしく、

一筆申候、

一、くはうさま《徳川家光》・わか君さま《徳川家綱》、御きけんのこる御事もなく、御せんあけ申候、御せん《膳》も御はちかわりあかり申候、此中ハ雨かせにて候へるニ、てんきまてあかり、したく〳〵まてしゆひよく、かやうのまんそく申候事候ハす候、

一、うえもん《稲葉正則》御めみへいたされ候、

両御所さま御一ところにて御れい申候ところに、御そはへめし候て御てつから御のしいたゝき申候、

わか君さまも御のし《熨斗》くたされ候、そのうへ御もん《紋》の御ふく、たくさんニいたゝき申候、御たち《太刀》・おりかみ《折紙》ひろうのときハ、おとなのことく御れい申候て、りはつ《利発》物と御ゐ《意》なされ候、ほめさせられ候、それよりすくにわかみ《我身》所へつれたち申候まゝ、御まんもよひニやり、正月のれい《例》うけ、いま二きけんよくあそひ申候、かしく、

二月五日　　より

いなは

ミのゝかミ殿まいる　　かすか

申給へ

文中に「わか君さま」とあるので、家綱が誕生した寛永十八年八月三日以降、春日が没する同二十

年九月十四日までの間に限定される。内容から、春日は在江戸、稲葉正則は在国中である。

寛永十九年二月六日、稲葉家では朝から家綱の「御祝」の「御振舞」として、大老酒井忠勝や老中松平信綱以下を招いた（『永代日記』）。この日、正則は家綱の宮参りの際に刀持ちの役目が命じられた。九日に宮参りが挙行され、二の丸の東照社、紅葉山東照社、麹町山王社に詣でて本丸に戻った（『元寛日記』）。よって、寛永十九年に正則は在府しており、該当しない。

寛永十九年五月に譜代大名に対して参勤交替制が導入され、稲葉家は半年交替制となり、寛永十九年後半期は在府、翌二十年上半期に初めての在国となった。寛永二十年正月十一日には家綱の髪置きの儀があり、午刻に二の丸東照社に詣でた際には、初宮参りの時と同様に、酒井忠清が太刀、稲葉正則が刀、酒井忠能が脇差の役を勤めており、正則の在府が確認できる（『徳川実紀』）。こののち、正則は帰国したらしく、二月二日には卯の刻（午前八時頃）に小田原を発ち、鎌倉大仏を見物し、神奈川に七つ過ぎに到着して一泊した。同月二十一日にも領内の久野山で追鳥狩りを催しており、在国が確認できる（『永代日記』）。

一方、『徳川実紀』寛永二十年二月五日の条には「春日局御膳を献る」とあり、書状で五日に春日が家光・若君に膳を献じたとする書状内容と符合する。したがって、本書状は寛永二十年二月五日の発給と確定する。

内容は、春日が家光と家綱に膳を献じ、好天に恵まれ二人の機嫌も良く無事に済み、稲葉正則の嫡子宇右衛門が家光と家綱に目見えを許され、そば近くに召されて熨斗を手渡され、葵の紋入りの呉服を与えられ、宇右衛門が太刀・折紙を進上した際の披露の席では、大人同様に礼を述べたので、家光から利発者と褒められた。それからすぐに春日の所に連れ立った。右での対面が江戸城内なら、移った先は北の丸屋敷か神田屋敷かのいずれかだろう。後者なら稲葉邸は隣接する。そこで正則の長女万を呼びにやり、一か月遅れの正月の礼を万から受け、今も二人が仲良く遊んでいると、一日の出来事についての慶びを小田原在国中の正則に告げたものである。

京都稲葉神社所蔵の「稲葉家譜」の正往譜には、「寛永廿年癸未二月五日四歳之節春日局部屋江罷越候所、御目見被　仰付、御熨斗鮑被下置候、厳有院様へも御目見申上、御召之御羽織幷御袖なし羽織、其外御手遊之品々拝領仕候」とあり、家光との対面場所は江戸城奥の春日の部屋であったと伝わる。

宇右衛門は寛永十七年十一月十日に生まれた。『公儀所日乗』同年十一月十日の条には「昨日」とあるので、十日未明に生まれたのだろう。母は毛利秀元（長門長府）の娘である。宇右衛門は諱を始め義雅《よしまさ》、正通《まさみち》ののち、正往《まさゆき》と改めた。万の母は「家女」とあり、宇右衛門とは異母である。出生年は不詳で、姉とも妹ともいう。のちに、万は春日の養子久太郎（堀田正俊）の妻となった。仲良く遊ぶひ孫二人の姿をみつめる春日のまなざしは、わが子正勝を早くに失った悲しみを乗り越え、稲葉家が安泰であることへの喜びに満ち溢れていたことだろう。

稲葉家伝来春日書状（2）

次の書状も稲葉家に伝来する書状である。軸装され、「麟祥院様御文」と墨書された桐箱に入れられている（淀稲葉家文書三五二号）。現在の形態は、切継紙となっている。

返々すくひはり（雲雀）たまハり、しゆひよくふるまい候てまんそく申候、わかミハ五三日ふく中とまり、一たんときしよくよく候まゝ、御こゝろやすく候へく候、かしく、

昨日の返事、そのひニ申候ハんお、ひこ殿御いて候て、しゆひよき事も申候ハんと返事不申候、

一、二日御とらせ候ひはり、よとおしもたせたまわり候、まへひ（前日）もあゆのすしおけ給候、何も〳〵ふるまいのやくニたち、りやうりも一入いてきまんそく申候、

一、きのふ、八つまへに御いり候て、いかにもゆふ〳〵と御入候て、めしなともよく御まいらせ候、そのうえそのほうよりたまわり候よし申し候へは、ひはりハかさねて御こい候て、いくつもまいり候事にて候、

一、こほり殿ハかゝのかみ所へならせられ候ハゝ、御いて候ましきとの御事にて候か、御成又々、きのふものひ候て、せんおいたし候ところへ御いて候て、すきやのはな、御ちやも御たて候て、しつかいとりもちにて候、

一、御あいきやくニハそかたんは殿、とうあん、ひた殿にて候、かつてにてハ、さと殿、三えもん殿、さへもんのすけ殿、さこんとのなと御いてにて、すきや（数寄屋）のふろ（風炉）のひくさりのまにてちやたて申候事も、うへやなきひこひやうへ、きも入候にて候、くさりのまのはなハ、ひこ殿御入候て、こほり殿の御事ハ申ニおよはす、ひこ殿御はな一たんといてき申候、

一、あさくさよりも廿日のひ、かへり申候、又々うえもんよりふるまいたまわり、いわい候てかへり申候、

一、かゝのかミへ御成、きのふにて候、四たひのひ申候、され共、御きけんニかわる御事ハなく、一たんと御きけんよく候よし申候まゝ、御心やすく候へく候、

一、そもし、きしよく、かわる事も候ハね共、少しゆうきゆへ、うしお（潮）ニ御入候て、三里などにもきうお御すへ候よし、一たんの御事にて候、はやとうじもあき候まゝ、いよ〳〵よく候へかしとねんし入申候、

一、よしおかふしんも、やう〳〵いてき申候よし、まんそく申候、ふきやうの物、ことの外、ねんの入申候よしにて候、かしく、

六月廿二日より

いなは

ミのゝかミ殿　　かすか

まいる申給へ

（意訳文）

返々、すぐに雲雀を給わり、首尾良く振舞ができ、満足しています。私はここ数日、腹の病気も止まり、一段と気色も良いので、御安心ください。かしく。

昨日の返事はその日に申すべきところ、肥後殿の御来訪の首尾が良かった事をお伝えしたかったので、返事をしませんでした。

一、二日にわたって捕らせた雲雀を夜通し（江戸まで）下らせて給わりました。前日も鮎の鮨桶を給わりました。何れも振舞の役にたち、料理もひときわ良くできて満足しています。

一、昨日八つ（午後二時頃）前に（肥後殿が）御出になり、いかにも悠々と食事などもよく進みました。そのうえ、其方（正則）より給わった由を申しましたら、雲雀は重ねて御望みになり、いくつもお召し上がりになった事でございます。

一、小堀殿は、加賀守の所へ行くことになれば、（当方へは）御出になれないとのことでしたが、（将軍家光の）御成が又々昨日も延期となったので、膳を出すところへ御出になり、数寄屋の花、お茶も点てられて、悉皆おもてなしをいただきました。

一、御相客には曽我丹波殿・とうあん・飛驒殿、勝手では佐渡殿・三右衛門殿・左衛門佐殿・左近殿などが御出になり、数寄屋の風炉の火や鎖の間にて茶を点てることも、上柳彦兵衛が世話をし、鎖の間の花は肥後殿が生け、小堀殿の事は申すまでもありませんが、肥後殿の御花も一段と良い出来映えでした。

一、浅草よりも二十日に帰りました。又々宇右衛門より振舞を給わり、祝って帰りました。

一、加賀守への御成は昨日でしたが、四度目の延期となりました。それでも、（将軍の）御機嫌に変わる事はなく、一段と御機嫌が良いと申していますので、御安心ください。

一、そもじ（正則）の気色も変わる事もないけれども、少し愁気ゆえ、潮（海）に入り、三里に灸を据えたとのことは、一段と良い事と存じます。もはや湯治も飽きたことでしょうから、より一層良くなるようにと念じております。

一、吉岡普請もようやく出来たとのこと、満足しております。奉行の者が殊の外念を入れてくれたことと存じます。

本書状は、宇右衛門が生まれた寛永十七年十一月十日以降、春日が没する寛永二十年九月十四日までの間の発給に限定される。内容から、春日は在府中、正則は江戸以外の場所にいる。寛永十八年六月は春日が上洛中、寛永十九年六月は正則が在府中なので、該当するのは寛永二十年のみとなる。既述のように、寛永二十年二月には正則の帰国が確認され、春日を見舞うため江戸に下る八月九日まで在国する。

春日が招請した「肥後殿」は、春日の扱いが丁寧な人物という状況から判断すれば、秀忠四男の保科正之と推定される。肥後熊本の大名細川光尚も肥後守を称しているが、二十五歳なので該当しないだろう。小堀殿は、茶人として有名な小堀政一である。

相客は、曽我古祐《ひさすけ》（大坂町奉行）、とうあん（不詳）、榊原職直（御先鉄砲頭）の三人である。勝手で饗応を受けたのは、史料の順番に斎藤利宗（春日の兄）、堀直景《なおかげ》（柴田勝全の孫、春日の姪の子）、榊原職信（榊原職直の子）、町野幸長《よしなが》（斎藤利宗の三男、春日の甥）であった。勝手向きを差配した上柳彦兵衛は、幕府呉服所御用達商人で、茶人でもあり、稲葉家にもよく出入りをしている。これより先、寛永十年に病気の稲葉正勝が参府する際に、家光は堀直景と榊原職直に医師半井《なからい》驢庵《ろあん》を伴わせて出迎えに向かわせており（『寛政譜』）、堀と榊原は稲葉家に出入りをする旗本であった。

以上の振舞は、男たちが自由に出入りをしているので、春日の屋敷で催されたと考えられる。また、二十二日に家光は堀田正盛邸に御成をしており、その様子を春日がふれていないので、この書状は午前中に書かれたものだろう。

正則から贈られた雲雀や鮎鮨で饗応が無事にうまくいったことや、家光の堀田正盛邸への御成が延期になったことで小堀政一の来訪がかない、茶や生け花の風流を楽しんだこと、春日が浅草の下屋敷から戻ったこと、正則の体調や知行地として拝領した吉岡の普請のことなどを様々に書き連ねている。これは、春日の死の三か月前のことである。孫やひ孫に大切にされ、親しい人々を屋敷に招いて賑やかな日々を送る春日の晩年であった。

盟友・英勝院の死

家康の代から徳川家の奥向において重きをなして来た英勝院は、寛永十八年（一六四一）九月より病床にあった。九月二十五日に家光は上使を派遣し、黄金三千両を贈った。一両十万円として安く見積もっても、三億円である。家光の世嗣決定には英勝院の口添えが大きな効果があったとされるので、家光としては精一杯の感謝の気持ちを表したかったのだろう。翌日には英勝院付を定めて面倒をみさせ、春日を見舞いに遣し、医師を招集して薬を詮議させた。十月四日には英勝院の甥の太田資宗を登城させ、日夜、英勝院の枕元にいて容体を逐一報告するように命じた。

十一月四日未刻（午後二時頃）には、家光自らが駒込にある太田家の下屋敷を訪ね、英勝院を見舞い、「養生数条ノ書付」を胸元から取り出し、英勝院に手渡した。見舞い品としては、金二十枚・巻物（緞子）三十を贈り、酉ノ上刻（午後五時頃）に戻った。三時間程度の滞在であったが、病気見舞いとしては程々の滞在といえよう。

その後、英勝院は小康状態を保った。翌十九年五月二十一日には、二歳の家綱が初めて伯母の天樹院（徳川千・家光の姉）の屋敷を訪ねたあと、英勝院および春日の屋敷を訪ねている。北の丸の屋敷に戻って養生していたのだろう。八月十四日には、英勝院の病気が重いことを聞き、家光が見舞いに訪ねた。家光は病床に近づき、英勝院に懇ろな言葉をかけた。英勝院もこれに応え、重ねて上使の派遣があったことや若君の無事の成長をみせてもらえたことに感謝した。さらに家光が労いの言葉をかけて部屋を出て、別の部屋に医者の玄冶法印を呼び、状況を尋ねた。しかし、快復は難しいことを告げられて、家光は暫く落涙していたという。

八月二十二日夜遅くに英勝院の危篤の知らせが届いたが、夜分なので家光の名代として「於彦《おひこ》」という老女を遣わし、堀田正盛・松平信綱・阿部忠秋・同重次ら老中が早馬で駆けつけ、容体を家光に報告し、医師の久志本《くしもと》右馬助その他大勢が医療を尽くしたが、その甲斐もなく翌二十三日巳刻（午前十時頃）に没した。かねてから菩提寺として建立していた鎌倉英勝寺へ葬られた。

家光は死去当日の一日は魚を禁じて喪に服した。また、十七日の間は、表に出ず、鷹狩りも中止して哀悼のうちに過ごした（太田家文書『英勝院年譜』）。春日の心中は伝わらないが、新大夫が八月二日から九月十六日まで春日のもとに詰め、まったく暇がなかったとしているから、春日の身辺も慌ただしかったのだろう（「常高寺文書」）。春日とはわずかに一歳違いであり、立場は違いながらも苦楽をともに過ごして来た盟友・英勝院の死であった。享年六十五。

薬絶ち

春日にも死期が近づいていた。その結末に進む前に、春日の薬絶ちについて述べておく必要があろう。家光の病気平癒と息災のために、春日は薬を服用しないとの立願を立て、生涯にわたり薬を飲まなかったことはよく知られている。『徳川実紀』によれば、「（家光が）疱瘡を患った際に、その身代わりになることを山王社に祈願した文が今も官庫に伝来する」とあり、春日の祈願文は近世後期になっても江戸城内で保管されていた。また、淀稲葉家文書のなかには、「家光公ヨリ春日局江被下御書之事ヲ記ス文　林道春作　一軸」と記された包紙を持つ家光の書状が伝来する。これは、春日が没する年のものと推定され、重篤に陥った春日に対して家光が服薬を命じる内容である。

とし月われ〳〵ためにくすり事もきゝ、そくさいなるやうとのりうくわんに、くすりもたへす候、されともしこにおよひたへさせ候事、そのミやうしやうにてたへ申候とうりにてハなく候、こんとたけちよきあいニせいおつくし、また候や、そのほうふりよのきも候へハ、かれこれくろうおもつくす事に候まゝ、そのうへハせいもつき、われ〳〵いのちもつき候へハ、天下のため身のために候まゝ、このたひくすりおたへ、いのちおのはし候か、大きなるこう〳〵にてあるへく候まゝ、とくしろにても、やとにてもくすりたへ、そのうへのほうかうの心もちハあるへく候まゝ、くすりのまさるよりハ、たへ申、ほうかうたるへく候、このことはおむにいたし、くすりたへさるにおいてハ、はてたるのちまても、とゝかさる物とおもふニ候まゝ、そのこゝろへあるへく候、（家光書判）

（現代語訳）久しい年月、私（家光）に薬が効き、息災なるようにとの立願のため、薬を飲まないということだが、死期に及び薬を飲むのは、自身の養生のために飲む道理と同じではない。今度、竹千代（家綱）の気合いに精を尽くして（薬を飲まず）、またもや其方に不慮のことがあれば、様々な苦労を（家光が）尽くすことになるので、そうなれば、（家光の）精も尽き、命も尽きてしまう。天下のため、身（家光）のためなので、このたびは薬を飲み、命を延ばすのが大きな孝行となるので、はやく城内でも屋敷でも薬を飲み、その上で奉公の心を持つべきである。薬を飲まないよりは、飲むことが奉公になる。この言葉を無にして、薬を飲まないのであれば、死んだのちまでも不届き者と思うので、そのように心得よ。（家光）

つまり、福は家光だけでなく、幼少の家綱の身代わりとなるべく、薬絶ちを続けていた。それによって春日が死ぬようなことになれば、家光の精魂が尽きて命を落とすことになり、天下支配にとっても重大事となるので、薬を飲んで命を延ばしてほしい、という。家光にとって、春日の存在がいかに心の支えとなっていたかをうかがい知ることができる。

春日がそれまで無病息災だったというわけではない。わかるだけでも、寛永六年正月には重病に陥り、同年七月には皮膚病を患った。寛永十一年九月には腰を痛め、十二月頃になって杖で歩けるほどに快復した。寛永十三年三月は病気のため一ヶ月近くを大久保亭で過ごした（『公儀所日乗』）。翌十四年二月頃には、腫れ物を患っている（『細川家史料』）。そのようななか、春日は薬を服用しなかったのである。

春日は寛永十九年の末頃からは病気がちだった。とはいえ、既述の春日の自筆書状からは、寛永二十年六月までは客を招くほどの元気があったことがわかる。また、同年七月十二日には、家光に生御魂の膳を献じており、これも例年通りのことだった（『徳川実紀』）。

病気が急を要する事態に陥ったのは、八月八日のことである。昼過ぎに家光が春日の屋敷を見舞ったことで、重篤であることが露見した。同日、堀田正盛は小田原滞在中の稲葉正則に書状を送った。これを受け取った正則は四つ（午後十時頃）過に小田原を発ち、大磯で弁当をとり、その夜は戸塚に宿泊し、翌十日卯の刻（午前六時頃）に戸塚を発ち、川崎での昼食後に品川の町はずれの町屋で時刻を見合わせて江戸に入った。直接、春日のもとを訪ねて見舞ったあと、七つ（午後四時頃）過に帰宅した。

家光は、その後も十三日、二十七日と春日の屋敷を訪ね、九月二日にも見舞いに訪れたが、この四度目の見舞いが春日との最後の別れとなった（『永代日記』『徳川実紀』）。

家綱は、五日未の上刻（午後二時頃）に春日を見舞い、程なくして帰城した。六日午の下刻（午後一時頃）から未の上刻（午後二時頃）までは、尾張徳川家に嫁いでいた千代（家光長女）が見舞った。十

春日局の墓
（東京都文京区湯島・天澤山麟祥院）

日には老中の酒井忠勝・松平信綱が上使として派遣され、春日の養子久太郎（堀田正俊）と稲葉正則の娘万との縁組が伝えられた（『永代日記』）。

春日の最期

寛永二十年九月十四日申の上刻（午後三時過頃）、春日は没した。天澤山麟祥院に葬られた。法名は、麟祥院殿従二位仁淵了義大姉と諡号された。春日と懇意の関係にあった新大夫は、その臨終の様子を生々しく伝える書状を国元若狭にいる同僚の小少将に宛てて送った。日付は十月六日となっている（「常高寺文書」）。長い引用となるが、原文と現代語訳を以下に掲げる。

かすかさまの事、きこへ申候へく候、九月十四日ニ御はて候、にか〳〵しくおしき事、のこりおほさ申ハかりなく候、われ〳〵をのほせともなかりて、御しろの御ひま出申とも、とうりうしてしぬるをミと、け候てのほり候へと御申候、いつの事にて候ハんやとおかしき事ニ申てわらい候へハ、みやう年ハしぬるそと御申候つるか、おほへありての事にて候や、御つかい候しゆニも、一もんしゆニも、さやうニハ申候ハす候か、まことニせんとミ申候、めしつかい候しゆハおいのけ候て、ぬしをもかたつけ申候せんとのせい出し申候、ふしきなる

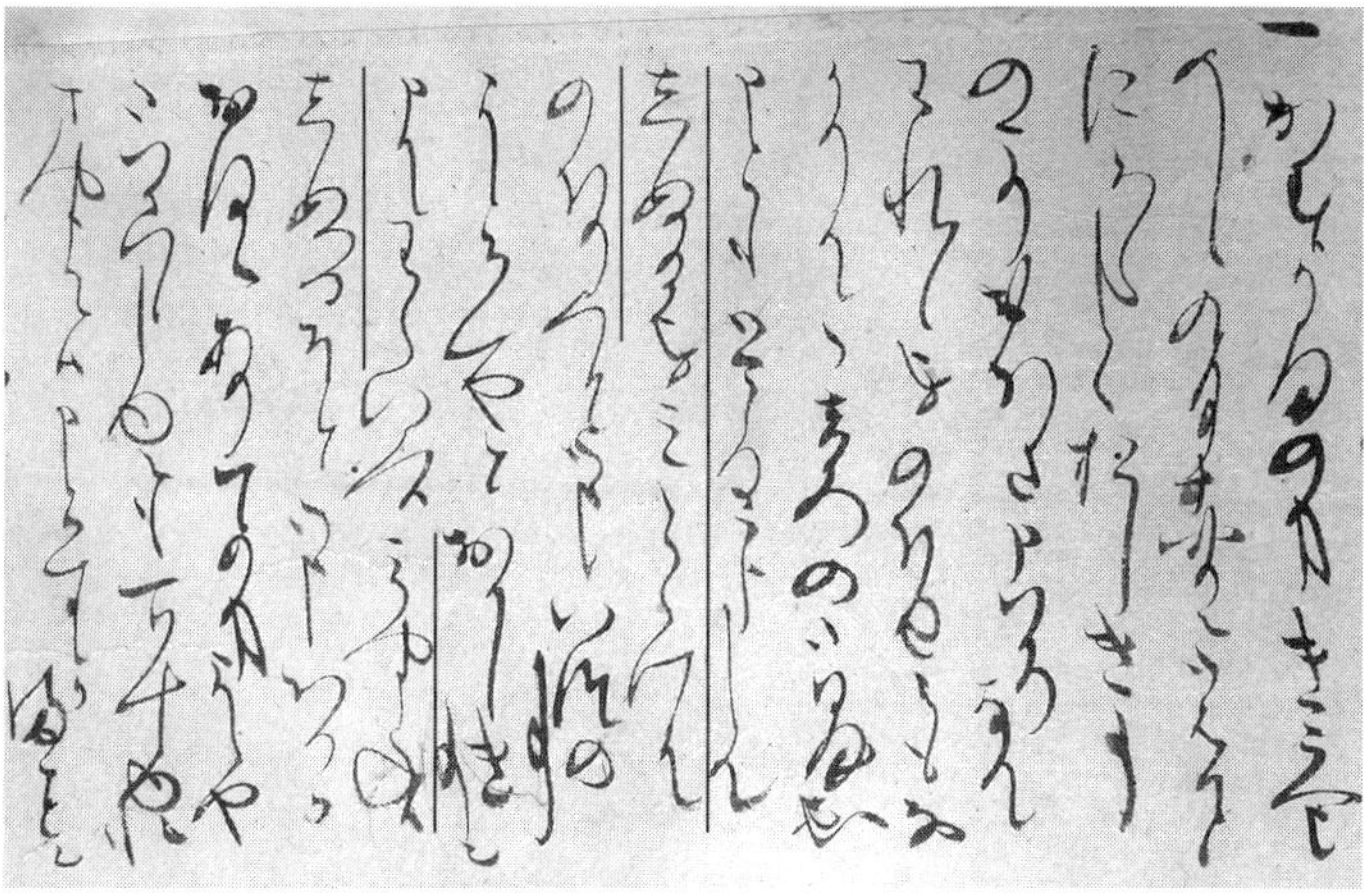

小少将宛新大夫自筆書状（一部）
（若狭歴史博物館寄託常高寺文書，福井県小浜市）
傍線箇所に「しぬるをミとゝけ候てのほり候へ」「みやう年ハしぬるそ」とある。

ゐんにて候と、かゝの守殿ハしめ一もんしゆこれのミにて御さ候、上さまことのほか御しうたんにて、わつらいのうちも四たひならせられ候て、いねて御入候そはへ御出なされ候て、色々御かたしけなき事のミ仰られ候、ちよひめ君さまも入まいらせられ候、若君さまもならせられ候て、御みまいにて候、此御子さまたち、誰さまの御わつらいならはならセられ候ハんや、きん中さまへの御よふゆへ、十五日ニも御ミヽニたち候ハて、十六日夕御せんすきて御ミヽにたち申候、そのまゝおくへならせられ、御ひとりさま御さ候て、人をもめし候ハす候、七日御しやうしんなされ候て、心さしよくいたし候へと御ゐニて御さ候ゆへ、一七日のあいたハ久大郎殿と申て、ことし十二御なり候ほつたかゝ殿子御入候か、あいしやうあしきとて、春日殿御やしない候、

若君さま御こせうかしら二御出候か、此子よりちういんめされ候、二七日ハ、上さまよりの御とふらいにて候、

（現代語訳）春日様の事は聞こえている事と存じます。九月十四日にお亡くなりになりました。苦々しく惜しき事、残り多さは申すまでもありません。私に（若狭に）上れともなく、御城から御暇が出ても、「逗留して、死ぬのを見届けてからお上りなさい」といわれました。「いつのことになるのでしょうね」と、おもしろそうにいって笑うと、「明年は死ぬるぞ」といわれたのは、死を覚悟しての事でしょうか。上使衆にも、一門衆にも、そのようなことはいわれなかったのに、誠に先途（最期）をみました。召仕の者は追い払い、ご自身で結末をつけられ、先途に精を出されました。「不思議なご縁でした」と、堀田正盛殿をはじめ、一門衆には、この事のみを申されました。

上様（家光）はとりわけ御愁嘆にて、煩いの最中も四度来訪され、（春日様が）寝ているそばへ行かれて、色々と忝ないと思うことばかりを仰せになりました。千代姫君様も若君様（家綱）もお見舞いに来訪されました。この御子様たちは、どなた様のお煩いならば、お見舞いに来られるでしょうか。

禁中様への御用があったので、十五日も（上様の）御耳に入れることはなく、十六日夕の御膳が終わって御耳に入れました。（上様は）そのまま奥へ行かれ、御一人様となり、誰もそばにお召しになりませんでした。七日の御精進後、「志よくいたせ」との御意があり、十七日の間は今年十歳になる堀田正盛殿の子で、相性が悪いために春日殿が養い、若君様の御小姓頭に出ている久太郎殿に

中陰（四十九日）の法事を営ませ、九月二十七日（十四日）には上様より弔いがおこなわれました。

享年六十五。死後のことまでも諸事万端を整え、現世の不思議な縁で結ばれた人々に感謝の意を伝えつつ、来世へと旅立った春日。その毅然とした姿に、日本歴史上に名を残した女性の一人として、立派な最期であったとの思いを禁じえない。

続く新大夫の書状では、九月二十八日から四日までの法事と牢者三十二人が罪を許されたことが述べられ、この後は、一門衆は月忌を営み、堀田正盛と稲葉正則は京の麟祥院において百か日法要を営む予定だが、十六歳から春日が面倒をみた麟祥院の長老（愚完）が八月一日に没し、そのことを春日は知らなかったことなどが書かれている。

なお、上野寛永寺の大僧正天海も七月十四日から病気となり、十月二日に没した。前年の英勝院に続き、家光を支え続けた人々の相次ぐ死であった。

また、新大夫の書状にもあるように、春日の死は二日たってから家光に伝えられた。その愁傷ぶりは、無言で奥に入って一人になったという姿から推して知るべしだろう。『人見私記』によれば、十月三日に明正帝の譲位があり、「御即位の儀」の件があったために延引したのだという。家光は九月十七日の紅葉山東照社への社参を中止し、春日の死に対して七日間を喪に服した。二十日には天澤山麟祥院に寺領二百石を寄進した。二十一日に精進落しとなり、家綱が家光に魚類の膳を献じた。諸大名も軽い生肴一種を進上した（『公儀所日乗』）。『人見私記』の注記には、「七日精進、天下太平も春日局か功多故、七日ノ御精進、其外重キ御取扱也」とある。

家光は上使として阿部忠秋と同重次を堀田正盛および稲葉正則のもとに派遣し、春日の仏事を営むよう命じ、その費用として白銀三千枚・米千俵を与えた。十月四日には位牌所建築費用として、金千両も与えた。三回忌にいたるまで白銀・廩米を与え、仏事は公的行事として営まれたが、十三回忌よりは堀田・稲葉両家で修行することになった（『寛政譜』）。

辞世の歌

春日は死に臨んで二首の辞世を残した。自筆の書付が淀稲葉家文書に伝来している。包紙には、春日の署名と書判（花押）がある。

けふまてハ　かわくまもなく　うらみわひ
　何しにまよふ　あけほの丶そら

にし二入　月おいさない　のりをゑて
　けふはくわたくおのかれぬるかな

最初の歌を訳せば、「今日までは、涙が乾く間もなく、恨みわびしくして来たが、死を目前にして何を迷うことがあろう、夜明けの空は明るいではないか」との意になろうか。

次の歌は、「西に入る月を誘い、法師を得て、今日は火宅（現世）から遁れられることだなあ」との意になろう。

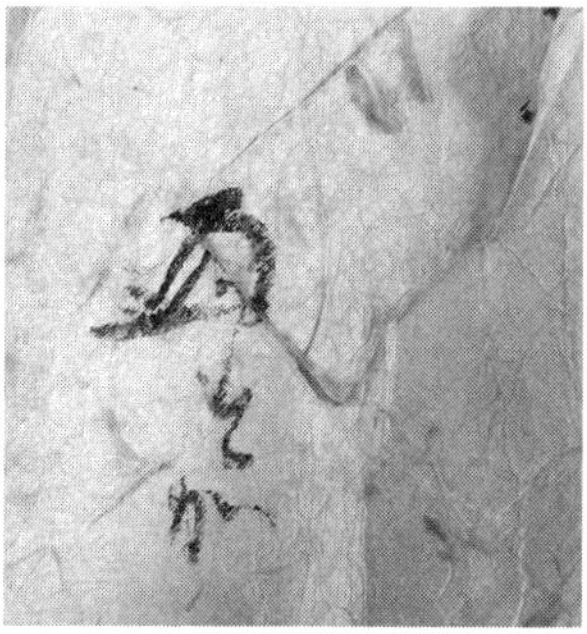

辞世の歌の包紙を封じた春日の署名と書判

（出典）　人間文化研究機構国文学研究資料館受託山城国淀稲葉家文書，（稲葉正輝氏所蔵）（禁二次使用）。

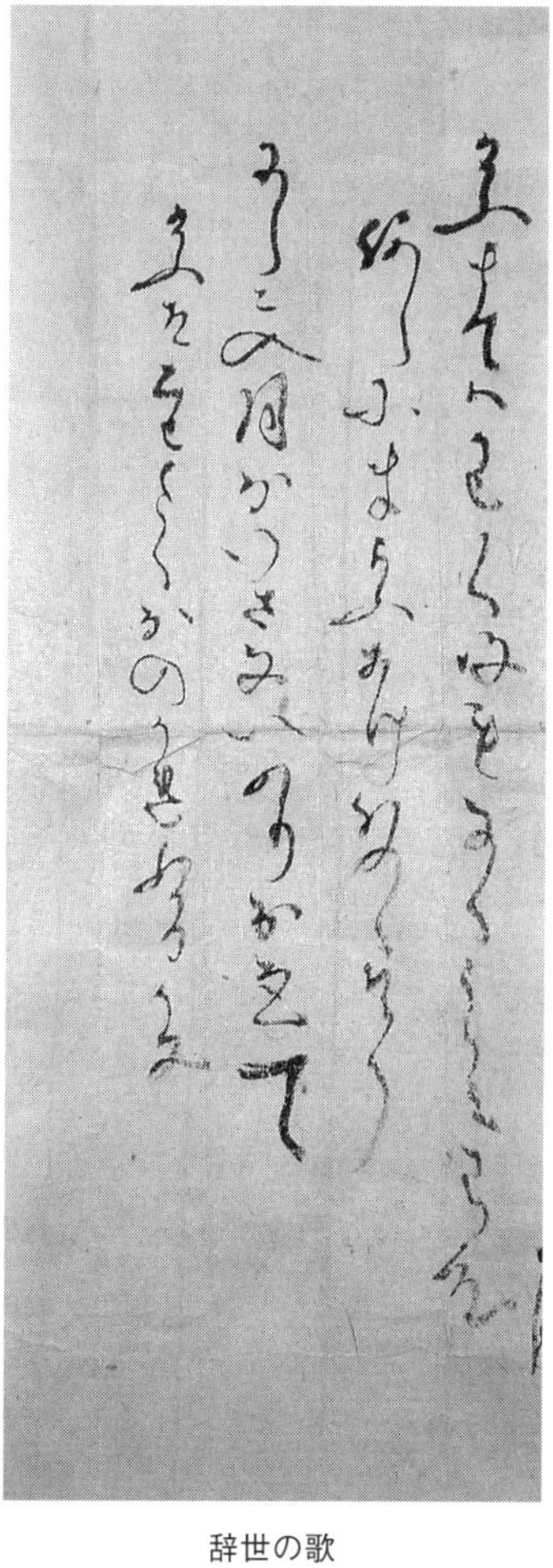

辞世の歌

（出典）　人間文化研究機構国文学研究資料館受託山城国淀稲葉家文書，（稲葉正輝氏所蔵）（禁二次使用）。

春日の辞世の歌はせつない。何のために涙を流し、何を恨んでわびしい日々を過ごしたというのか。また、どれだけ火に焼け焦がれるほどの苦しい火宅の生涯だったというのか。

思い起こせば、父が非業の死を遂げたのは、物心のつかない幼少期であった。父の記憶はなかっただろう。しかし、それは武将の娘の宿命ですらある。それからしばらくは不遇の時を過ごしたとはいえ、豊臣秀吉のもとで出頭した養父稲葉重通に迎えられての生活は苦労ばかりであったとはいえず、華やかなこともあっただろう。重通の養子正成の後妻に入り、離縁の憂き目にあったのは、女の身として不遇だったにしろ、夫との縁を切ったのは自らの強い意志であった。その後、家光の乳母として出世し、朝廷から「春日」の局号と従二位昇叙を得たのみならず、江戸城の奥で何不自由のない生活を送り、江戸城の外にも複数の屋敷を得てくつろぐことを許され、斎藤・稲葉一門の繁栄をもたらした。まだ女性の旅行が一般的とはいえないなかで、京都・伊勢・近江・鎌倉・大山・日光などの神社仏閣に参詣し、自らの菩提を弔うための麟祥院を江戸と京都に開山することもできた。いったい何に不満があったというのだろう。彼女が何も語ることなく、棺桶に持って入った苦悩とはいったい何だったのだろうか。

そこで、筆者は思う。将軍徳川秀忠の妻となった浅井江が光であるとすれば、妾であった春日はその陰であった。江の死後に福がいくら栄耀を得たとしても、それは女中としての道であった。女中として生きるということは、主人のために奉仕することである。仕えたのは将軍となる家光であり、その乳母として敬われたとしても、忌避された斎藤を名のることをせず、家光の生母と名のることもせず、陰に隠れて、ただひたすらに家光に奉公人として仕える人生であった。しかし、主人家光のためであったとはいえ、福の果敢な行動が江を悲しみに追いやり、忠長の人生を狂わせたことに違いはなく、彼女はそのことに生涯消えることのない罪悪感を抱いていたのではないか。京都の金戒光明寺に春日が江と忠長のために建てた宝篋印塔が、すべてを物語っているように思えてならない。

とはいえ、春日は何も語らず、棺桶にすべてを持って入ったのである。その秘めた苦悩について、これ以上とやかくいわれることは彼女の本意ではないだろう。これにて本書も終わりとすることで、せめてもの春日への餞《はなむけ》としたい。

主要参考文献

浅井虎夫（所京子校訂）『新訂女官通解』講談社、一九八五年。

朝倉慶景「長宗我部元親の縁者石谷氏について」『土佐史談』一六〇、一九八二年。

浅利尚民・内池英樹編『石谷家《いしがいけ》文書　将軍側近のみた戦国乱世』吉川弘文館、二〇一五年。

板井清一「春日局と臼杵――家光の実母説について」『臼杵史談』七九、一九八八年。

稲垣史生編『春日局のすべて』新人物往来社、一九八八年。
＊春日局についての基礎知識を簡便に得ることができる入門書。
蔭凉山濟松寺『資料祖心尼』逢人舎、二〇〇六年。

臼杵市史編さん室編『臼杵市史』（上）、一九九〇年。

江戸東京たてもの園編『特別展　大奥女中とゆかりの寺院』二〇一三年。

小粥祐子『江戸城のインテリア　本丸御殿を歩く』河出ブックス、二〇一五年。

小和田哲男『春日局　知られざる実像』講談社、一九八八年。

久保貴子『徳川和子』吉川弘文館、二〇〇八年。

久保貴子『後水尾天皇――千年の坂も踏みわけて』ミネルヴァ書房、二〇〇八年。

小池進『江戸幕府直轄軍団の形成』吉川弘文館、二〇〇一年。

小池進「保科正之と徳川家光・忠長」『日本歴史』七五八、二〇一一年。

古典遺産の会『戦国軍記事典』天下統一篇、和泉書院、二〇一一年。

渋谷葉子「江戸城北の丸の土地利用――十七世紀の東縁部を中心に」（東京都埋蔵文化センター調査報告第二三四集『千代田区江戸城跡――北の丸公園地区の調査』）、二〇〇九年。

下重清『稲葉正則とその時代――江戸社会の形成』夢工房、二〇〇二年。

下重清「徳川忠長の蟄居・改易と「関東御要害」構想」（『幕閣譜代藩の政治構造』）岩田書院、二〇〇六年。

下重清「大老堀田正俊殺害事件の真相を考える」『小田原地方史研究』二八、二〇一六年。

志村有弘「春日局・徳川家光・天海の謎に迫る――春日局は家光生母か」（志村有弘編『戦国残照――お江とその時代』）勉誠出版、二〇一一年。

上越市史編さん委員会編『上越市史』通史編4近世二、上越市、二〇〇四年。

白根孝胤「御三家における縁戚関係の形成と江戸屋敷――尾張家を中心として」徳川林政史研究所『研究紀要』四一、二〇〇七年。

鈴木貞夫「春日局と柏木村」公益財団法人新宿法人会ＨＰ『新宿歴史よもやま話』第8回（二〇一六年五月三日閲覧）。

高木昭作『江戸幕府の制度と伝達文書』角川書店、一九九九年。
＊春日が担った政治的役割として、内証ルートにおける取次の機能を指摘した画期的文献。
高木昭作『将軍権力と天皇』青木書店、二〇〇三年。

田中澄江「春日局」（円地文子監修『政権を動かした女たち』人物日本の女性史五）集英社、一九七七年。

田端泰子『乳母の力　歴史を支えた女たち』吉川弘文館、二〇〇五年。

徳川美術館編『徳川将軍の御成』二〇一二年。

内藤昌『江戸と江戸城』鹿島出版会、一九六六年。

長野ひろ子「明治前期におけるジェンダーの再構築と語り――江戸の女性権力者「春日局」をめぐって」(『日本近代国家の成立とジェンダー』ＫＡＳＨＩＷＡ学術ライブラリー05)柏書房、二〇〇三年。
＊近代化過程のなかで、「良妻賢母」としての春日局像が形成されていく問題をジェンダーの視点から解き明かした論文。
中村孝也『家康の族葉』硯文社、一九九七年(初出一九六五年)。

日光東照宮社務所『徳川家光公伝』一九六一年。

野村玄『徳川家光――我等は固よりの将軍に候』ミネルヴァ書房、二〇一三年。

花園大学歴史博物館編『春日局ゆかりの寺　麟祥院展』二〇〇九年。

花園大学歴史博物館編『湯島麟祥院　春日局と峨山慈棹』二〇一六年。
＊特別展の図録。春日に関する史料が写真で紹介されており、春日局研究ではまず参照すべき基本文献。
彦根市史編集委員会編『新修彦根市史』二通史編近世、二〇〇八年。

平井聖「四　喜多院客殿」(『日本建築史基礎資料集成』十七　書院Ⅱ)中央公論美術出版、一九七四年。

平山敏治郎「春日局考」『民俗学研究所紀要』二二、一九九八年。

福井保『江戸幕府編纂物解説編』有松堂出版、一九八三年。

福田千鶴『江の生涯　将軍家御台所の役割』中央公論新社、二〇一〇年。

福田千鶴『徳川秀忠　江が支えた二代目将軍』新人物往来社、二〇一一年。

福田千鶴「一夫一妻制と世襲制」『歴史評論』七四七、二〇一二年。

藤井讓治『江戸幕府老中制形成過程の研究』校倉書房、一九九〇年。

藤井讓治『徳川家光』吉川弘文館、一九九七年。

藤田覚『江戸時代の天皇』天皇の歴史06、講談社、二〇一一年。

藤田達生『天下統一――信長と秀吉が成し遂げた「革命」』中央公論新社、二〇一四年。

藤田英昭「「森川家文書」所収の江戸城「御本丸御奥方御絵図」について」（『千葉県の文書館』18）、二〇一三年。

前田詇子「春日局――大奥女中の書」『日本美術工芸』六月号、一九七一年。

増田孝『日本近世書跡成立史の研究』文献出版、一九九六年。

松江歴史館編『松江創世記　松江藩主　京極忠高の挑戦』二〇一一年。

村井益男・平井聖監修『江戸城と大奥』ピクトリアル江戸1、一九八八年。

森蘊『小堀遠州』吉川弘文館、一九六七年。

大和智「麟祥院春日局御霊屋の痕跡調査について――慶長度内裏御亭の復原」（『日本建築学会大会学術講演梗概集（関東）』一九七九年九月。

山本博文「新発見の小浜酒井家文書」『東京大学史料編纂所研究紀要』七、一九九七年。

山本博文『徳川幕府の礎を築いた夫婦　お江と秀忠』グラフ社、二〇一〇年。

湯淺隆「江戸城大奥を介在した寺院建物修復費用の調達」『駒沢史学』七七、二〇一二年。

横田冬彦『天下泰平』日本の歴史16、講談社、二〇〇二年。

あとがき

ようやく本書を書き終えることができた。まず思うことは、難産だったということである。本書の原稿依頼を受けたのは、前著『淀殿』（二〇〇七年）の打ち合わせのために編集担当の堀川健太郎さんが東京都立大学の研究室に来訪された頃だから、もうかれこれ十年以上も前になる。日本評伝選のなかで江戸時代の女性がほとんど取り上げられていないという感想を伝えたところ、誰がいますかと尋ねられ、「春日局」はどうですか、と提案した。その後、晴れて「春日局」は取りあげられることになり、私に執筆依頼があった。まったくの藪蛇だった。これから『淀殿』を書こうか、という状況だったから、武家の奥向や大奥にも十分な知識があったわけではなかったが、言い出した手前もあり、請け合ってしまったというのが本音である。

『淀殿』を書いたあと、その妹の浅井江について『江の生涯』（二〇一〇年、中公新書）を書くことになった。『淀殿』以来、家光の生母は春日だという確信を持っていたが、『江の生涯』ではそれを書かなかった。本書で示したような論証なしに主張しても、生産的な議論にはならないと考えたからである。とはいえ、『江の生涯』の読者からは、家光の生母が誰なのかをはっきりさせていないとの批判を受けた。

その後、暇をみつけては本書に取り組み、二〇一二年夏にはほぼ草稿ができていた。にもかかわらず、二〇一四年が大坂の陣後四〇〇年、豊臣秀頼の四百回忌であったこと、それにあわせて二〇一三年から三年間、文部科学省科学研究費基盤研究（C）「慶長・元和期の豊臣公儀変質過程の研究――秀頼発給文書の研究」がもらえることになり、そちらの研究を優先させることになった。二〇一六年三月には無事に科研報告書を作成し、大坂の陣もひと段落したのを機に、本腰で『春日局』に取り組むことにした。

ところで、入稿までに時間をかけ、機が熟すのをまっていて良かったこともある。この間、林原美術館が蔵する石谷家文書が発見され、公開される恩恵を得たことである。これは大きかった。これを用いずに本書を書いていたならば、間違いなく後悔しただろう。石谷家文書の公開に携わられた方々に、心より感謝を申し上げたい。

いざ執筆を再開してみると、なかなか筆が進まなかった。中断していた四年の間には他にも様々な史料との出会いがあり、最初から見直すことになったからである。また、集めて来た史料は予想に反して膨大になっており、その分、新事実をいくつか提示できたと自負しているが、全てを使うことはできなかった。そこで、本書で第一に伝えるべき春日局像を絞り出すにあたっては苦労があった。しかも、春日の基本史料である「東照大権現祝詞」を読むと、彼女の心の奥底に渦巻いている暗黒がみえるようで、どう春日のことを評価すれば良いのかと迷路にも陥っていた。

仕方がないので、どうしても譲れない締切りを設定することにした。前著『淀殿』を一月十日付で出したのと同じく、『春日局』も一月十日付で出す。そのためには、ここまでには原稿を出版社に渡さなければならない、と自分を追い込んだ。そうすると、「一本筋の通ったぶれない生き方を全うした」という春日局像がみえるようになった。春日は並外れた行動力の持ち主であり、それは彼女の持って生まれた特性だろうが、家光が生まれてからの行動原理は、すべて「主君家光のため」であった。そこに一本筋が通っていると思うのは、春日にとって家光は主君であり、わが子ではない、ということである。春日は、家光に乳母として接したことはあっても、生母として振る舞うことはなかったし、家光も春日の気持ちを理解して、生母として扱うことをしなかった。その死に際し七日という異例の喪に服したことだけが、家光が最愛の母に示した偽らざる思いだっただろう。

なぜ、春日は生涯、家光の母と名のらなかったのか。弱い人間であれば、つい本当のことを話したくなるものだし、自尊心から将軍家光の生母は実は私なのだ、といいたくなるのが人間の性だろう。しかし、彼女は決してそのような行動をとらなかった。なぜなら、家光は御台所を生母とする筋目正しき将軍でなければならず、その輝かしい威光を守るためならば、春日にとって自尊心を捨てることなどは問題外であり、他人を犠牲にすることも辞さなかったのである。その強い精神力を確認した時、芯の通った「ぶれない人だ」という思いを強くした。彼女の信念を貫いた行動の結果として、歴代将軍のなかで御台所を生母とする由緒正しき将軍は三代将軍家光ただ一人となり、まさに「生まれながらの将軍」と呼ばれるにふさわしい将軍として世に伝えられていく。春日の宿願は達せられたというべきだろう。

さて、そのようにして春日が必死で守った家光の隠された事実を本書であばくことに、どのような意味があるのか。実はそう考えたことが、本書の完成が遅れた最大の原因かもしれない。春日が本書の刊行を快く思っていないだろうことは、私にだってわかる。もし、春日が本書の刊行を許してくれるとすれば、彼女の火宅の人生を理解する道を開いた、ということにあると思いたい。

最後に、本書の奥付は二〇一七年一月十日付になっているだろう。私ごとながら、その日は、一人息子彬の十六回目の誕生日にあたる。最近はめっきり相手にされなくなり、自由に研究できる時間が増えたと喜ぶ一方で、母としては少し寂しい。この十六年間、彼がいてくれたことは、私の人生を豊かなものにしてくれた。本書を執筆するにあたっても、母としての気持ちなど多くの示唆を得た。そして、何よりも、春日の気持ちを思えば、彬の母だと名のれるだけで、たくさんの幸せをもらっているのだと思う。ありがとう、と伝えたい。

それでは、本当に末尾となったが、多くの方々に支えられて本書を刊行できることに心よりお礼を申し上げて、本書の筆を擱くことにしたい。

二〇一六年八月十一日

地島漁村留学渚の家にて、夕日の沈む海を見ながら

福田千鶴

春日局略年譜

和暦	西暦	齢	関係事項	一般事項
天文 三	一五三四		斎藤利三誕生。	
永禄 七	一五六四		利三、この頃より稲葉一鉄に仕える。甚平(利三次男)誕生。	
一〇	一五六七		利宗(利三三男)、曽根に誕生。	
元亀 元	一五七〇		三存(利三五男)、土佐に誕生。	
二	一五七一		この年、稲葉正成誕生。	
天正 四	一五七六		この年、寿院(利三次女)誕生。	
六	一五七八		6・3牧村牛之助娘(重通初妻)没。	
七	一五七九	1	この年、福誕生。	4・7徳川秀忠誕生。8・9黒井城攻略。
八	一五八〇	2	9・18織田信長妹没(貞通後妻)。	
九	一五八一	3	9・19西三条公條娘(一鉄妻)没。	
一〇	一五八二	4	6・17利三没(四十九)。甚平没(十九)。福たち家族は、一鉄に保護される。	6・2本能寺の変。6月山崎合戦。

和暦	年	西暦	年齢	事項	一般事項
	一二	一五八四	6	6月一鉄ら尾張楽田を守衛。	小牧・長久手合戦。
	一三	一五八五	7	7月一鉄、昇殿勅許。8月重通叙爵。	伊勢内宮・外宮遷宮争論。
	一四	一五八六	8	12・12石谷頼辰没。	7月九州出兵。12・12戸次川の戦い。
	一五	一五八七	9	この年、稲葉一通（典通嫡子）誕生。	
	一六	一五八八	10	11・19稲葉一鉄没（七十四）。この年、牧村古那（祖心尼）誕生。	
	一九	一五九一	13	3月重通継室没。正次誕生（正成次男）。この年、三上季正誕生。	
文禄	元	一五九二	14	9・4三上季直没。	10・1秀吉、京都発。11・1名護屋在陣。
	二	一五九三	15	5月稲葉重通、名護屋在陣。7・10牧村利貞（重通長男）没。	8・3豊臣秀頼誕生。8・15秀吉、名護屋発。8・25大坂着。
	四	一五九五	17		9・17秀忠と浅井江が婚姻。
慶長	二	一五九七	19	この年、正勝誕生（正成三男）。	2・12朝鮮出兵発令。
	三	一五九八	20	10・3稲葉重通没。	8・18豊臣秀吉没。
	四	一五九九	21	この年、正定（正成四男）誕生。	
	五	一六〇〇	22	9・17正成、家康より関ヶ原合戦の功績を賞される。	9・15関ヶ原合戦。
	六	一六〇一	23	正成、一族を従え備前国を去り、美濃谷口に閑居。	9月長丸（秀忠長男）没。
	八	一六〇三	25	9・3貞通没（五十八）。	2・12徳川家康、将軍宣下。

				7・28豊臣秀頼と徳川千が婚姻。
九	一六〇四	26	この年、家光の乳母となる。正利（正成六男）誕生。	7・17徳川家光誕生。
一〇	一六〇五	27		4・16秀忠、将軍宣下。
一一	一六〇六	28		6・1徳川忠長誕生。この年、家光大病。
一二	一六〇七	29	正成、美濃羽栗・十七条において一万石。12・12道通（重通五男）没（三十八）。12月通重（重通次男）配流。この年、正房（正成七男）誕生。	
一三	一六〇八	30	この年、堀田正盛誕生。	
一四	一六〇九	31	この年、左門（正成八男）誕生。	9月伊勢両宮遷宮。
一七	一六一二	34	この年、正成が山内よねと再婚。	
一八	一六一三	35	稲葉一通妻（細川忠興娘）没。	この年、孝蔵主、江戸に下る。
一九	一六一四	36	9・11正定が美濃十七条千石拝領。	10月大坂冬の陣。この年から翌年にかけ、伊勢参りが流行。
二〇	一六一五	37	5・7通孝（一鉄三男）没、三存が召出（二千石）。この年、家康に家光のことを訴訟。	5月大坂夏の陣。5・7秀頼没（二十三）。浅井茶々没（四十七）。家光、世嗣に決定。
元和二	一六一六	38	この年、稲葉典通妻多留（丹羽長秀娘）没。	4・17徳川家康没（七十五）。
三	一六一七	39		11・21家光、西の丸に移る。
四	一六一八	40	2月正成、松平忠昌に附属。越後糸魚川一万石、都	正月奥方法度制定。

			合二万石となる。この年、正吉（正成十男）誕生。この年、正次（正成次男）が福の取りなしで美濃青野五千石拝領。	
六	一六二〇	42	7・17稲葉千熊誕生（正勝長男）。閏12月堀田正盛、家光付となる（十三）。	6・18和（秀忠五女）入内。9月頃家光の諱が定まる。
七	一六二一	43	9・11八助（正成九男）没。この年、正勝、書院番頭、上総国内にて千五百石加増。	
八	一六二二	44	3・22左門（正成八男）没（十四）。	
九	一六二三	45	6・2正則（正勝次男）誕生。8・2正勝、従五位下丹後守に叙任。三千石加増され、常陸柿岡五千石となり、奉書加判に列す。12・30堀田正盛、従五位下出羽守に叙任。この年、正成、松平家を退去。三存、持筒頭・足軽五十人預かり。	正月奥方法度改訂。6月家光病気、6月末江戸発、7・13伏見着、7・27将軍宣下、8・6初参内、8・24江戸帰還。12・21鷹司孝子江戸下向。
寛永元	一六二四	46	正勝、常陸国真壁郡内で五千石加増、都合一万石。春日、湯島に天澤寺を創建。	7月忠長、遠江・駿河五十万石拝領。11・3家光、本丸に入る。
二	一六二五	47	1・28千熊没（六）。12・25三存没（五十六）。	4月家光日光社参。
三	一六二六	48	5・1正定（正成四男）没（二十八）。11・19典通没（六十一）。12・20正勝の妻没（二十二）。この年、振が大奥に入る。	4・14孝蔵主没。7・12家光、江戸発。8・2家光京都着。9・6後水尾帝、二条城行幸。9・15崇源院没（五十四）。

				9・25家光、京都発。10・9家光、江戸着。
四	一六二七	49	2月正成、下野真岡二万石を拝領。12月正成、従五位下佐渡守に叙任。11・25万（正成長女）没。	7月紫衣事件。
五	一六二八	50	6・6正次没（三十八）。正吉が遺領美濃青野五千石を継ぐ。9・17正成没（五十八）。正勝が遺領を継ぎ四万石。この年、金戒光明寺に崇源院の宝篋印塔を建立。	6・11高仁親王没（三）。
六	一六二九	51	正月春日、病気。2・17堀田正吉没（五十九）。7月春日、皮膚病。8・21伊勢・愛宕参詣のため江戸を出発。9・8京都着。10・10参内、春日の局号・従三位を得る。東福門院より緋袴拝領。10・27出京。	2月家光疱瘡、閏2・15酒湯。7・25沢庵ら配流決定。11・8後水尾帝譲位。
七	一六三〇	52	春日、拝領地（春日町）に奉公人三十人を置く。	9・12興子内親王即位（明正帝）。この年、高徳院没。
八	一六三一	53	9・13家光、日光社参のため江戸発、春日、御膳を献じる。この年、堀田正信（正盛長男）誕生。	5・15忠長、甲斐蟄居。
九	一六三二	54	6・16正勝、肥後国受け取りの上使役拝命。7・20春日、江戸発。8・19禁中にて舞楽陪観。9・27出京。11・23正勝、相模小田原八万五千石拝領。小田原に初入部。	1・24秀忠没（五十四）。5・24加藤忠広改易。細川忠利肥後国替。10・20忠長、高崎幽閉。

一〇	一六三三	55	7・9生御霊の祝儀の膳を家光に献じ、殿中にて振舞。以後、恒例となる。	1・20小田原地震。8・27常高院没（六十二）。12・5「大姫」、前田光高と婚礼。12・6忠長、自害（二十八）。この年、海北友雪「龍雲図」成る。
一一	一六三四	56	1・25正勝没（三十八）。春日、麟祥院の法号を受け、天澤山麟祥院と改める。2・3正則、遺領相続。3月正利、細川家にお預け。4月正則、小田原に初入部。12・12江戸麟祥院に寺領百石、京都麟祥院に寺領二百石拝領。12・29正則、従五位下美濃守に叙任。この年、金戒光明寺に忠長の宝篋印塔を建立。	6・20家光、江戸発。7・11京都着。7・18参内。閏7・23江戸城西の丸全焼。8・5京都発。8・20江戸着。9・13日光社参のため江戸発。9・20江戸帰還。
一二	一六三五	57		6・21武家諸法度改定。
一三	一六三六	58	3・1春日、神龍の麟祥院への出入りを禁じる。10・9大久保亭で尾張・水戸家を饗応。この年、久太郎（堀田正盛三男）を養子とする（寛永十八年まで大奥で養育）。	4月家光、日光社参。11・23二宮と近衛尚嗣の婚礼。
一四	一六三七	59	7・16千代の箸立て祝いを春日邸で営む。9・14神田屋敷で家光を饗応。	1・22一位局没（八十三）。閏3・5千代（家光長女）誕生。10・25島原・天草一揆起こる。
一五	一六三八	60	正月正利に自害を命じる。この年、斎藤利宗が正則	1・28川越喜多院焼失。2・28

			の後見を解かれる。	原城陥落。
一六	一六三九	61	8・11春日の台所より出火。江戸城本丸全焼。	9・21千代、尾張徳川光友と婚礼。
一七	一六四〇	62	2・3寿院没（六十五）。5・26江戸発。7・21東福門院より饗応。7・28禁中にて饗応。7・29京都発、伊勢・多賀社・鎌倉・若宮・大山・日光参詣。東照大権現祝詞奉納。9・1江戸着。11・10正往（宇右衛門）誕生。	8・28岡振没。10・24英勝院、楽の懐妊祈願を天海に依頼。この年、相良騒動。
一八	一六四一	63	8・9堀田正俊、家綱付小姓となる。9・2春日、家綱を抱き表に出る。10・1春日邸で能興行。	2・7寛永諸家系図伝の編纂を命じる。8・3家綱（家光長男）誕生。
一九	一六四二	64	3月吉岡に知行三千石拝領。政治引退。5・21家綱、春日の代官町屋敷に御成。8・20留守法度を定める。	2・26渭川没。8・23英勝院没（六十五）。9・1譜代大名の参勤交代制定まる。
二〇	一六四三	65	2・5家光と家綱に膳を献じる。4月吉岡滞在。8・8家光、春日の屋敷に病気見舞いに来訪。9・5家綱が来訪。9・6千代が来訪。9・14没。9・16家光、春日の死を知る。	7・4保科正之、会津拝領。8・1愚完没。10・2天海没（一説、一〇八）。10・3明正帝、弟宮に譲位。

人名索引

さ　行

た　行

や　行

ら　行

事項索引

あ　行

か　行

さ　行

《著者紹介》

福田千鶴（ふくだ・ちづる）

九州大学大学院文学研究科博士課程後期中途退学。

国文学研究資料館・史料館，東京都立大（首都大学東京），九州産業大を経て，

現　在　九州大学基幹教育院人文社会科学部門教授。

主　著　『幕藩制的秩序と御家騒動』校倉書房，1999年。

『淀殿』ミネルヴァ書房，2007年。

『豊臣秀頼』吉川弘文館，2014年。

『後藤又兵衛』中公新書，2016年，など多数。

ミネルヴァ日本評伝選

春日《かすがの》局《つぼね》

——今日は火宅を遁れぬるかな——

2017年１月10日　初版第１刷発行　〈検印省略〉

定価はカバーに
表示しています

著　者　福田千鶴

発行者　杉田啓三

印刷者　江戸孝典

発行所　株式会社　ミネルヴァ書房

607-8494　京都市山科区日ノ岡堤谷町１
電話代表（075）581-5191
振替口座　01020-0-8076

共同印刷工業・新生製本

ISBN978-4-623-07933-9

Printed in Japan

刊行のことば

歴史を動かすものは人間であり、興趣に富んだ人間の動きを通じて、世の移り変わりを考えるのは、歴史に接する醍醐味である。

しかし過去の歴史学を顧みるとき、人間不在という批判さえ見られたように、歴史における人間のすがたが、必ずしも十分に描かれてきたとはいえない。二十一世紀を迎えた今、歴史の中の人物像を蘇生させようとの要請はいよいよ強く、またそのための条件もしだいに熟してきている。

この「ミネルヴァ日本評伝選」は、正確な史実に基づいて書かれるのはいうまでもないが、単に経歴の羅列にとどまらず、歴史を動かしてきたすぐれた個性をいきいきとよみがえらせたいと考える。そのためには、対象とした人物とじっくりと対話し、ときにはきびしく対決していくことも必要になるだろう。

今日の歴史学が直面している困難の一つに、研究の過度の細分化、瑣末化が挙げられる。それは緻密さを求めるが故に陥った弊害といえるが、その結果として、歴史の大きな見通しが失われ、歴史学を通しての社会への働きかけの途が閉ざされ、人々の歴史への関心を弱める危険性がある。今こそ歴史が何のためにあるのかという、基本的な課題に応える必要があろう。評伝という興味ある方法を通じて、解決の手がかりを見出せないだろうかというのも、この企画の一つのねらいである。

狭義の歴史学の研究者だけでなく、多くの分野ですぐれた業績をあげている著者たちを迎えて、従来見られなかった規模の大きな人物史の叢書として、「ミネルヴァ日本評伝選」の刊行を開始したい。

平成十五年（二〇〇三）九月

ミネルヴァ書房

ミネルヴァ日本評伝選

企画推薦
梅原　猛
ドナルド・キーン
佐伯彰一
角田文衞

監修委員
上横手雅敬
芳賀　徹

編集委員
石川九楊
伊藤之雄
猪木武徳
今谷　明
今橋映子
熊倉功夫
佐伯順子
坂本多加雄
武田佐知子
竹西寛子
西口順子
兵藤裕己
御厨　貴

上代

*俾弥呼　古田武彦
*日本武尊　西宮秀紀
*仁徳天皇　若井敏明
雄略天皇　吉村武彦
継体天皇　若井敏明
*蘇我氏四代　遠山美都男
推古天皇　義江明子
聖徳太子　仁藤敦史
斉明天皇　武田佐知子
小野妹子・毛人　大橋信弥
*額田王　梶川信行
弘文天皇　遠山美都男
天武天皇　新川登亀男
持統天皇　丸山裕美子
阿倍比羅夫　熊田亮介
*藤原四子　木本好信
*柿本人麿　古橋信孝
*元明天皇・元正天皇　渡部育子
聖武天皇　本郷真紹
光明皇后　寺崎保広
*孝謙・称徳天皇　勝浦令子
藤原不比等　荒木敏夫
橘諸兄・奈良麻呂　遠山美都男
吉備真備　今津勝紀
*藤原仲麻呂　木本好信
道鏡　吉川真司
*藤原種継　木本好信
大伴家持　和田　萃
*行基　吉田靖雄

平安

*桓武天皇　井上満郎
嵯峨天皇　西別府元日
宇多天皇　古藤真平
醍醐天皇　石上英一
村上天皇　京樂真帆子
花山天皇　上島　享
*三条天皇　倉本一宏
藤原薬子　中野渡俊治
藤原良房・基経　瀧浪貞子
菅原道真　竹居明男
*紀貫之　神田龍身
源高明　所　功
*安倍晴明　斎藤英喜
藤原実資　橋本義則
*藤原道長　朧谷　寿
藤原伊周・隆家　倉本一宏
藤原定子　山本淳子
清少納言　三田村雅子
紫式部　竹西寛子
和泉式部　ツベタナ・クリステワ
大江匡房　小峯和明
*阿弖流為　樋口知志
坂上田村麻呂　熊谷公男
*源満仲・頼光　元木泰雄
平将門　西山良平
藤原純友　寺内　浩
最澄　吉田一彦
円珍　岡野浩二
*空也　石井義長
奝然　上川通夫
*源信　小原　仁
慶滋保胤　吉原浩人
*後白河天皇　美川　圭
式子内親王　奥野陽子
建礼門院　生形貴重
*藤原秀衡　入間田宣夫
平時子・時忠　元木泰雄
平維盛　根井　浄
守覚法親王　阿部泰郎
藤原隆信・信実　山本陽子

鎌倉

源頼朝　川合　康
*源義経　近藤好和
源実朝　神田龍身
*九条兼実　加納重文
九条道家　上横手雅敬
北条時政　野口　実
熊谷直実　佐伯真一
*北条政子　関　幸彦
北条義時　岡田清一
曾我十郎・五郎　杉橋隆夫
北条時頼　山本隆志
北条時宗　近藤成一
安達泰盛　山陰加春夫
平頼綱　細川重男
竹崎季長　堀本一繁
西行　光田和伸
鴨長明　浅見和彦
藤原定家　赤瀬信吾
*京極為兼　今谷　明
*兼好　島内裕子
重源　横内裕人
*運慶　根立研介
快慶　井上一稔
法然　今堀太逸
慈円　大隅和雄
明恵　西山　厚
*親鸞　末木文美士

恵信尼・覚信尼　西口順子
覚如　今井雅晴
*道元　船岡誠
叡尊　細川涼一
*忍性　松尾剛次
*日蓮　佐藤弘夫
一遍　蒲池勢至
夢窓疎石　原田正俊
*宗峰妙超　竹貫元勝

南北朝・室町

後醍醐天皇　上横手雅敬
*護良親王　新井孝重
*赤松氏五代　渡邊大門
*北畠親房　岡野友彦
楠正成　兵藤裕己
*新田義貞　山本隆志
*光厳天皇　深津睦夫
足利尊氏　市沢哲
*足利直義　亀田俊和
佐々木道誉　下坂守
円観・文観　田中貴子
足利義詮　早島大祐
足利義満　川嶋将生
足利義持　吉田賢司
足利義教　横井清
大内義弘　平瀬直樹
伏見宮貞成親王　松薗斉
*山名宗全　山本隆志
細川勝元・政元　古野貢
足利成氏　阿部能久
世阿弥　西野春雄
雪舟等楊　河合正朝
宗祇　鶴崎裕雄
*満済　森茂暁
一休宗純　原田正俊
蓮如　岡村喜史

戦国・織豊

北条早雲　家永遵嗣
北条氏政　黒田基樹
大内義隆　藤井崇
斎藤氏三代　木下聡
*毛利元就　岸田裕之
*毛利輝元　光成準治
*今川義元　小和田哲男
六角氏五代　村井祐樹
*武田信玄　笹本正治
*武田勝頼　笹本正治
*真田氏三代　笹本正治
*三好長慶　天野忠幸
*宇喜多直家・秀家　渡邊大門
*上杉謙信　矢田俊文
島津義久・義弘　福島金治
*長宗我部元親・盛親　平井上総
吉田兼倶　西山克
山科言継　松薗斉
*雪村周継　赤澤英二
正親町天皇・後陽成天皇　神田裕理
足利義輝・義昭　山田康弘
織田信長　三鬼清一郎
豊臣秀吉　藤井讓治
*北政所おね　田端泰子
*淀殿　福田千鶴
前田利家　東四柳史明
*黒田如水　小和田哲男
*蒲生氏郷　藤田達生
*細川ガラシャ　田端泰子
伊達政宗　伊藤喜良
*支倉常長　田中英道
*長谷川等伯　宮島新一
顕如　神田千里
教如　安藤弥

江戸

徳川家康　笠谷和比古
*徳川家光　野村玄
徳川吉宗　横田冬彦
*後水尾天皇　久保貴子
光格天皇　藤田覚
崇伝　杣田善雄
*春日局　福田千鶴
宮本武蔵　渡邊大門
*池田光政　倉地克直
保科正之　八木清治
シャクシャイン　岩崎奈緒子
*田沼意次　藤田覚
*二宮尊徳　小林惟司
末次平蔵　岡美穂子
*高田屋嘉兵衛　生田美智子
*林羅山　鈴木健一
吉野太夫　渡辺憲司
中江藤樹　辻本雅史
*山崎闇斎　澤井啓一
山鹿素行　前田勉
*北村季吟　島内景二
伊藤仁斎　澤井啓一
貝原益軒　辻本雅史
松尾芭蕉　楠元六男
*ケンペル　B・M・ボダルト＝ベイリー
新井白石　大川真
荻生徂徠　柴田純
*雨森芳洲　上田正昭
石田梅岩　高野秀晴
白隠慧鶴　芳澤勝弘
前野良沢　松田清
平賀源内　石上敏
本居宣長　田尻祐一郎
杉田玄白　吉田忠
木村蒹葭堂　有坂道子
*大田南畝　沓掛良彦
菅江真澄　赤坂憲雄
*鶴屋南北　諏訪春雄
良寛　阿部龍一
*山東京伝　佐藤至子
*滝沢馬琴　高田衛
平田篤胤　山下久夫
国友一貫斎　太田浩司
シーボルト　宮坂正英
本阿弥光悦　岡佳子
小堀遠州　中村利則
狩野探幽・山雪　山下善也
尾形光琳・乾山　河野元昭
*二代目市川團十郎　田口章子
伊藤若冲　狩野博幸
鈴木春信　小林忠
*佐竹曙山　成瀬不二雄
葛飾北斎　岸文和
酒井抱一　玉蟲敏子
孝明天皇　青山忠正
*和宮　辻ミチ子
徳川慶喜　大庭邦彦
島津斉彬　原口泉
横井小楠　沖田行司
*古賀謹一郎　小野寺龍太
*永井尚志　高村直助
岩瀬忠震　小野寺龍太
*栗本鋤雲　小野寺龍太

大村益次郎　竹本知行
河合継之助　小川和也
西郷隆盛　家近良樹
＊塚本明毅　塚本学
＊月性　海原徹
＊吉田松陰　海原徹
＊高杉晋作　海原徹
久坂玄瑞　一坂太郎
ペリー　遠藤泰生
ハリス　福岡万里子
オールコック　佐野真由子
アーネスト・サトウ　奈良岡聰智
緒方洪庵　米田該典

近代

＊明治天皇　伊藤之雄
＊大正天皇　F・R・ディキンソン
＊昭憲皇太后・貞明皇后　小田部雄次
大久保利通　三谷太一郎
山県有朋　鳥海靖
木戸孝允　落合弘樹
井上馨　伊藤之雄
＊松方正義　室山義正
北垣国道　小林丈広
板垣退助　小川原正道
長与専斎　笠原英彦

大隈重信　五百旗頭薫
伊藤博文　坂本一登
井上毅　大石眞
＊井上勝　老川慶喜
＊桂太郎　小林道彦
＊渡邉洪基　瀧井一博
＊乃木希典　佐々木英昭
星亨　小林道彦
林董　奈良岡聰智
＊児玉源太郎　小林道彦
＊高宗・閔妃　木村幹
山本権兵衛　室山義正
＊金子堅太郎　松村正義
高橋是清　鈴木俊夫
小村寿太郎　簑原俊洋
＊犬養毅　小林惟司
＊加藤高明　櫻井良樹
牧野伸顕　小宮一夫
田中義一　黒沢文貴
内田康哉　高橋勝浩
石井菊次郎　廣部泉
平沼騏一郎　堀田慎一郎
＊鈴木貫太郎　小堀桂一郎
宇垣一成　北岡伸一
＊宮崎滔天　榎本泰子
＊浜口雄幸　川田稔
幣原喜重郎　西田敏宏
関一　玉井金五
水野広徳　片山慶隆

広田弘毅　井上寿一
安重根　上垣外憲一
＊グルー　廣部泉
＊永田鉄山　森靖夫
東條英機　牛村圭
今村均　前田雅之
蔣介石　劉岸偉
石原莞爾　山室信一
木戸幸一　波多野澄雄
＊岩崎弥太郎　武田晴人
伊藤忠兵衛　末永國紀
五代友厚　田付茉莉子
大倉喜八郎　村上勝彦
＊安田善次郎　由井常彦
渋沢栄一　武田晴人
益田孝　鈴木邦夫
山辺丈夫　宮本又郎
武藤山治　阿部武司・桑原哲也
池田成彬　松浦正孝
西原亀三　森川正則
小林一三　橋爪紳也
大倉恒吉　石川健次郎
大原孫三郎　猪木武徳
＊河竹黙阿弥　今尾哲也
イザベラ・バード　加納孝代
＊林忠正　木々康子
＊森鷗外　小堀桂一郎
＊二葉亭四迷　ヨコタ村上孝之

＊夏目漱石　佐々木英昭
徳冨蘆花　半藤英明
巌谷小波　千葉信胤
樋口一葉　佐伯順子
＊島崎藤村　十川信介
泉鏡花　東郷克美
上田敏　小林茂
＊有島武郎　亀井俊介
永井荷風　川本三郎
北原白秋　平石典子
菊池寛　山本芳明
芥川龍之介　高橋龍夫
＊宮沢賢治　千葉一幹
正岡子規　夏石番矢
高浜虚子　坪内稔典
与謝野晶子　佐伯順子
＊種田山頭火　村上護
＊斎藤茂吉　品田悦一
＊高村光太郎　湯原かの子
石川啄木　先崎彰容
萩原朔太郎　エリス俊子
＊原阿佐緒　秋山佐和子
＊狩野芳崖・高橋由一　古田亮
＊小堀鞆音　小堀桂一郎
竹内栖鳳　北澤憲昭
黒田清輝　高階秀爾
中村不折　石川九楊
横山大観　高階秀爾

＊橋本関雪　西原大輔
小出楢重　芳賀徹
土田麦僊　天野一夫
岸田劉生　北澤憲昭
＊山田耕筰　後藤暢子
松旭斎天勝　川添裕
中山みき　鎌田東二
佐田介石　谷川穣
＊ニコライ　中村健之介
出口なお・王仁三郎　川村邦光
島地黙雷　阪本是丸
＊新島襄　太田雄三
新島八重　佐伯順子
木下広次　冨岡勝
海老名弾正　西田毅
嘉納治五郎　クリストファー・スピルマン
柏木義円　片野真佐子
津田梅子　田中智子
＊澤柳政太郎　新田義之
河口慧海　高山龍三
山室軍平　室田保夫
大谷光瑞　白須淨眞
＊久米邦武　高田誠二
フェノロサ　伊藤豊
井上哲次郎　井ノ口哲也
三宅雪嶺　長妻三佐雄
＊岡倉天心　木下長宏
志賀重昂　中野目徹

徳富蘇峰　杉原志啓
*竹越与三郎　西田　毅
内藤湖南・桑原隲蔵　礪波　護
*廣池千九郎　橋本富太郎
岩村　透　今橋映子
*西田幾多郎　大橋良介
*金沢庄三郎　石川遼子
柳田国男　鶴見太郎
厨川白村　張　競
天野貞祐　貝塚茂樹
大川周明　山内昌之
西田直二郎　林　淳
折口信夫　斎藤英喜
シュタイン　瀧井一博
*西　周　清水多吉
*福澤諭吉　平山　洋
成島柳北　山田俊治
福地桜痴　山田俊治
島田三郎　武藤秀太郎
田口卯吉　鈴木栄樹
*陸　羯南　松田宏一郎
黒岩涙香　奥　武則
長谷川如是閑　織田健志
*吉野作造　田澤晴子
山川　均　米原　謙
*岩波茂雄　十重田裕一
*北　一輝　岡本幸治
*穂積重遠　大村敦志

中野正剛　吉田則昭
*満川亀太郎　福家崇洋
エドモンド・モレル　林田治男
*北里柴三郎　福田眞人
高峰譲吉　木村昌人
田辺朔郎　秋元せき
*南方熊楠　飯倉照平
石原　純　金子　務
*辰野金吾　河上眞理・清水重敦
*七代目小川治兵衛　尼崎博正
ブルーノ・タウト　北村昌史

現代

昭和天皇　御厨　貴
高松宮宣仁親王　後藤致人
*李方子　小田部雄次
吉田　茂　中西　寛
マッカーサー　柴山　太
石橋湛山　増田　弘
重光　葵　武田知己
市川房枝　村井良太
*池田勇人　藤井信幸
高野　実　篠田　徹
和田博雄　庄司俊作
朴正熙　木村　幹

田中角栄　新川敏光
竹下　登　真渕　勝
*松永安左エ門　橘川武郎
鮎川義介　井口治夫
*出光佐三　橘川武郎
松下幸之助　米倉誠一郎
渋沢敬三　井上　潤
*本田宗一郎　伊丹敬之
井深　大　武田　徹
*佐治敬三　小玉　武
幸田家の人々　金井景子
*正宗白鳥　大嶋　仁
大佛次郎　福島行一
*川端康成　大久保喬樹
*薩摩治郎八　小林　茂
坂口安吾　千葉一幹
太宰　治　安藤　宏
松本清張　杉原志啓
安部公房　鳥羽耕史
*三島由紀夫　島内景二
井上ひさし　成田龍一
R・H・ブライス　菅原克也
柳　宗悦　熊倉功夫
バーナード・リーチ　鈴木禎宏
イサム・ノグチ　酒井忠康

熊谷守一　古川秀昭
川端龍子　岡部昌幸
藤田嗣治　林　洋子
*井上有一　海上雅臣
*手塚治虫　竹内オサム
古賀政男　藍川由美
*吉田　正　金子　勇
武満　徹　船山　隆
*八代目坂東三津五郎　田口章子
*力道山　岡村正史
*西田天香　宮田昌明
安倍能成　中根隆行
サンソム夫妻　平川祐弘・牧野陽子
和辻哲郎　小坂国継
矢代幸雄　稲賀繁美
石田幹之助　岡本さえ
*平泉　澄　若井敏明
*早川孝太郎　須藤　功
安岡正篤　片山杜秀
島田謹二　小林信行
田中美知太郎　川久保剛
前嶋信次　杉田英明
唐木順三　澤村修治
保田與重郎　谷崎昭男
*福田恆存　川久保剛
井筒俊彦　安藤礼二
佐々木惣一　伊藤孝夫
小泉信三　都倉武之

*瀧川幸辰　伊藤孝夫
矢内原忠雄　等松春夫
式場隆三郎　服部　正
*フランク・ロイド・ライト　大久保美春
*中谷宇吉郎　杉山滋郎
大宅壮一　有馬　学
今西錦司　山極寿一
清水幾太郎　庄司武史

*は既刊
二〇一七年一月現在